本书获江西省社会科学"十四五"基金重大委托项目"革命老区脱贫攻坚与乡村振兴有效衔接研究"(21WT13)、江西省人文社科研究基地项目"农村人口空心化背景下的社会治理研究"(JD19099)支持。

城乡关系视域下
农村空心化治理研究

易文彬◎著

中国社会科学出版社

图书在版编目(CIP)数据

城乡关系视域下农村空心化治理研究 / 易文彬著. --
北京：中国社会科学出版社，2024.11. -- ISBN 978-7
-5227-3867-3

Ⅰ. C912.82

中国国家版本馆 CIP 数据核字第 2024DL1464 号

出 版 人	赵剑英
责任编辑	梁剑琴
责任校对	杨　林
责任印制	郝美娜
出　　版	中国社会科学出版社
社　　址	北京鼓楼西大街甲 158 号
邮　　编	100720
网　　址	http://www.csspw.cn
发 行 部	010-84083685
门 市 部	010-84029450
经　　销	新华书店及其他书店
印刷装订	北京君升印刷有限公司
版　　次	2024 年 11 月第 1 版
印　　次	2024 年 11 月第 1 次印刷
开　　本	710×1000　1/16
印　　张	13
插　　页	2
字　　数	220 千字
定　　价	78.00 元

凡购买中国社会科学出版社图书，如有质量问题请与本社营销中心联系调换
电话：010-84083683
版权所有　侵权必究

目 录

绪论 ………………………………………………………………（1）
 一　研究背景与问题的提出 …………………………………（1）
 二　研究思路与基本内容 ……………………………………（8）
 三　研究方法与创新之处 ……………………………………（11）

第一章　城乡关系视域下农村空心化治理的理论阐释 ……（15）
 第一节　新型城镇化与城镇化的关系 ………………………（15）
  一　新型城镇化的提出 ……………………………………（15）
  二　新型城镇化对传统城镇化的反思与超越 ……………（17）
 第二节　农村空心化的概念厘定 ……………………………（21）
  一　当前几种主要定义 ……………………………………（21）
  二　一个综合性的界定 ……………………………………（23）
 第三节　农村空心化与城镇化的关联性 ……………………（25）
  一　从理论维度看，农村与城市是辩证统一关系 ………（26）
  二　从历史维度看，农村空心化是工业城镇化的必然结果 …（27）
  三　从现实维度看，城镇化过程的反面是农村空心化过程 …（28）
 第四节　马克思主义城乡观及其对农村空心化治理之启示 …（29）
  一　马克思主义关于城乡关系的基本论点 ………………（30）
  二　马克思主义城乡观对农村空心化治理之启示 ………（33）
 第五节　新型城乡关系视域下农村空心化治理的基本遵循 …（38）
  一　农村空心化治理的基本指导原则 ……………………（39）
  二　农村空心化治理的基本价值遵循 ……………………（40）

第二章　城乡转型视域下的农村空心化问题 …………………（43）
 第一节　农村空心化的表征及过程 …………………………（43）
  一　农村空心化的表征 ……………………………………（43）
  二　农村空心化的形成过程 ………………………………（46）

第二节　农村空心化的总体性特征……………………………………(48)
　　一　农村空心化的阶段性特征……………………………………(48)
　　二　农村空心化的区位性特征……………………………………(50)
　　三　农村空心化的区域性特征……………………………………(52)
第三节　农村空心化的主要成因……………………………………(55)
　　一　经济原因：比较收益驱动……………………………………(55)
　　二　制度因素：二元体制阻隔……………………………………(58)
　　三　转型之势：乡土中国转向城乡中国…………………………(61)
第四节　农村空心化给农村发展带来的挑战………………………(64)
　　一　留守家庭问题…………………………………………………(65)
　　二　耕地抛荒问题…………………………………………………(70)
　　三　村治主体缺位问题：以W村为例……………………………(76)

第三章　城乡关系视域下农村空心化治理的实践探索……………(83)
　第一节　新型城镇化建设为农村空心化治理创造新机遇…………(83)
　　一　新型城镇化以人为核心，促进农业转移人口市民化………(83)
　　二　新型城镇化不以牺牲农村为代价，促进城乡协调发展……(84)
　　三　新型城镇化是城市化与农村城镇化，助推农民就地
　　　　城镇化…………………………………………………………(85)
　　四　新型城镇化是大中小城市与小城镇协调发展，助推农民
　　　　城市化…………………………………………………………(86)
　第二节　新型城镇化背景下农村空心化治理的主要模式…………(87)
　　一　城镇化模式……………………………………………………(87)
　　二　新农村建设模式………………………………………………(89)
　　三　城乡统筹模式…………………………………………………(93)
　第三节　新型城镇化背景下农村空心化治理案例分析……………(94)
　　一　城镇化模式之案例分析………………………………………(94)
　　二　新农村建设模式之案例分析…………………………………(96)
　　三　城乡统筹模式之案例分析……………………………………(98)
　第四节　国内外城镇化过程中农村空心化治理的经验与启示……(100)
　　一　新型城镇化背景下农村空心化治理的经验与不足…………(100)
　　二　国外城镇化过程中农村空心化治理的经验与启示…………(103)

第四章 城乡关系视域下农村空心化治理的现实困境 (105)
第一节 不同层级组织对农村空心化治理的逻辑不同 (105)
一 农村空心化治理过程中的多重逻辑 (105)
二 多重逻辑之间的一致性与差异性 (108)
三 多重制度逻辑下的农村空心化治理 (110)
第二节 不同农民群体对农村空心化治理诉求不一样 (112)
一 新生代农民工的城市梦想 (114)
二 新生代农村大学生的城乡选择 (118)
三 新生代农民流动趋势下的农村空心化治理 (124)
第三节 不同类型村庄农村空心化治理方式不一样 (128)
一 新型城镇化背景下村落演化的态势与类型 (129)
二 村落多元化视野下的农村空心化治理 (133)
第四节 不同区域农村空心化治理单元不一样 (137)
一 以村社为单位的农村空心化治理 (137)
二 以集镇为单位的农村空心化治理 (138)
三 以县域为单位的农村空心化治理 (139)
四 寻求以城乡一体为单位的农村空心化治理 (140)

第五章 新型城镇化背景下农村空心化治理机制与政策 (142)
第一节 破除城乡二元体制，促进城乡一体化发展 (142)
一 破除城乡公共服务二元体制，实现城乡公共服务均等化 (143)
二 破除城乡规划建设二元体制，促进城乡空间一体化发展 (144)
三 破除城乡市场二元结构，促进生产要素优化配置 (146)
四 破除城乡地理二元结构，促进城乡产业融合发展 (148)
五 土地制度与户籍制度联动改革，促进农村土地有效流转 (150)
第二节 重塑农业经营主体，解决谁来种地的问题 (154)
一 加大农民教育培训力度，培育新型职业农民 (154)
二 推动农业经营创新，发展家庭农场等新型组织形式 (155)
第三节 鼓励农民工、大学生等返乡创业 (160)
一 留住人的根本在于产业兴旺 (160)

二　为农民工、大学生等返乡创业创造优良环境……………（161）
第四节　构建留守群体关爱服务体系，解决服务空心化问题……（164）
　　一　关注留守儿童的健康成长与安全问题…………………（164）
　　二　关注留守妇女的情感问题………………………………（165）
　　三　关注留守老人的养老问题………………………………（166）
第五节　发展壮大农村集体经济，增强社区自我服务能力………（167）
　　一　农村集体经济是农村公益事业发展的基础……………（168）
　　二　采取各种措施，发展壮大农村集体经济………………（168）
　　三　增强农村社区服务能力，构筑留守人口保障网…………（171）
第六节　以农民增收为抓手，赋权赋能农民主体…………………（172）
　　一　农民增收始终是"三农"问题的核心问题………………（174）
　　二　农民收入问题的制度分析：赋权论……………………（176）
　　三　农民收入问题的个体取向：能力论……………………（177）
　　四　赋权赋能发挥农民在乡村振兴中的主体性作用…………（179）

**结语：落实乡村振兴战略，建设美丽和谐乡村——以胜利村
　　为例**……………………………………………………………（181）
　　一　产业兴旺……………………………………………（182）
　　二　生态宜居……………………………………………（184）
　　三　乡风文明……………………………………………（185）
　　四　治理有效……………………………………………（187）
　　五　民生保障……………………………………………（188）

参考文献……………………………………………………………（190）
后记…………………………………………………………………（203）

绪　论

一　研究背景与问题的提出

党的十八大以来，我国各项事业取得了历史性成就，发生了历史性转变，其中之一就是实现了第一个百年奋斗目标，完成了脱贫攻坚和全面建成小康社会的历史任务。农村的面貌发生了根本性的改变，但踏上实现第二个百年奋斗目标的新征程，仍面临诸多挑战。党的二十大指出，全面建设社会主义现代化国家，最艰巨最繁重的任务仍然在农村。[1]

中国是一个农耕文明悠久的农民大国。农业是立国的基础产业。农村也一直是中国大多数农民生产生活的场域。到20世纪80年代，中国农村还维持着相对稳定而完整的经济社会形态，社会秩序和社会结构没有明显的变化。1978年党的十一届三中全会开启了农村改革，以家庭联产承包制为基础的统分结合的双层经营机制改革释放了农村部分的生产活力，提高了农业生产率，改善了农民的生活条件，但农民的生计模式、价值观念、生活态度、行为方式等深层次结构并没有发生根本性变化。20世纪90年代以来，随着我国工业化和城市化的快速发展，农村劳动力和资源持续加速流出，只留下以老人、女人和小孩为主体的所谓的"386199"部队在村留守，农村逐渐失去了往日的繁荣与生机。有的地方甚至出现了家庭空巢化、土地抛荒与产业空心化、基础设施与公共服务空心化、文化与精神空心化等问题。[2] 随着青壮年劳动力进城，人口空心化严重制约了

---

[1] 习近平：《高举中国特色社会主义伟大旗帜　为全面建设社会主义现代化国家而团结奋斗——在中国共产党第二十次全国代表大会上的报告（2022年10月16日）》，人民出版社2022年版，第30—31页。

[2] 郑殿元、文琦、黄晓军：《农村贫困化与空心化耦合发展的空间分异及影响因素研究》，《人文地理》2020年第4期。

农村经济社会的可持续发展。①

农村空心化是城镇化的必然结果，是任何一个国家现代化进程中都会遇到的问题。21世纪以来，党中央采取了很多应对措施，比如新农村建设、取消农业税、采取农补等惠农政策等，取得了巨大的成就，但随着中国工业化与城镇化加速发展和青年农民加速流出农村，农村空心化成了普遍现象。2012年15名院士联名提出若不从战略上解决农村空心化的问题，我国将面临无人种地的尴尬境地，不仅会造成稀缺的土地资源浪费威胁粮食安全，也会危及农村经济社会的稳定与可持续发展。② 以习近平同志为核心的党中央，坚持农业农村优先发展，全面解决"三农"问题实施乡村振兴战略，推进巩固脱贫攻坚成果同乡村振兴有效衔接，农村经济社会持续稳定发展，但在城市化的大背景下，中西部农业地区和远郊农村的人口老年化、住宅空置化等空心化问题仍然值得关注。③ 因此，如何有效遏制和化解农村空心化问题仍然是当前我国面临的一个亟待深入系统研究和全面解决的重大理论与现实问题。

（一）选题价值和意义

1. 理论价值：具有一定的学科研究的创新性和综合性

第一，拓展农村空心化问题治理研究的视域与维度。立足于行动者视角，从社会学切入，借鉴人口学、经济学和土地管理等学科研究成果，以城乡互动关系为视角，探讨农村空心化形成的背景、过程、机制及其治理路径，既可拓展问题研究视域，增进该问题的认识的广度和厚度，也可为拓展学科研究领域做些有益探索。

第二，丰富和发展农村空心化问题治理研究的内涵。除了人们常常提到的人口空心化和地理空间的空心化之外，还有基础设施空心化、产业空心化、服务空心化、精神空心化等，这些空心化现象之间存在密切的内在关联，相互影响和制约，深入研究探讨其中的内在过程和运行机理有助于丰富研究内涵，增强该问题研究的深度，也可为制定合理的、综合性的治

---

① 刘爱梅：《农村空心化对乡村建设的制约与化解思路》，《东岳论丛》2021年第11期。
② 李剑平：《两院士：提防人口大国无人种地》，《中国青年报》2012年3月19日第11版。
③ 陈宏江：《441个"空心化"村组消失的背后》，《陕西日报》2022年9月6日第12版；梁一岚：《乡村振兴战略视角下农村空心化治理研究——以四川省A村为例》，《村委主任》2023年第5期。

理政策提供理论支撑。

2. 现实意义：具有较强的现实性和针对性

第一，有助于推动城镇化健康发展。传统城市化以牺牲农村发展为代价，导致城乡结构失衡和社会断裂，对整个中国社会的和谐发展和现代化事业构成阻碍。新型城镇化是吸取旧城镇化发展道路的教训而探索出来的新路。新型城镇化，不仅要实现城市大发展，也要通过"以城带乡"和"以工促农"实现乡村振兴，最终实现城乡互助共进和城乡一体化发展。通过对比分析传统城镇化与新型城镇化，可为引领城镇化走上城乡协调发展之路提供直接的指导。

第二，有助于解决农村空心化问题，推动农村可持续发展。跨学科深入研究农村空心化的成因及其机理，有助于精准施策，找到农村空心化问题治理的综合性框架。从前面的研究文献可以看出，不同的学科得出的答案是不一样的。但是农村空心化是中国城乡社会转型的必然结果，具有普遍性和复杂性，客观上也要求对其进行跨学科的研究。

第三，有助于实现城乡融合发展。由于历史的原因我国一直实行城乡二元分割分治的体制。这也是我们城乡发展失衡和农村发展严重滞后的根本原因。历史的教训使我们逐渐认识到，牺牲农村发展城市的道路走不远、走不好。而没有农村的现代化就没有整个国家的现代化，没有广大农民的小康就没有整个中国的小康。统筹城乡、实现城乡协调发展成为政府的不二选择。2013年12月的中央城镇化工作会议指出，推进城镇化是解决农业、农村、农民问题的重要途径。新型城镇化成为解决城乡失衡和农村发展滞后问题的主要战略和工作抓手。因此，通过研究新型城镇化促进农村空心化治理，可为进一步推动城乡协调和融合发展提供理论参考及政策指引。

（二）研究现状及评述

对于城镇化背景下农村空心化问题治理的研究集中在村镇规划和农村发展两个方面，主要存在两种学术理路。一是均衡发展思路，着眼于城乡统筹协调发展治理农村空心化问题的研究。1852年罗伯特·欧文最早提出"新协和村"理念，并于印第安纳州进行试验；受此影响，1898年霍华德提出城乡融合发展的"田园城市"理论；1932年怀特的"区域统一体"理论、1961年古特曼的"集合城市"理念、1989年芒福德的"城乡关联"理念等都是谋求统筹城乡推动城乡协调发展。实践上，20世纪60—70年代德国的城乡等值化运动，70年代日本针对农村人口"过疏化"的村镇综合建设，以及80年代美国的"都市化村庄"建设等，从一定意义上讲，都是为治理农村空心化问题提供的方案或实践模式。二是非均衡发展思路，着眼于通过城市发展引领带动农村发展来治理农村空心化问题的研究。比如1977年利普顿的"城市偏向"理论，1955年弗里德曼的"中心—外围"理论，以及1955年佩鲁的"增长极"理论，强调通过中心城市主导产业和有创新能力的行业发展解决农业转移人口就业和市民化，从而促进农村发展。类似于我们今天所讲的"以城带乡"和"以工促农"。此外，还有一般意义的针对农村空心化及其存在的问题的对策研究。对农村发展的目标、内容和方式方法等提出了一些有价值的建议，比如，1964年舒尔茨提出加强农业的现代要素投入和促进农村综合发展等解决农业和农村落后问题。而20世纪70年代韩国的"新村运动"，印度的"乡村综合开发运动"也是制止农村人口外流、促进乡村发展的政策措施。国外关于农村空心化治理和农村发展的实践与理论为当前我国农村空心化治理提供了经验借鉴和政策参考。①

目前国内学界和政策部门对于快速城镇化背景下农村空心化治理的研究非常广泛而深入，取得了不少积极成果，主要存在三个不同的维度：

一是立足于解决地理学意义上的聚落空心化问题研究。这种研究把农村空心化定义为城乡转型过程中农村人口非农化引起的"人走房空"，以及宅基地"建新不拆旧"所形成的"外扩内空"现象。②张正河从城市化发展的角度对不同的空心村提出了"城镇化""中心村建设""村庄兼并""生态移民"等几种分类治理模式；③薛力主张依据农村空心化阶段采取不同的政策，从城乡关系、村庄关系，以及村庄内部关系三个层面进行综合整治，促进乡村人口城镇化，对留存村庄进行撤并调整，实现组织

---

① 韩占兵：《美、法、日三国应对农村人口空心化的国际经验借鉴》，《经济社会体制比较》2023年第1期。
② 刘彦随、刘玉、翟荣新：《中国农村空心化的地理学研究与整治实践》，《地理学报》2009年第10期。
③ 张正河：《准城市化下"空心村"解决思路》，《中国土地》2009年第8期。

与空间优化重组。①

二是立足于解决经济学意义上的人口空心化问题研究。经济学和人口学把农村空心化定义为农村青壮年劳动力大量流入城市，只剩下老人、妇女和儿童的"人口空心化"现象。张志胜主张通过土地流转实现规模化经营，解决土地抛荒和老人农业问题；②陈池波、韩占兵则进一步提出通过培育职业农民解决人口空心化所导致的农民荒问题；③周祝平主张实现家庭经营向规模化经营的农业转型和实现家庭养老向社会社区养老为主的农村养老转型的两大战略，来化解农村空心化困境。④个别学者关注农村的服务、精神与文化上的无形"空心化"问题，以及农村"软环境"空心化问题。客观讲，这些问题确实存在，但这些问题都是人口空心化所导致的后果，因此也应从属于这个维度的研究范畴。

三是立足于解决政治学与社会学意义上农村空心化的发展困境问题研究。徐勇从基层治理角度把农村空心化界定为广义的农村发展困境，即支撑乡村可持续发展和文明转型的资金、技术、知识、人才和需求等资源大量流失，乡村治理可利用的手段严重匮乏，从而陷入乡村发展的困境。⑤陈家喜、刘王裔主张通过农村新型社区建设填充空心村，全面恢复农村经济社会的生机；⑥林孟清则借鉴历史经验提出"推动乡村建设运动治理农村空心化"；⑦程必定认为，农业就地产业化、农民就地职业化、农村就地城镇化和户籍就近市民化的"四就"模式可全面解决农村空心化问题。⑧客观讲，农村空心化是城镇化的阶段性产物，统筹城乡经济、

---

① 薛力：《城市化背景下的"空心村"现象及其对策探讨——以江苏省为例》，《城市规划》2001年第6期。
② 张志胜：《土地流转视阈下的"空心村"治理》，《长白学刊》2009年第2期。
③ 陈池波、韩占兵：《农村空心化、农民荒与职业农民培育》，《中国地质大学学报》（社会科学版）2013年第1期。
④ 周祝平：《中国农村人口空心化及其挑战》，《人口研究》2008年第2期。
⑤ 徐勇：《挣脱土地束缚之后的乡村困境及应对——农村人口流动与乡村治理的一项相关性分析》，《华中师范大学学报》（人文社会科学版）2000年第2期。
⑥ 陈家喜、刘王裔：《我国农村空心化的生成形态与治理路径》，《中州学刊》2012年第5期。
⑦ 林孟清：《推动乡村建设运动：治理农村空心化的正确选择》，《中国特色社会主义研究》2010年第5期。
⑧ 程必定：《中国的两类"三农"问题及新农村建设的一种思路》，《中国农村经济》2011年第8期。

社会和空间三维要素是农村空心化治理的制胜法宝。虽然研究的角度和方法不一，但总体上不外乎以上三种情况，只是各自的侧重点不同而已。

传统城市化是导致农村空心化的基本动因，但新型城镇化则为我国农村空心化问题治理提供了新机遇新动力，开辟了新思路新途径。党的十八大提出，坚持走中国特色的新型城镇化道路，构建新型的城乡关系，党的十八届三中全会又提出，推进以人为核心的城镇化，推动大中小城市和小城镇协调发展，促进城镇化和新农村建设协调推进。当前，对于新型城镇化的研究，学界主要存在三个不同的视角：

第一，基于城镇视角的研究。这方面的内容很丰富。按规模大小分为小城镇化、中等城市化、大城市化及特大城市化，但多数人主张大中小城市协调发展；按城镇化与工业化的关系分为同步城镇化、过度城镇化、滞后城镇化，但都主张城市化与工业化协调发展；按城镇化的进程与阶段分为中心城镇化、郊区城镇化和逆城镇化，但都认同中国城市化水平存在区域差异，总体上仍处于城镇化加速发展阶段；[1] 按城镇化的动力分为政府主导型城镇化和市场主导型城镇化，也可分为要素驱动城镇化和创新驱动城镇化。[2] 从城镇化的目标看，按空间目标可分为异地城镇化、就地城镇化与就近城镇化，[3] 按价值目标可分为智慧城镇化和绿色城镇化；[4] 或按价值内容区分为以物为核心的城镇化和以人为核心的城镇化。厉以宁从广义城镇化或中国国情角度把新型城镇化分为：老城区+新城区+农村新社区等。[5] 这些研究比较客观地分析了中国城镇化的基本进程与特征。

第二，基于农民农村视角的研究。按农民城镇化的程度可分为实质性城镇化和半城镇化（也称伪城镇化和准城市化），或按农民城镇化的内容分为身份城镇化、身体城镇化和生活城镇化，[6] 按农民城镇化的意愿分为

---

[1] 戴攸峥、易文彬：《新型城镇化背景下农村空心化的治理》，《南昌大学学报》（人文社会科学版）2015年第5期。
[2] 辜胜阻、刘江日《城镇化要从"要素驱动"走向"创新驱动"》，《人口研究》2012年第6期。
[3] 李强、陈振华、张莹：《就近城镇化与就地城镇化》，《广东社会科学》2015年第1期。
[4] 仇保兴：《智慧地推进我国新型城镇化》，《城市发展研究》2013年第5期。
[5] 厉以宁主编、程志强副主编：《中国道路与新城镇化》，商务印书馆2012年版，"序言"。
[6] 邓大才：《新型农村城镇化的发展类型与发展趋势》，《中州学刊》2013年第2期。

主动城镇化与被动城镇化。① 这些研究从一定程度上揭示了中国农民在城镇化进程中的尴尬境况。按城镇化的主体分为人口城镇化和土地城镇化，又可分为农民城镇化与村落城镇化，② 但当前我国的土地城市化快于人口城市化，重视人口城镇化而忽视村落城镇化。

第三，基于城乡关系视角的研究。这种视角对新型城镇化的研究又存在三种学术进路：首先是农村偏向型，立足于农村城镇化，而不是传统意义的人口城市化实现新型城镇化。陆益龙提出，农民不会终结，村庄不会终结，农村新发展与城市化并行不悖；③ 农民可以城镇化，农村也可以城镇化，通过打造一小时工作圈实现农民和农村城镇化。其次是城市偏向型，新型城镇化的核心是人的城镇化，通过人口城市化实现新型城镇化。在高度城镇化基础上实现城乡一体化，更彻底的城市化解决农村转移人口的市民化问题。白永秀提出，采取六个"三位一体"的路径将农村分散的生产要素逐渐向市、县、镇集中，推进城乡经济社会一体化；④ 辜胜阻、杨威提出，新型城镇化的关键在于同时实现"安居梦""就业梦"和"市民梦"三大梦。⑤ 最后是城乡统筹型，通过城乡一体化发展实现新型城镇化。新型城镇化首先要突破的就是从城市优先发展转向城乡互补协调发展，实现城乡一体化和城乡融合。迟福林认为，新型城镇化承担着统筹城乡发展、实现城乡一体化的重大使命。⑥ 彭真怀提出，农村空心化是推进新型城镇化的难点，建议从土地制度改革入手，在保障农民土地权益的前提下解决农民市民化问题。⑦

概而言之，以上研究成果无疑对本书具有重要的借鉴和参考价值。但现有研究存在三个方面的不足：第一，研究视角不够宽广。该问题目前的研究，或局限于地理学，或局限于经济学，或局限于政治学，其他学科参与度不高，跨学科的整体性综合研究缺乏。第二，研究内涵挖掘

---

① 李强：《主动城镇化与被动城镇化》，《西北师大学报》（社会科学版）2013年第6期。
② 易文彬：《村落城镇化的类型及其发展趋势》，《江西社会科学》2017年第6期。
③ 陆益龙：《村庄会终结吗？——城镇化与中国村庄的现状及未来》，《学习与探索》2013年第10期。
④ 白永秀：《城乡二元结构的中国视角：形成、拓展、路径》，《学术月刊》2012年第5期。
⑤ 辜胜阻、杨威：《反思当前城镇化发展中的五种偏向》《中国人口科学》2012年第3期。
⑥ 迟福林：《新型城镇化专题研究》，《中国井冈山干部学院学报》2013年第4期。
⑦ 彭真怀：《新型城镇化怎样打开困局》，《理论视野》2013年第5期。

不够。目前的研究仅局限于土地规划整治、农业产业化和农业转移人口市民化等几个问题，而农村空心化的治理是一个系统的社会工程，涉及政治、经济、社会、文化、资源、环境等各个层面，需要对其进行全面深入挖掘和拓展。第三，研究的人文关怀度不够。现有的研究局限于学科性视野，对农村空心化治理过程中农民群体的多样性需求关注不够。不同的群体对于农村空心化治理的认知、态度和需求选择不同，需要做进一步的细化研究。

客观地讲，农村空心化是城镇化发展过程中带有普遍性的问题，对于中国城乡社会转型来说，既是挑战又是机遇。新型城镇化的本质是以人为核心，以人为核心的新型城镇化不再沿袭牺牲农民利益发展城市的传统城市化道路，而是追求城乡统筹协调发展，这就为农村空心化问题治理提供了前所未有的机遇和动力。本书把农村空心化问题治理放在新型城镇化发展的大背景下，从城乡关系视角重新检视农村空心化的成因及其治理路径，在借鉴前人研究成果的基础上立足于行动者视角，从社会学切入进行跨学科综合研究，以求探索农村空心化治理的新框架。

二 研究思路与基本内容

（一）研究思路和分析框架

1. 研究思路

本书在"新型城镇化"的大背景下探讨农村空心化的治理问题，立足于城乡互动关系的大视野观照农村问题，遵循提出问题、分析问题和解决问题的论证思路。首先，通过文献梳理和概念厘清破题，提出选题的理论依据和现实意义；其次，通过城镇化与农村空心化的关联性研究，揭示农村空心化的成因、进程、机理及演进规律，为农村空心化治理找到宏观的结构性深层原因和解决框架；再次，通过实证研究进一步证实城镇化对农村空心化的影响及后果，并明确研究的现实关怀和人文关怀向度，分析研究新型城镇化对农村空心化治理的影响及其存在的机遇；最后，提出新型城镇化背景下农村空心化治理的体制机制与政策。在实地调研的基础上，积极总结实践经验，借鉴文献资料的理论资源，提出农村空心化治理的机制和政策建议，其核心是打破城乡二元体制机制，实现城乡一元发展。

2. 分析框架

分析框架是对研究思路的进一步细化。折晓叶和艾云在分析中国"城乡关系演变的制度逻辑和实践过程"时提出了一个"机会结构—互动机制—行动策略"的分析框架。通过一个中间层次的机会结构和互动机制把宏观制度与微观行为勾连起来，以达到对问题的综合分析，[①] 这对于分析当前我国农村的空心化治理也具有理论借鉴价值。

农村空心化，从一定意义讲，是中国农民在快速城镇化变迁过程中，机会结构和市场结构改变了农民的生计模式，农民由固守农村农业转向城镇务工经商，通过职业流动和区域流动实现家庭收益最大化。在其他配套的制度改革滞后的情况下，农村青壮年流出农村自然会导致农村人口空心化和农村社会整体性的衰败现象。

因此，本书期望构建一个分析框架，把宏观结构与微观行动、社会与个人、个别现象与社会普遍问题联系起来，力争对农村空心化问题治理进行一个较为全面而系统的阐释。农民的日常生活态度与行动是宏观制度影响与个体选择的结果。因此，本书选择从农民日常生活切入，围绕农民的日常生活行为及其变迁的逻辑展开，通过城乡社会转型视角解释农村空心化的必然性及其演变趋势，探讨农村空心化治理过程中不同的利益主体的态度与行为，努力提出一个综合性的治理框架。

（二）研究的基本内容

1. 城乡关系视域下农村空心化治理的相关理论阐释

从一定的意义讲，城镇化与农村空心化是一体两面的关系，是现代化进程中两个相伴而生的过程与现象。城镇化主要指农业人口向城镇迁移和集聚，农村空心化主要指农村青壮年劳动力单向流向城镇导致农村人口空心化的现象。农民流动与迁移是城镇化与农村空心化的社会关联机制。城镇化发展速度越快，农村空心化问题就越严重。城镇化的发展水平与阶段直接决定了农村空心化的程度与进程。农村空心化有一个发生、发展和消亡的过程，也有一个由轻到重而后逐渐被治理的过程。新型城镇化的核心是以人为本，推进城乡协调发展。这部分主要阐释五个方面的内容：（1）城镇化与新型城镇化的关系；（2）农村空心化的概念厘定；（3）农

[①] 折晓叶、艾云：《城乡关系演变的制度逻辑和实践过程》，中国社会科学出版社2014年版，第50页。

村空心化与城镇化的关联性；（4）农村空心化与传统城镇化的关系；（5）农村空心化治理的基本原则等。

2. 城乡转型视域下的农村空心化问题

传统城镇化建设，先是以重工业为基础对农村资源过度吸纳，对农村发展造成延滞；后是以低成本工业化和房地产推动，抽取农村优质劳动力却不承担任何公共福利责任，要地不要人，用户籍制度把农民工排除在城镇体制外，从而造成农村贫困和农民流失。传统城镇化建设是导致农村空心化的主要原因。通过在东部沿海发达地区，中西部农业地区、山区，以及城市近郊和远郊空心村进行实地调查，了解不同区域农村的空心化基本情况；通过实地观察和个别访谈了解农村空心化带来的社会问题，如留守家庭问题、社会治安问题、基层组织瘫痪问题等。主要阐述五个方面的内容：第一，农村空心化的表征及其历程；第二，农村空心化的总体性特征；第三，农村空心化的成因；第四，农村空心化对农村发展的影响；第五，通过个案分析深度剖析农村空心化的症结及其原因。为最终落实"以人民为中心的发展观"，实现以农民多元化需求为导向的空心村治理提供理论支撑。

3. 城乡关系视域下农村空心化治理的实践探索

与传统城镇化不同，新型城镇化为农村空心化治理提供历史机遇：新型城镇化的本质是以人为核心，提升城镇化质量，而实现农业转移人口市民化可预防农民工回乡建房，有助于遏制其住宅空心化发展。城镇化是大中小城市和小城镇协调发展，可促进农民就地城镇化，消解人口空心化问题等。主要分析新型城镇化背景下农村空心化治理模式与典型案例，总结治理实践中的经验与不足，同时通过文献法梳理国外农村空心化治理的经验，为最终提出合理的治理框架奠定实践基础。

4. 城乡关系视域下农村空心化治理面临的挑战

不同层级组织对农村空心化治理的逻辑不同，主要阐述农村空心化治理过程中，国家、基层政府与农民的不同的动机与机理；不同的农民群体对农村空心化治理诉求不一致，通过问卷调查和个人访谈，了解不同年龄、性别和学历的农民群体对农村空心化问题及其治理的认知、态度和行为，揭示新生代农民与老一代农民、流动人口与留守人口对农村空心化治理的不同诉求；不同类型村庄的空心化治理路径不一样，散居型与聚居型，不同历史、文化、资源、位置的空心村治理路径也不一样；不同地域的农村空心化治理单元也不一样，是以镇为单位，还是以行政村为单位，或以自然村为单位，或以县为单位等，都需要因地制宜进行抉择。厘清农村空心化治理面临的挑战，是为了更好地提出合理的治理思路与对策。

5. 城乡关系视域下农村空心化治理机制与政策研究

首先，必须打破城乡二元体制机制，实现城乡融合发展：第一，探讨构建城乡一体的居民证制度。逐步取消现有的户籍制度，实现统一的居民证制度，促进农业转移人口市民化，提升城镇化质量，避免农民工回乡建新的空置房。第二，探讨构建城乡一体的社会保障与服务机制，实现城乡居民基本服务均等化，逐步消除城乡差距，实现农民生活城镇化。第三，探讨构建城乡一体的建设规划的体制机制，科学规划，合理布局，通过交通通信网络和组织制度网络打造合理的工作生活圈，推动城乡融合发展。第四，探讨构建城乡统一的建设用地市场，建立健全农地流转和退出的体制机制，推动户籍制度与土地制度联动改革，在保障农民利益的前提下实现土地整治和农业规模化发展，解决住宅空心化和土地抛荒问题。其次，全面落实乡村振兴战略，实现农村美、农民富和农业强：第一，发展壮大集体经济，增强社区自我服务能力；第二，探讨吸引和鼓励农民工与大学生回乡创业的可行性政策，积极招商引资，促进农村经济发展，为青年农民就地就近就业创造条件，遏制人口空心化；第三，探讨建立农村志愿者服务和帮扶组织，汇集社会力量解决留守儿童教育、留守老人养老和留守妇女负担过重等社会问题，着力构建留守人口的关爱服务体系；第四，发展集体经济，增强社区服务能力；第五，以农民增收为主要目的，赋权赋能发挥农民主体作用。

结语部分，以"胜利村"为例，结合国家最新出台的乡村振兴战略，进一步阐释新型城镇化背景下农村空心化治理的基本架构。

三　研究方法与创新之处

（一）研究方法

为了使论证得到多层面、多角度和综合性的支撑，本书主要采取以下几种方法：

1. 跨学科综合研究法

农村空心化的治理是一个系统的社会工程。所谓的农村空心化本质上是人口空心化，从关注物的因素转向关注人的因素。本书既借鉴现有的经济学和地理学的研究成果和方法，更注重从社会学角度探讨农村空心化的成因、影响及其治理办法。"乡村生活是浑然一体的,这使所有把经济学和社会学区别开来的努力在这儿比其他领域更为徒劳无益。"① 社会学的本质是从社会的结构层面分析个体行为,从人与社会互动关系角度关注人,关注不同的群体对于农村空心化及其治理的不同的态度和需求,政治学关注农村空心化治理过程中的利益分配,二者都体现了社会科学的人文关怀的价值指向。

2. 整体分析法

"只有一种真正的整体主义分析才能够告诉我们任何有关现实世界是如何运转的重要知识。"② 首先,与关注个体或局部的研究取向不同,本书采用整体分析方法,把城镇与农村看成一个相映相成、对立统一的共同体和连续体。从城乡一体的视角,通过城镇与乡村相互影响、相互制约的过程机制,探索农村空心化与城镇化的关联性。没有整体性的分析就不可能全面准确地把握农村空心化问题,更不可能提出正确的治理思路与政策。其次,把农村空心化看成城乡社会整体转型的综合性因素作用的结果。对于人口空心化、聚落空心化、土地空心化、产业空心化、服务空心化、基础设施空心化、精神文化空心化等,不同的学科视点得出的结论是不一样的。但社会是经济、人口、资源、环境、文化的有机整体,这些要素之间是内在关联和相互影响的,人口空心化是其他空心化形成的首要因素,但其他形式的空心化反过来也会影响和制约人口空心化。因此,既要牢牢抓住"人口空心化"这个关键,又需要从城乡一体的整体性和结构性角度分析农村空心化现象,才能提出针对农村空心化问题的综合性治理框架。

3. 个案分析法

通过制作调查提纲,对典型的空心村样本进行实地观察、深度访谈,了解不同地区、不同区位的农村的空心化特征、成因、程度及其影响,了解不同农民群体的态度和行为选择,以及各地空心村治理的政策及实施效果等,有针对性地提出农村空心化治理的新理念、新思路和新的政策建

---

① [法] H. 蒙德拉斯:《农民的终结》,李培林译,社会科学文献出版社2010年版,第16页。
② [美] 伊曼纽尔·沃勒斯坦:《现代世界体系(第一卷):16世纪的资本主义农业和欧洲世界经济的起源》,郭方、刘新成、张文刚译,社会科学文献出版社2013年版,"序言"第11页。

议。立足于实地调查的个案分析是本书实证研究的基础。应该说明的是，本书所选择的调查对象主要是课题组实地调查过程中随机判定的典型村庄和群体。

4. 文献法与实地研究相结合

一是通过文献法获取各个学科关于本研究的前期成果，特别是官方网站公布的国家与地方关于农村发展的相关文件；二是基于长期实地跟踪研究的一手资料。费孝通说过，实地调查是他学术研究的基石。[1] 定量分析的科学性不可否认，但应用到农村社会科学研究之中，有时使不上力。社会群体的思想、情感、生活习惯与行为方式都是复杂而隐秘的，难以用数字表达清楚。正如李培林所述："把生活感受转化成数据和数据之间的关系，有时就像把一道道千滋百味的精美宴席，变成了滋味单一的维生素或蛋白质。相对于统计分析的强有力的工具，口述史和个案'深描'的永恒魅力，或许就在于他的'去蔽'能力。"[2] 虽然调查过程中也获得了一些数据，但主要采取定性分析，一种基于客观事实的观察和反思，通过类型学和层次分析对农村空心化治理展开深入的解析。

（二）创新之处

1. 研究视角的创新

现有的文献主要是基于土地规划利用的地理学研究和基于人口流失的经济学人口学研究。社会学对于农村空心化问题及其治理的研究多数停留在现象描述和留守问题的研究上，缺乏综合性的研究。本书坚持马克思主义的历史唯物主义立场，从城乡发展转型的宏大视角切入，着眼于新型城镇化的大背景，运用社会学方法综合研究农村空心化的成因、过程、影响，探索深层次的社会因素及其作用机制，落实习近平总书记提出的"以人民为中心的发展观"，实现从城市本位和村社本位向农民本位的转变，形成满足农民多层次需要的农村空心化治理框架。

2. 研究内容的创新

既有的文献要么涉及"外扩内空"的空心化土地规划整治，要么涉及人口流失对农村发展的负面影响及其对策。本书从城乡关系角度重新审视农村空心化问题，探讨农村空心化类型及其内在关系，阐释农村空心化

---

[1] 费孝通：《志在富民》，上海人民出版社2004年版，"总序"第3页。
[2] 李培林：《村落的终结——羊城村的故事》，商务印书馆2004年版，第7页。

的正反两个方面的影响，探索不同的相关利益群体对农村空心化治理的认知、态度与行为差异，从城乡一体化发展视角提出以人为核心的满足不同层次、不同利益群体需求的农村空心化治理架构，创新体制机制和政策体系。

3. 研究方法的创新

本书综合使用地理学、经济学、社会学和政治学等多学科视角和方法，定性分析结合定量分析、宏观与微观相结合、动态与静态相结合、田野调查与问卷调查相结合，深入系统地探索快速城镇化发展过程中的农村空心化问题及其治理路径。如上所述，实地研究是本书研究的基本方法。除了对农村留守群体、流动群体、地方上层和乡镇干部等访谈之外，还利用课题组多数成员是高校教师的优势，通过问卷、个别访谈和小组座谈等形式收集有留守经历的大学生相关的信息资料，以及非留守农村和城市户籍大学生的相关看法，做好历时性和共时性的对比分析。

第一章 城乡关系视域下农村空心化治理的理论阐释

为研究奠定学理基础，首先，我们必须对农村空心化治理相关理论，包括新型城镇化与城镇化的关系、农村空心化的基本内涵、农村空心化与城镇化的关联性，以及马克思主义经典作家关于城乡关系的理论观点及其对农村空心化治理的启示等进行理论阐释。

第一节 新型城镇化与城镇化的关系

一 新型城镇化的提出

新型城镇化的提出有一个过程。大概有三个阶段：第一个阶段，党的十七大以前，提出小城镇、大战略。在传统的城市化之外增加了中国特色的城镇化，认为中国的国情决定中国城镇化侧重于农村的城镇化，而不仅是城市化，内涵范围都扩大了。第二个阶段，提出中国特色的城镇化。增加了"特色"二字，凸显中国城镇化与其他国家城市化的差异性。2007年10月15日，党的十七大提出："走中国特色城镇化道路，按照统筹城乡、布局合理、节约土地、功能完善、以大带小的原则，促进大中小城市和小城镇协调发展。"[1] 强调中国特色城镇化与其他发展中国家、发达国家的城市化的差异，基于中国人口大国的国情，不能走大城市和特大城市化的道路，而要走大中小城市与小城镇协调发展之路。第三个阶段，提出中国特色的新型城镇化。增加了"新型"二字，突出了时代性、科学性和先进性。2012年党的十八大提出："坚持走中国特色新型工业化、信息

---

[1] 胡锦涛：《高举中国特色社会主义伟大旗帜 为夺取全面建设小康社会新胜利而奋斗——在中国共产党第十七次全国代表大会上的报告（2007年10月15日）》，人民出版社2007年版，第25页。

化、城镇化、农业现代化道路。"① 新型城镇化与新型工业化、信息化和农业现代化相提并论（称为"四化战略"）；同时又与传统城镇化相对应，是对传统城镇化的反思与超越。2013 年 11 月 12 日，党的十八届三中全会决议明确提出"坚持走中国特色新型城镇化道路"，把"中国特色城镇化"与"新型城镇化"有机地统一起来，称为"中国特色新型城镇化"。这是总结我国过去城市化的经验教训，也是在吸取其他国家城市化的经验与不足的基础上提出的新理念。这表明，我国当下的城镇化，既不走老路，也不走歪路，而是走符合国情和时代需要的中国特色新型城镇化道路。

2013 年 12 月 12 日至 13 日，中央城镇化工作会议在北京举行，进一步提出了以人为本，推进以人为核心的城镇化，阐述了城镇化的重要性及其新型城镇化的主要任务。2014 年年初出台的《国家新型城镇化规划（2014—2020 年）》完成了中国特色新型城镇化发展的顶层设计与规划布局，为新型城镇化建设提供了行动纲领和政策指导。

对于新型城镇化的本质及其要求，党的十八届三中全会通过的《中共中央关于全面深化改革若干重大问题的决定》做了明确的界定："坚持走中国特色新型城镇化道路，推进以人为核心的城镇化，推动大中小城市和小城镇协调发展、产业和城镇化融合发展，促进城镇化与新农村建设协调推进。"尽管学界存在各种解读，② 但其基本要义还是一致的，体现在新型城镇化建设应坚持的七条原则上：第一，以人为本，公平共享。以人的城镇化为核心，合理引导人口流动，有序推进农业转移人口市民化，推进城镇基本公共服务常住人口全覆盖。第二，四化同步，统筹城乡。工业化和城镇化良性互动、城镇化与农业现代化相互协调，推进城镇发展与产业支撑、就业转移和人口集聚相统一，形成以工促农、以城带乡、工农互惠、城乡一体的新型工农、城乡关系。第三，优化布局，集约高效。优化空间结构，提高国土利用效率。第四，生态文明，绿色低碳。将生态文明理念融入城镇化进程。第五，文化传承、彰显特色。发展特色城镇化。第

---

① 胡锦涛：《坚定不移沿着中国特色社会主义道路前进　为全面建成小康社会新胜利而奋斗——在中国共产党第十八次全国代表大会上的报告（2012 年 11 月 8 日）》，人民出版社 2012 年版，第 20 页。

② 魏后凯：《党的十八大以来社会各界关于城镇化的主要观点》，《经济研究参考》2013 年第 14 期。

六，市场主导，政府引导。处理好市场与政府的关系，尊重市场规律。第七，统筹规划，分类指导。关键是因地制宜、循序渐进，尊重基层群体的首创精神。① 因此，新型城镇化是以城乡统筹、城乡一体、产城互动、节约集约、生态宜居、和谐发展为基本特征的城镇化，是大中小城市、小城镇、新型农村社区协调发展、互促共进的城镇化。

二　新型城镇化对传统城镇化的反思与超越

与传统城镇化不同，仇保兴认为，新型城镇化的核心内涵有六点：第一，从城市优先发展的城镇化转向城乡互补协调发展的城镇化；第二，从高能耗的城镇化转向低能耗的城镇化；第三，从数量增长型的城镇化转向质量提高型的城镇化；第四，从高环境冲击型城镇化转向低环境冲击型的城镇化；第五，从放任式机动化的城镇化转向集约式机动化的城镇化；第六，从少数人先富的城镇化转向社会和谐的城镇化。② 这其实是对中央提出的"集约、智能、绿色、低碳"新型城镇化内涵的细化和详解。新玉言从发展模式、资源利用和城乡关系角度概括了中国新型城镇化的主要特征：第一，大中城镇和小城镇协调发展；第二，集约利用土地等资源，走集约型城镇化道路；第三，以城乡统筹为主线，推动城乡共同繁荣；第四，因地制宜，探索适应不同区域特点的城镇化发展模式。与传统城镇化相比，新型城镇化具有以下新特征：从主要依赖工业到结合现代农业、现代服务业等多力支撑；从注重追求城市规模、空间扩张到注重提升城市的文化、公共服务等，使之宜居宜业；从城市偏向和城乡分治到城乡统筹和城乡一体化发展；从粗放式到资源节约、环境友好型；从主要依靠中心城市到依靠城市群、大中小城市与小城镇协调发展；从单兵突破的改革，到户籍、保障、就业等综合配套改革等。③ 从城镇化的动力、质与量的关系、人与环境的关系、发展模式等方面分析了新型城镇化的特征。

从实践角度看，新型城镇化是对传统城镇化的反思与超越，从城乡关系角度考察，与传统城镇化相比较，新型城镇化主要有以下四个方面明显特征。

---

① 《国家新型城镇化规划（2014—2020年）》，人民出版社2014年版，第16—18页。
② 仇保兴：《新型城镇化：从概念到行动》，《行政管理改革》2012年第11期。
③ 新玉言主编：《新型城镇化——理论发展与前景透析》，国家行政学院出版社2013年版，第42—43页。

（一）工业化与城镇化协调发展

当前中国的城乡发展失衡，主要原因之一就是城镇化滞后于工业化。[①] 目前，非农产业在国民经济总量占比接近 90%，但户籍人口的城市化率不到 40%，二者之间的差距较大。农村劳动力实现了非农就业，职业转变为工人，但身份却仍然是农民。这种身份与职业的分离是导致农村空心化的主要原因之一。著名专家科林·克拉克认为，城市化是第一产业人口不断减少，第二、三产业人口逐渐增加的过程。[②] 因此，从理论上讲，非农化与城镇化二者之间应该是动态的统一。农民主要以种地为生，当一个农民可以不依赖于土地收入而生活，他在非农领域就业，在非农产业聚集地的城镇生活，所谓的产业聚集导致人口聚集，或者说，人口聚集导致经济聚集，二者相互推动。这就是我们所说的非农化和城镇化的双重过程。但"我国长期实行城乡分治的户籍管理制度，农业人口被集中在农村，非农业人口大部分集中在城市，形成'城乡分治、一国两策'的局面"[③]。其政策虽有历史的合理性，但没有顺应改革开放的时代步伐及时变革，在工业化和城镇化加速发展的进程中，大量的农村中青年农民快速流动、转移到城镇和沿海发达地区务工经商，实现了非农就业，但却被计划经济时代形成的城乡二元体制阻隔，无法实现具有实质意义的户籍身份的城镇化。非农化与城镇化严重背离与脱节。

新型城镇化的首要任务，是坚持以人为核心，实现农业转移人口城镇化，实现工业化、非农化与城镇化协调发展。据统计，当前在城镇务工经商的农民工达到了 2.97 亿，[④] 按照每年解决 1300 万左右人口的城镇化的要求，至少还需要 20 年的时间。所以，产城融合、工业化与城镇化良性发展是新型城镇化的重要目标。一方面，可以加速城镇化发展和整个国民经济结构调整升级；另一方面，可以实现农民工家庭迁移解决农村空心化问题和促进农村经营体制改革创新。

（二）城镇工业化与农业现代化协调发展

从世界近代史来看，工业化是一个民族国家立国之本、强国之路，一

[①] 易文彬：《论当下的非转农：城市化还是逆城市化？》，《江西社会科学》2015 年第 2 期。
[②] 萧国亮、隋福民编著：《世界经济史》，北京大学出版社 2007 年版，第 218 页。
[③] 陆学艺：《中国"三农"问题的由来和发展》，《当代中国史研究》2004 年第 3 期。
[④] 董蓓：《2023 年全国农民工总量超 2.97 亿人》，《光明日报》2024 年 5 月 1 日第 3 版。

部现代化史就是一部工业化的历史。所以,任何一个刚刚独立的国家再怎么重视工业化也不为过。我国即是如此。为建立以重工业为基础的国民经济体系,在资源匮乏的条件下,以户籍制度为基础的二元社会的分离分治体制,通过价格剪刀差和"三提五统"等形式从农村吸取资源发展城市工业,城市的繁荣以牺牲农村发展为代价。以工业化、城镇化为核心内涵的现代化是导致"三农"问题的根源。[1]

但"没有农业和畜牧的这种长期发展过程,就不可能有剩余粮食和剩余人力,而这两个因素正是城市生活的先决条件"[2]。农业不仅是城市发展的先决条件,也是一个国家粮食安全和社会稳定的基石。城市要成为农产品的主要市场,农业要成为工业品的主要市场,城乡才能协调发展。正如费孝通所说,"中国最大多数的人民是住在乡村里从事农业的,要使他们的收入增加,只有扩充和疏通乡市的往来,极力从发展都市入手去安定和扩大农业品的市场,乡村才有繁荣的希望"[3]。

城镇工业化与农业现代化相辅相成。没有城镇工业化的发展,农业的消费市场和物质技术支持就失去基础;反之,没有农业现代化就没有城镇工业化的市场需求和充足的食物供应。工业与农业相互依存,相互促进。所以,新型城镇化不能像传统城镇化那样以牺牲农村农业发展为代价,而是通过"以工促农,以城带乡"实现城乡协调发展。

(三) 土地城镇化与人口城镇化协调发展

土地城镇化是指城镇化过程中农村集体土地转变为城镇建设用地。人口城镇化是指农业人口转变为城市人口,不仅是职业转移和空间转移,而且是身份转型,农民变成能够享受城市公共服务福利的市民。从人地关系,或者人与资源的配置来看,人应该随着土地等资源一块流动。资源流动而人不流动,就会出现部分农民生存发展资源匮乏的空心化现象。一边是城市资源的聚集和繁荣,另一边是资源流失后的农村空心化发展困境。传统城镇化要地不要人,通过征用农民土地扩张城镇空间,但无力解决失地农民的生存问题。虽然部分地区的城镇通过承包地换"低保"的形式解决失地农民的后顾之忧,少数大城市的城郊农村,失地农民因为获得了

---

[1] 徐勇:《现代化视野中的"三农问题"》,《理论月刊》2004年第9期。

[2] [美]刘易斯·芒福德:《城市发展史——起源、演变和前景》,宋俊岭、倪文彦译,中国建筑工业出版社2005年版,第12页。

[3] 费孝通:《乡土中国》,上海人民出版社2006年版,第126页。

巨额补贴而成了吃利息和补贴的"有闲阶层",但农民失地失业又失保障的情况也不鲜见。快速城镇化过程中的失地农民,数量比较大,据估计达到1.5亿人左右。如果政府没有把他们纳入城镇社会保障体系之中,又不能很好地解决他们的城市融入问题,社会会出现一个庞大的流民阶层,对社会稳定和治安将构成极大的挑战。所以,新型城镇化,必须改变过去要地不要人的城镇化模式,贯彻开放与共享的发展理念,让农民分享现代化的成果,实现土地城镇化与人口城镇化的协调发展。城市政府在获得农民土地的同时,应着力解决农民的就业、社会保障以及城市融入问题。至于是否要提高农民土地的补偿额度,这并不是问题的关键。关键在于提高集体统筹的比例发展集体经济,提高储备金比率以备不测,加强农民的职业技术培训提升就业能力等。

(四) 以人为核心的新型城镇化旨在满足不同利益群体的多样化需要

如前所述,农村空心化与城镇化是一个过程的两个方面。传统城镇化导致了农村空心化,但以人为核心的新型城镇化"需要回归到人的需求的多样性,回归到人的利益和权利的多样性,从而真正聚焦于城镇化过程对不同的群体的影响,并在城镇化过程中实现具体个人的利益福利和发展追求"[1]。

新型城镇化不像传统城镇化牺牲农村发展城市,而是更多地关照和满足农民的利益诉求。农民工、留守妇女、留守儿童和留守老人,不同性别、不同年龄的群体,不同受教育程度、不同的收入水平的群体,他们的需求是不一样的。所以,新型城镇化建设过程中,不仅应从农民实际的切身利益出发,倾听不同相关利益群体的声音,尊重农民的意愿,更应该重视发挥农民的主体地位和作用,调动农民的积极性、主动性和创造性,让农民参与到新型城镇化建设与农村空心化治理的过程中,有效维护自身合法利益。人的需要,特别是农民的需要是新型城镇化建设的立足点和出发点,是否满足农民的需要是新型城镇化建设成败的关键和衡量标准。因此,在新型城镇化和农村空心化治理过程中必须重视农民的利益表达,构建一个政府、市场、社会和农民参与的综合治理体系。

---

[1] 任远:《新型城镇化是以人为核心的城镇化》,《国家行政学院学报》2014年第3期。

第二节 农村空心化的概念厘定

对于农村空心化内涵的界定,不同学科视角,其定义的侧重点也不一样。这对全面了解和解决农村空心化问题是有益的探索。在梳理文献的基础上,我们试着提出一个较为综合的概念。

一 当前几种主要定义

(一) 地理学意义的界定

刘彦随从地理学角度把农村空心化定义为城乡转型过程中农村人口非农化引起的"人走房空",以及宅基地"建新不拆旧"所形成的"外扩内空"现象。[①] 薛力从城市规划的角度,把农村空心化界定为,在城市化滞后于非农化的条件下,由迅速发展的村庄建设与落后的规划管理体制的矛盾所引起的村庄外围粗放式发展而内部衰败的空间形态的分异现象。[②]

二者的不同之处在于,地理学认为农村聚落的空心化主要的原因是农村人口非农化的流走和农民宅基地"建新不拆旧";而后者直接把农村空心化归咎于农村规划管理滞后,没有跟上农民的建房需要的步伐。但是落脚点相同,从人与宅基地的关系出发,关注农村地理空间上的聚落空心化问题。

(二) 经济学意义的界定

目前,经济学没有提出明确的农村空心化定义,但从经济学者提出的"农民职业化和农业产业化"的治理方案来倒推,经济学着眼于资源的有效配置与使用,基于理性人假设和比较经济收益分析,农村空心化是指由于青壮年人口流失导致农业老年化、土地抛荒和住宅空废等资源浪费现象。土地空心化是指随着农村中青年劳动力外出打工,留守人口难以经营而使得承包耕地处于一种闲置浪费状态。住宅空置废弃,庭院草木丛生,新房旧房都是空房,没有被充分利用。产业空心化主要指老人农业,粗放

[①] 刘彦随、刘玉、翟荣新:《中国农村空心化的地理学研究与整治实践》,《地理学报》2009年第10期。

[②] 薛力:《城市化背景下的"空心村"现象及其对策探讨——以江苏省为例》,《城市规划》2001年第6期。

式经营,甚至耕地大面积被抛荒。其原因是农业的比较收益太低,农村青壮年人口流失,进城务工经商。总之,经济学的隐性定义关注的是农村资源浪费问题。

(三) 人口社会学意义上的界定

人口学认为,农村空心化是指"农村青壮年劳动力大量流入城市,导致农村人口下降和农村青壮年人口比例下降,农村剩下的人口大多数是老人、妇女和儿童"①。显然,人口学关注农村人口的数量与质量、年龄与性别结构等人口问题。农村人口空心化,不是农村没有人,而是指农村没有青壮年,或者说农村青壮年人口占总人口的比例太低。社会学更关注农村空心化的社会后果,如留守群体的日常生活窘况,留守儿童的教育、心理健康与安全,留守老人的养老、劳作与医疗,留守妇女的心理、生理和生活压力等社会问题。虽然没有明确的定义,但从其关注和研究的主题看,主要关注农村青壮年劳动力流失所致的社会结构失衡及功能失调问题。

(四) 政治学意义的界定

从乡村治理的角度看,农村空心化是指"支撑乡村可持续发展和文明转型的资金、技术、知识、人才和需求等资源大量流失所导致乡村治理手段的匮乏以及乡村发展的困境"②。我们可称之为农村治理资源空心化。所谓乡村治理就是解决农村面临的问题,促进乡村发展与稳定。理论上讲,人才、信息、技术与资金等要素是相互联系和相互影响的,随着人力资本的流动,其他要素也会随之流动,资源流出导致农村资源匮乏是城乡社会转型的必然结果。而中国的农村空心化之所以如此严重,根本原因在于中国独特的二元结构体制机制阻碍了生产要素的自由流动。人口流动而土地不流动,职业流动而身份不流动。这种不完全的流动导致农村人力资本、资金等优质资源单向流向城镇,而老弱病残等弱质资源留守农村,农村逐渐陷入萧条和衰败,城乡发展失衡,农村逐渐陷入资源空心化的治理性窘境。所以,乡村治理研究视角关注村庄精英流失对农村政治秩序的影响。

---

① 周祝平:《中国农村人口空心化及其挑战》,《人口研究》2008年第2期。
② 徐勇:《挣脱土地束缚之后的乡村困境及应对——农村人口流动与乡村治理的一项相关性分析》,《华中师范大学学报》(人文社会科学版) 2000年第2期。

二 一个综合性的界定

对农村空心化内涵进行界定的还有其他学者,但归纳起来,不外乎以上四种情况。这些成果为我们进一步的研究提供了基本面向与方法论基础,我们尝试在吸收以上成果的基础上提出一个较为综合的定义。

国家统计局公布的近年来农村人口与住房面积变化的三组数据,见表 1-1、表 1-2、表 1-3:

表 1-1　　　　　　2013—2022 年城乡人口规模变化①

指标	2022 年	2021 年	2020 年	2019 年	2018 年	2017 年	2016 年	2015 年	2014 年	2013 年
年末总人口（万人）	141175	141260	141212	141008	140541	140011	139232	138326	137646	136726
城镇人口（万人）	92071	91425	90220	88426	86433	84343	81924	79302	76738	74502
乡村人口（万人）	49104	49835	50992	52582	54108	55668	57308	59024	60908	62224

表 1-2　　　　　　2013—2022 年农民工规模与流动情况②

指标	2022 年	2021 年	2020 年	2019 年	2018 年	2017 年	2016 年	2015 年	2014 年	2013 年
农民工规模（万人）	29562	29251	28560	29077	28836	28652	28171	27747	27395	26894
本地农民工规模（万人）	12372	12079	11601	11652	11570	11467	11237	10863	10574	10284
外出农民工规模（万人）	17190	17172	16959	17425	17266	17185	16934	16884	16821	16610
跨省流动农民工规模（万人）	7061	7130	7052	7508	7594	7675	7666	7745	7867	7739

---

① 国家统计局官网,http://data.stats.gov.cn/easyquery.htm? cn = C01&zb = A0305&sj = 2022,2023 年 11 月 9 日。

② 国家统计局官网,https://data.stats.gov.cn/easyquery.htm? cn = C01&zb = A0A0I&sj = 2021,2023 年 11 月 11 日。

表 1-3　　　　　　　　　　2003—2012 年农村住房情况①

指标	2012年	2011年	2010年	2009年	2008年	2007年	2006年	2005年	2004年	2003年
农村居民人均住房面积（平方米/人）	37.1	36.2	34.1	33.6	32.4	31.6	30.7	29.7	27.9	27.2
农村居民家庭住房钢筋混凝土结构（平方米/人）	17.1	16.5	15.1	14.5	13.4	12.5	11.8	11.2	9.2	8.5
农村居民家庭住房砖木结构（平方米/人）	16.3	15.9	15.2	15.1	14.9	14.8	14.6	14.1	14.1	14.1

我们可以得出两个基本结论：第一，人房分离的悖论，农村住房空心化。表 1-1 显示，农村常住人口逐年减少，而表 1-3 则显示农村人均住房面积却逐年增长。人口从 2014 年的 60908 万人下降到 2018 年的 54108 万人，平均每年下降 2.2 百分点；但与此同时，农村人均居住房面积和住房质量从 2001 年开始都呈逐年上升和改善的趋势，且一直维持在一个较高的水平上。如表 1-3 所示，2003—2012 年人均住房面积从 27.2 平方米上升到 37.1 平方米，年均增长 0.99 平方米，而钢筋混凝土结构的人均住房面积年均增长为 0.86 平方米。一边是农民工进城租房打工过日子，另一边是农村住房的数量和质量扩张却由于无人或少人居住被空置。第二，农村劳动力大量流失，尤其是中青年优质劳动力流失严重，农村人口空心化。

因此，农村空心化可以界定为由于城乡转型过程中基于城镇的拉力和体制机制改革滞后等原因，农村青壮年劳动力单向流向城镇，导致农村常住人口数量和质量下降，家庭成员城乡空间分离和人地分离，产生住宅空置化、土地抛荒化、农业老年化、服务虚化等一系列社会问题。农村空心化是一个多维概念，② 农村空心化的实质是城镇化滞后于工业化导致城乡

---

① 国家统计局官网，http://data.stats.gov.cn/easyquery.htm?cn=C01&zb=A0A0L02&sj=2018（注：2013—2018 年数据缺失），2023 年 11 月 11 日。
② 杨春华、姚逸苇：《何谓"农村空心化"？——一个结构化的概念分析视角》，《农村经济》2021 年第 7 期。

发展结构失衡以致农业萎缩、农村萧条和农民困苦等"新三农问题"。人口空心化、土地空心化、住宅空心化、农业空心化、服务空心化、文化空心化等都是农村空心化的表征,[1] 核心是人口空心化,所有的空心化问题都是人口空心化导致的后果。这里从社会问题角度,而不是从社会现象角度去界定农村空心化。作为一个社会问题,农村空心化(确切地说是农村空心化问题)是指农村空心化发展的后果。而作为一种现象,其最初可能并不是负面的,甚至可能还是正面的。比如,减少一定数量的农村人口有助于提升农业生产率,但过度减少劳动力就引发了农村发展困境的"空心化问题"。因此,农村空心化,或者说农村空心化问题,与一般的农村空心化现象还是有区别的。现象可能是问题,也可能不是问题。只有当农村劳动力流失影响到农村农业正常发展时,农村空心化问题才会凸显出来。

如斯界定,基本上涵盖了学界各种定义所指涉的内容,揭示了农村空心化的基本内涵及其动力机制。这也为如何治理农村空心化问题指明了方向、提供了基本的逻辑与路径:解决农村空心化问题的核心是解决人口空心化问题,解决人口空心化问题的关键是构建新型的工农、城乡关系,促进农村与城镇、城镇化与工业化的协调发展。

第三节 农村空心化与城镇化的关联性

城镇化是现代化的必然趋势,而农村空心化是城镇化的必然伴随物,所以,农村空心化有其必然性,也必须在城镇化之中得到解决。《国家新型城镇化规划(2014—2020年)》指出:"城镇化是伴随工业化发展,非农产业在城镇集聚、农村人口向城镇集中的自然历史过程,是人类社会发展的客观趋势,是国家现代化的重要标志。"城镇化的重要意义在于:城镇化是现代化的必由之路、保持经济持续健康发展的强大引擎、加快产业结构转型升级的重要抓手、解决农业农村农民问题的主要途径、推动区域协调发展的有力支撑,也是促进社会全面进步的必然要求等。[2]

---

[1] 胡小武:《因村施策:农村人口空心化陷阱及发展路径转型研究》,《苏州大学学报》(哲学社会科学版)2023年第6期。

[2] 《国家新型城镇化规划(2014—2020年)》,人民出版社2014年版,第2—6页。

一　从理论维度看，农村与城市是辩证统一关系

城市从农村中脱胎而来，相对于农村而存在。除了少数几个城市国家，一般的国家都是由城市与农村两个地理空间构成，一边是城镇，另一边就是农村。不同的地区，农村围绕城市形成一个个大小不一的城乡经济社会圈。发展经济学的二元结构理论对此做过详细的分析。因此，应该在城市与农村的辩证统一关系中思考城市化问题和农村空心化问题。城乡关系是构成一个国家经济、社会、政治和空间的基本关系。"城乡关系在历史上始终是一个具有颠覆性的问题。"[1] 农民的日常生产生活无不受到城乡关系的影响。[2] 从城乡关系考察"三农"问题应该成为研究的一条主线，在城乡关系框架中才能找到农村空心化问题的症结和治理之道。它是任何一个国家现代化过程中都要遭遇的普遍问题。

城乡关系作为一个国家基本的政治经济关系，表现在四个层面：第一，工业与农业的关系，农业是工业的基础，为工业提供原材料和市场，工业为农业提供物质技术支持；第二，农民与市民的关系，从历史渊源来看，所有的市民都来自农民，表现为人口流动迁移与城市化，市民从事工商业，为农民提供工业耐用品和消费市场，但农民是市民的衣食父母；第三，商品关系，表现为农村市场与城市市场，或农产品与工业品的关系，存在相互依赖、相互促进的经济关系；第四，由以上三对关系而决定的城市与农村，或中心与边缘的关系。[3] 折晓叶和艾云则把城乡关系界定为中央与地方、工业与农业、中心与边缘、市民与农民、富裕与贫困等综合关系，[4] 认为对城乡关系影响最敏感的是城乡公共政策、空间关系、人口关系，以及乡村城镇化等结构性因素。对于中国这样一个转型国家而言，政府与企业、国家与农民、政府与市场的二重关系对城乡关系变迁及其对农村发展影响具有结构性作用。

---

[1] 党国英：《农村改革攻坚》，中国水利水电出版社2005年版，第10页。
[2] 张兆曙：《农民日常生活视野中的城乡关系及其出路》，《福建论坛》（人文社会科学版）2009年第12期。
[3] 陈立国、易文彬：《建国以来中共对城乡关系的认识与政策演进》，《南昌大学学报》（人文社会科学版）2011年第4期。
[4] 折晓叶、艾云：《城乡关系演变的制度逻辑和实践过程》，中国社会科学出版社2014年版，第51页。

二　从历史维度看，农村空心化是工业城镇化的必然结果

工业化与城镇化是一个相辅相成的过程，所以城镇化也可称为工业城镇化；而农村空心化与城镇化则是这一过程的两个方面，现代城镇化的过程就是农村劳动力非农化城市化的过程，即农村空心化过程。"经典的界定，现代化意味着工业化和城市化，意味着城市和乡村的中心—边缘、支配—被支配的关系。在现代化进程中，传统乡村将面临严峻挑战：生存还是毁灭，衰败或是复兴，遗弃抑或重建……任何走向现代化国家都必然面临并必须解决这一'哈姆雷特'式的难题。"[1] 所以，"农村空心化无须大惊小怪"[2]。

从世界现代化的历史进程来看，农村空心化是工业城镇化的必然结果，是任何国家现代化过程中都必然面临的一个普遍现象。如霍华德所记述，英国工业城镇化过程中，"许多农舍破败不堪，难以称之为房屋，许多人身体虚弱，无力承担健康人的工作。若不采取某些措施来改善农业劳动者的处境，人口还将继续外流，将来结局如何，他难以断言。（1891年8月15日《泰晤士报》）……1891年10月9日《明星报》说：当前的主要问题之一是如何制止农村人口外流。劳动者也许能够返回故土，但是，怎样才能使乡村工业也返回英格兰农村呢？"[3] 波兰尼也对现代化转型过程中英国农村所遭受的冲击做过分析，"社会的基本结构遭到破坏；荒芜的村落和倾倒的住房证实了这个革命（即工业革命）的残暴性，它同时也危及乡村的自卫能力，荒废了其城镇，减少了人口……"[4] 显然，英国工业化城镇化过程中农村出现了类似的空心化现象。

近代中国第一波工业化运动起源于洋务运动，农村空心化现象也肇始于洋务运动。对此费孝通做过精彩分析。他批判现代新式教育走错了损害农村发展的路，指出"'回不了家的乡村子弟'，在学校里，即使什么学

---

[1] 徐勇、徐增阳：《中国农村和农民问题研究的百年回顾》，《华中师范大学学报》（人文社会科学版）1999年第6期。

[2] 贺雪峰：《地权的逻辑Ⅱ：地权变革的真相与谬误》，东方出版社2013年版，第184页。

[3] [英] 埃比尼泽·霍华德：《明日的田园城市》，金经元译，商务印书馆2010年版，第4页。

[4] [英] 卡尔·波兰尼：《巨变——当代政治与经济的起源》，黄树民译，社会科学文献出版社2017年版，第98页。

问和技术都没有学得,可是生活方式、价值观念却必然会起重要变化,足够使他觉得自己异于乡下人,而无法再和充满着土气的人为伍了。他们与乡土的联系就割断了,发生了隔膜。现在这种教育不但没有做到把中国现代化的任务,反而发生了一种副作用,成了吸收乡间人才外出的机构,有一点像'采矿',损蚀了乡土社会"①。"损蚀冲洗",费孝通讲的农村人才流失问题就是今天我们所说的农村人口空心化问题。而社会有机循环或重建城乡有机循环,是社会安康之道。费孝通认为,从理论上说,乡村和都市本是相关的一体。但是从过去的历史看,中国都市的发达似乎并没有促进乡村的繁荣。相反,"都市兴起和乡村衰落在近百年来像是一件事的两面"②。

三 从现实维度看,城镇化过程的反面是农村空心化过程

城镇化的本义是指农村人口向城镇聚集,城镇人口的增加和城镇数量与规模的扩大。农村空心化的本义是指青壮年劳动力流向城镇而导致农村社会发展主体缺失和发展资源流失。农村人口流向城镇导致城镇化率和农村人口空心化率的同时提高。城镇化率=城镇人口(包括城镇居住六个月以上的农村流动人口)÷全国总人口(城市人口+农村人口),农村人口空心化率=农村流出人口(农村总人口-留守人口)÷农村总人口。从中可以看出,农民流动与迁移是农村空心化的主要变量,也是城镇化的主要变量。城镇化的另一面就是农村空心化。农民流动成为城乡互动关系的基本衔接机制。换句话说,城镇化与农村空心化的社会动力机制都是农民流动,包括部分的人口迁徙。从一定的意义讲,农村空心化过程,不仅仅是城镇化的过程,也是一个农民流动迁移的过程。当农村劳动力流失影响到农村正常发展时就出现了我们所说的农村空心化问题。

从我国农村空心化演进过程看,只有农民异地流动进行远距离城镇化才会导致人地分离和家庭成员地理上的分离,产生农村空心化问题。改革开放之初至1988年的"离土不离乡",农民早出晚归或隔三岔五回家,不存在人口空心化问题。即便农村住宅土坯房被砖瓦房所取代,出现一定程度的住宅空心化现象,但陷入发展困境的空心化问题并不明显。1989

---

① 费孝通:《乡土中国》,上海人民出版社2006年版,第166—167页。
② 费孝通:《乡土中国 生育制度 乡土重建》,商务印书馆2011年版,第353页。

年中国出现第一波"民工潮"之后,青壮年劳动力开始"离土又离乡",远距离流动到城镇和沿海发达地区务工经商,农村才开始真正的人口空心化,继而出现产业、土地、服务、精神文化等空心化迹象。东部发达地区有贫困县,西部落后地区也有发达的省城。如著名的"三农"问题专家温铁军所言:"东西差距本质上仍然是城乡差距。……贫困问题应该说不是东西问题,而是城乡二元结构问题。或者说,主要是农村问题,是农民问题。所以,无论东部西部,最大的差距是城乡差距。"① 农村空心化现象产生的根本原因是工业化和城市化加速发展而导致农村青壮年人口流失,即人口空心化。

如果不从城乡社会转型的大背景出发,离开工业化和城市化谈农村空心化治理,只能是头痛医头脚痛医脚,解决不了实际问题。2008 年党的十七届三中全会提出:"必须统筹城乡经济社会发展,始终把着力构建新型工农、城乡关系作为加快推进现代化的重大战略。……加快建立健全以工促农、以城带乡的长效机制,调整国民收入分配格局,巩固和完善强农惠农政策,把国家基础设施建设和社会事业发展的重点放在农村,推进城乡公共服务均等化,实现城乡、区域协调发展,使广大农民平等参与现代化进程、共享改革发展成果。"② 党的十八大之后中央又提出新型城镇化战略,核心是解决农业转移人口城市化,推动大中小城市和小城镇协调发展。作为"新三农"问题综合征的"农村空心化"也必须放在城乡转型框架中加以研究解决。"农村与农民问题是在现代化进程中产生,也就只能在现代化进程中加以解决。"③

第四节　马克思主义城乡观及其对农村空心化治理之启示

习近平总书记指出:"在现代化进程中,如何处理好工农关系、城乡关系,在一定程度上决定着现代化的成败。"④ 马克思主义创始人在批判

---

① 温铁军:《三农问题与世纪反思》,生活·读书·新知三联书店 2005 年版,第 267 页。
② 《中共中央关于推进农村改革发展若干重大问题的决定》,人民出版社 2008 年版,第 10 页。
③ 徐勇等:《中国农村与农民问题前沿研究》,经济科学出版社 2009 年版,第 10 页。
④ 习近平:《把乡村振兴战略作为新时代"三农"工作总抓手》,《求是》2019 年第 11 期。

资本主义的过程中提出了许多关于城乡关系和农村发展的科学论断。重新挖掘和梳理马克思主义的城乡观，对我们今天正确看待和分析当下我国出现的农村空心化现象及其治理具有重要的指导意义。

一 马克思主义关于城乡关系的基本论点

马克思、恩格斯对城乡关系问题没有做专门的理论阐述，其思想散见于各种论述之中，通过文本分析，我们不难发现，马克思、恩格斯的城乡关系理论主要有以下三个方面内容：

（一）城乡对立统一论

马克思、恩格斯运用辩证唯物主义和历史唯物主义的科学方法对城乡关系，尤其是资本主义社会的城乡关系进行了全面而深刻的分析，揭示了城乡之间既相互依赖又相互对立的对立统一关系。第一，城乡相互依存。工商业以及以工商业为基础的城市是从农业和农村中分离出来的。没有农业生产力的发展和农业剩余的提供就没有工商业和城市产生。"人的劳动力能够生产出超过维持劳动力所必需的产品"是劳动力从事非农产业的前提和基础。反过来，农业农村的发展进步也离不开城市消费市场的拉动和工业品的技术支持。第二，城乡相互对立。"物质劳动和精神劳动的最大的一次分工，就是城市和乡村的分离。城乡之间的对立是随着野蛮向文明的过渡、部落制度向国家的过渡、地方局限性向民族的过渡而开始的，它贯穿着文明的全部历史直至现在。"[①] 城乡分离之后沿着各自的逻辑发展，逐渐走向分离与对立。工商业的灵活性和竞争力优于农业，乡村处于城市边缘，落后的乡村与较为发达的城市相对立而存在。"城市已经表明了人口、生产工具、资本、享受和需求的集中这个事实；而在乡村则是完全相反的情况：隔绝和分散。"[②] 因此，"每一个国家都存在着城乡之间的对立"[③]。第三，城乡一体。城市与乡村是一体两面。任何国家要生存发展都离不开农业和工商业，也离不开城市与乡村。城乡两个轮子推动整个社会协调发展。"中国很大，不过这个很大的国家，可以说只有两块地方：一块是城市，另一块是乡村……城乡中国、中国城乡，拆开并拢，应

---

① 《马克思恩格斯文集》第 1 卷，人民出版社 2009 年版，第 556 页。
② 《马克思恩格斯文集》第 1 卷，人民出版社 2009 年版，第 556 页。
③ 《马克思恩格斯文集》第 1 卷，人民出版社 2009 年版，第 523 页。

该是一回事"。① 第四，城市是城乡矛盾的主要方面。两点论与重点论相结合，城市是矛盾的主要方面，在城乡发展中发挥主导作用。任何国家只要进入现代化进程之中，工业化和城市化就会成为整个社会经济文化发展的主要动力。"不仅大城市不会毁灭，并且还要出现新的大城市，它们是文化最发达中心，它们不仅是大工业的中心，而且是农产品加工和一切食品工业部门强大发展的中心。这种情况将促进全国的文化繁荣，将使城市和乡村有同等的生活条件。"② 以城带乡推动农村发展，实现城乡协调。

（二）城乡关系变迁论

关于城乡关系演变的过程与趋势，马克思主义站在历史唯物主义的高度分析指出，从历史的长时段看，随着生产力的发展，城乡关系呈现出城乡混沌一体—城乡分离与对立—城乡融合的演变过程，经过一个漫长的否定之否定的发展进程。前资本主义社会，由于生产力落后，社会分工极不发达，农业是主导产业，乡村是经济文化中心，乡村包围城市，城市仅仅是政治和防御中心，城市依赖乡村，淹没在乡村之中，呈现城乡混沌一体的初始状态。当生产力有了一定程度的发展，产生第二次大分工之后，开始出现城乡的分离与对立。"一个民族内部的分工，首先引起工商业劳动同农业劳动的分离，从而也引起城乡的分离和城乡利益的对立。"③ 特别是随着现代资本主义大工业发展而崛起的现代城市，取得绝对的优势，城市剥削农村，城市的繁荣与农村萧条形成鲜明对比，城乡由分离走向对立。"资产阶级使农村屈服于城市的统治。它创立了巨大的城市，使城市人口比农村人口大大增加起来，因而使很大一部分居民脱离了农村生活的愚昧状态。正像它使农村从属于城市一样，它使未开化和半开化的国家从属于文明的国家，使农民的民族从属于资产阶级的民族，使东方从属于西方。"④ 虽然取得物质经济上的历史进步，但本质是剥削和侵略性质。只要到了共产主义社会，生产力的高度发达和社会财富的充分涌流，以及建立在生产资料社会所有基础上的按需分配，终将打破旧的城乡对立而形成新的生产关系，城乡关系将由对立走向融合。这是由生产力与生产关系这

---

① 周其仁:《城乡中国》（上），中信出版社2013年版，第1页。
② 《斯大林选集》下卷，人民出版社1979年版，第558页。
③ 《马克思恩格斯文集》第1卷，人民出版社2009年版，第520页。
④ 《马克思恩格斯文集》第2卷，人民出版社2009年版，第36页。

一社会基本矛盾运动发展的客观规律所决定的必然趋势。

关于城乡关系演变的动力,马克思主义的历史唯物主义指出,生产力是决定城乡关系演变的根本动力,而社会分工的发展则是推动城乡关系演变的直接动因。生产力的发展导致社会分工的分化,从而引起产业分工的深化和细化,以及建立在生产力基础之上的生产关系的调整,生产力与生产关系的变化最终导致经济的地域分化组合,即城乡关系的演变。"每一种新的生产杠杆都必然地转变为生产资料奴役生产者的新手段。这首先是大工业建立以前的最有力的生产杠杆——分工的特点。第一大分工,即城市和乡村的分离,立即使农村居民陷于数千年的愚昧状况,使城市居民受到各自的专门手艺的奴役。它破坏了农村居民的精神发展的基础和城市居民的肉体发展的基础。"[①] 分工发展的各个不同阶段,导致所有制的不同形式。资本主义大工业发展之前,生产力总体上是相对落后的,所以城乡关系总体上也是相对和谐的,分离而不对立。只有到了资本主义大工业的发展时代,现代工商业的发展催生了现代城市的崛起,城乡关系才发生直接的对立。"城乡之间的对立只有在私有制的范围内才能存在。"[②] 按马克思的说法,私有制是剥削的制度根源。最终解决城乡对立关系的力量仍然是生产力,"只有随着大工业的发展才有可能消灭私有制"[③]。大工业的社会化生产客观上要求消灭私有制,建立公有制或社会所有制。所以,城乡关系演变的根本动力在于生产力与社会分工的发展。

(三) 城乡融合论

马克思主义阐述了城乡融合的经济条件、政治条件和社会条件。经济条件是指生产力高度发展、产业协调,以及消灭资本主义私有制,建立社会主义公有制;政治条件是适应经济基础的变化之需消灭剥削阶级的统治,建立工农联盟的无产阶级政权;社会条件是劳动差别的消失。

生产力的发展是消灭城乡差距的技术条件。恩格斯说:"极遥远的水力的利用成为可能,如果说在最初它只是对城市有利,那么到最后它必将成为消除城乡对立的最强有力的杠杆。"[④] 列宁在《伟大的创举》中写道:"要消灭城乡之间、体力劳动者与脑力劳动者之间的差别。这是很长时期

---

① 《马克思恩格斯文集》第 9 卷,人民出版社 2009 年版,第 308 页。
② 《马克思恩格斯文集》第 2 卷,人民出版社 2009 年版,第 557 页。
③ 《马克思恩格斯文集》第 1 卷,人民出版社 2009 年版,第 556 页。
④ 《马克思恩格斯文集》第 10 卷,人民出版社 2009 年版,第 500 页。

才能实现的事业。要完成这一事业，必须大大发展生产力……"①斯大林则提出："必须实行电气化，因为这是农村接近城市和消灭城乡对立的手段。"②

工业与农业的协调发展也是消灭城乡对立的重要手段。马克思、恩格斯在《共产党宣言》中明确提出："把农业和工业结合起来，促使城乡对立逐步消灭。"③与经济领域的革命相对应的是政治革命，消灭私有制和剥削阶级的统治是城乡融合的政治条件。1952年9月斯大林在《苏联社会主义经济问题》一书中写道："关于消灭城市和乡村之间、工业与农业之间的对立问题，是马克思、恩格斯早已提出的大家都知道的问题。产生这种对立的经济基础，是城市对乡村的剥削，是资本主义制度下工业、商业、信用系统的整个发展进程所造成的对农民的剥削和大多数农村居民的破产。……在我国，随着资本主义和剥削制度的消灭，随着社会主义制度的巩固，城市和乡村之间、工业和农业之间利益上的对立也必定消失。"④

最后是社会条件，缩小劳动差别促进城乡融合。恩格斯在《共产主义原理》一文中指出："通过消除旧的分工，通过产业教育、变换工种、所有人共同享受大家创造出来的福利，通过城乡的融合，使社会全体成员的才能得到全面发展，——这就是废除私有制的主要结果。"⑤

二 马克思主义城乡观对农村空心化治理之启示

农村空心化是城乡关系演变过程中城乡走向分离和对立的产物，是城乡社会转型过程中由于农村青壮年劳动力流入城市而导致农村人口空心化、住宅虚空化、农业老龄化等衰败景象。马克思主义关于城乡关系的科学论断对于我们正确处理好城乡关系，分析和解决城市化背景下农村空心化问题具有重要的指导意义。⑥

---

① 《列宁专题文集——论社会主义》，人民出版社2009年版，第146页。
② 《斯大林选集》上卷，人民出版社1979年版，第355页。
③ 《马克思恩格斯文集》第2卷，人民出版社2009年版，第53页。
④ 《斯大林选集》下卷，人民出版社1979年版，第557页。
⑤ 《马克思恩格斯文集》第1卷，人民出版社2009年版，第689页。
⑥ 易文彬：《马克思主义城乡观及其对我国农村空心化治理的启示》，《河南大学学报》（社会科学版）2018年第1期。

（一）农村空心化治理是一个长期的历史过程

马克思主义城乡观告诉我们，从城乡分离对立到城乡融合是一个漫长的过程。从发达国家城乡关系演变的历史看，这个过程几乎贯穿整个资本主义发展历程，至少需要几百年的时间。因为创造消灭城乡对立的政治、经济和社会条件需要很长时间。西方发达国家现代化过程中都经历了类似的阵痛。随着工业化和城市化的发展，农村劳动力等各种资源流向城市，导致农村各项事业陷入停滞不前的衰败现象。日本称之为人口过疏化。然后政府制订各种乡村复兴计划，加强农村基础设施和公共服务建设，支持农村产业发展，促进农村经济复苏，最终缩小城乡差距，消灭城乡对立，实现城乡融合。我国的农村空心化现象其实也是城乡分离对立的结果，是在我国工业化、城市化和现代化发展过程中，城市过度吸纳农村人力资本导致农村人才流失，农村出现人口、土地、产业、服务等空心化现象。它是城乡关系演变过程中必然会出现的阶段性现象，最终也会随着生产力发展和生产关系的调整得到解决。尽管目前我国每天平均有将近250个自然村落消失，但是乡村也不可能短期内退出历史舞台。预计，到2035年，我国仍然会有4亿人口生活在乡村。[①]

中国是一个农村人口占多数的人口大国，实现以工业化和城市化为主要内容的现代化，没有成功的先例可以借鉴。中国的城市化道路不可复制西方的模式，十几亿人口都涌入城市也不现实。"农民转移进入城市是一个漫长的进程，这个进程可能还要进行50年时间。"[②] 中国实现城市化会有一个更为漫长的过程，不可急于求成。随着工业化的积极推进，农村非农化所导致的农民终结可能比城镇化所导致的村落终结的时间来得快。第一代农民工已经返乡，他们年龄都在50岁以上，受教育程度不高，多数为中小学水平，在城市待不下没关系，他们具有务农经验，可以回乡重操旧业，对生活对社会没有太多抱怨。农民工的回归和村落的复兴都是可能的。我们当然要留足时间和空间，让他们自愿选择去留，不可借新农村建设之名急功近利，强行大拆大建，拆村并居，悖逆农民意愿。第一代农民工都具有深厚的乡土情结，也改变不了长期形成的生活习惯，他们基本

[①] 贺丹：《新时代乡村人口流动规律与社会治理的路径选择》，《国家行政学院学报》2018年第3期。

[②] 贺雪峰：《地权的逻辑：中国农村土地制度向何处去》，中国政法大学出版社2010年版，第333页。

上都会选择村落的生活方式终老。不仅如此，在此过程中我们应该为老一代农民工及其他留守人员构建一个过渡性的社会保障和社会支持体系，以减少和缓解城市化浪潮对他们的冲击和压力。这就要求做好社会兜底工作。一边加快城市化建设，一边搞好农村社会帮扶工作；一边满足新生代农民工进城愿望，一边安抚老一代农民工孤独心灵。通过一个较长的过渡期，若干年后，新生代农民工对村落缺乏情感与记忆，农地整治规划和空心村治理就比较容易实现。所以有人认为，"这样一种可能的乡村社会的崩解，实际只是一种社会形态在转化过程当中的一种过渡，而不是一般乡村问题学者所想象的那种乡村兴衰的问题"[1]。

尽管目前各级政府积极出台各项措施解决城乡发展失衡问题，但与中国农民人口大国的国情相适应，这一过程可能比西方发达国家当初经历的过程还要漫长。对当前农村出现的空心化现象我们要持客观态度。问题既有紧迫性和复杂性，又有阶段性和长期性，我们要有打持久战、攻坚战的准备，不可贪功冒进。

（二）农村空心化治理要充分发挥城市的引领作用

按照马克思主义城乡观，农村空心化问题是城乡分离与对立的产物。解决农村空心化问题也要在城乡整体体系中找答案。而根据城乡对立统一的观点，城乡是相互依赖、相互对立的有机体，但城市是城乡关系矛盾的主要方面，所以解决农村空心化问题要着力发挥城市引领和主导作用。像"纽约、伦敦这类都会可以说是广大的经济区域的神经中枢。它支配着这个区域里的经济活动。……中枢的效率愈高，对整个区域经济也愈有利。这是一个城乡相成的都会形式"[2]。

城市具有较强的集聚和扩散功能，是经济发展的引擎。城市不仅可以在人才、科技、教育、医疗等方面对农村和农民提供强有力的服务与支持，而且城市消费市场也是农业经济发展的动力。更为重要的是，对于一个转型国家来说，促进城镇化建设，还可以转移大量的农村富余劳动力，为实现农民增收和经济现代化作出贡献。从历史发展来看，工业反哺农业，城市带动农村，最后推动整个国家农工商协调发展，这几乎是所有现代化国

---

[1] 黄应贵：《农村社会的崩解？当代台湾农村新发展的启示》，《中国农业大学学报》（社会科学版）2007年第2期。

[2] 费孝通：《乡土中国》，上海人民出版社2006年版，第227页。

家的一条成功经验。对于各个地方来说,城市市场与工业发达的地方,周边的农村就会获得经济发展的机遇而变得较为富裕,城市不发达则周边经济落后。地理位置是决定农村受惠于城市扩散与聚集效应大小的关键因素。一般来讲,离城市越近的农村经济越发达,离城市越远的农村其经济发展水平就越落后。这就是城市近郊农村一般都比远郊农村富裕的缘故。城市的主要功能就是化力为形,化权能为文化,化朽物为活灵灵的艺术造型,化生物繁衍为社会创新。① 城市所具有的"现代性",它不仅是"西欧走出中世纪农业社会的蹊径,也是以后世界经济六百多年变迁与发展的源头"②。一句话,城市是现代文明的动力与源头,是农村实现现代化和社会转型的根本动力,也是治理农村空心化问题的主要力量。"只有认识到中国的发展特点与态势和西方的根本不同,才能谈城市化问题和中国未来的发展问题。在这种情况下,实际上新农村建设的主战场不在农村,而在城市。"③

马克思曾指出,在工业早期,农业劳动力和资本源源不断地转移到城市和工业中,但商业发展到一定阶段,由于"平均利润和由它调节的生产价格在城市商业和工业的范围内形成",城市工商业活动的利润逐步下降,而农业仍然拥有较高的利润,较高的农业利润和农产品价格把城市和工业资本吸引到农业领域和农村地区,形成城市和工业反哺农业的局面。④ 2005年前后我国总体上进入了"以工促农、以城带乡"的发展新阶段,党的十七届三中全会提出"发挥好大中城市对农村的辐射带动作用,依法赋予经济发展快、人口吸纳能力强的小城镇相应行政管理权限,促进大中小城市和小城镇协调发展,形成城镇化和新农村建设互促共进机制"。农民进城,资本、技术和文化下乡,治理农村空心化问题,实现城乡协调发展。

(三) 构建城乡一体化发展的体制机制是农村空心化治理的根本途径

农村空心化是当前我国复杂的"三农"问题的综合性表征。党的十

---

① [美] 刘易斯·芒福德:《城市发展史——起源、演变和前景》,宋俊岭、倪文彦译,中国建筑工业出版社 2005 年版,第 582 页。

② 萧国亮、隋福民编著:《世界经济史》,北京大学出版社 2007 年版,第 4 页。

③ 温铁军等:《八次危机:中国的真实经验 1949—2009》,东方出版社 2013 年版,第 276 页。

④ 何增科:《马克思、恩格斯关于农业和农民问题的基本观点述要》,载俞可平、李慎明、王伟光主编《马克思主义研究论丛》(第 5 辑),中央编译出版社 2006 年版,第 16 页。

八大提出:"城乡一体化是解决'三农问题'的根本途径。……坚持工业反哺农业、城市支持农村和多予少取放活的方针,加大强农惠农富农政策力度……加快完善城乡发展一体化体制机制,着力在城乡规划、基础设施、公共服务等方面推进一体化,促进城乡要素平等交换和公共资源均衡配置,形成以工促农、以城带乡、工农互惠、城乡一体的新型工农、城乡关系。"① 从理论与实践的角度综合分析,统筹城乡经济、社会和空间三维要素是农村空心化治理的制胜法宝。②

首先是国家顶层设计,从战略上规划指导农村空心化治理。第一,改革现行的户籍制度,实现城乡一体的居民证制度和劳动力就业保障制度。解决一部分在城市有稳定工作、稳定收入和稳定居所的农民工的市民化问题,既可提高城镇化质量,又可割断他们与农村土地的联系,为农地改革和土地整治创造条件。建立城乡一体的劳动就业保障市场,拆除农民工进城就业的行业壁垒和社会排斥障碍。劳动力的自由流动是实现城乡协调发展的重要机制。农民工进城就业的机会越多,获得较高收入的可能性就越大,城乡差距就会缩小,城乡对立就会消失。新型城镇化的核心就是要解决农业转移人口市民化。第二,创新农地管理制度,实现城乡一体的土地规划利用机制。在保障农民基本权益的前提下,实现农地经营权和宅基地使用权的有效流转和优化配置,尝试灵活适用的有偿退出机制。鼓励社会资本参与空心村的土地整治和开发利用,促进农业产业化发展和规模化经营,保障粮食安全和增加农民收入。重视传统古文化村落保护和生态村落的开发利用,实现社会价值和经济价值的双赢。第三,打破城乡二元社会保障制度,实现城乡基本公共服务均等化。"以确立农民平等权利为核心改造中国农村社会"③,让农民享有与市民同等的权利和机会。农民之所以流出农村,一个重要原因就是城乡公共服务差距太大。如果实现了城乡基本公共服务均等化,解决农民就业、就学、就医、养老和居住等基本需求,农民未必愿意离开农村进入高度竞争的城市。农村空心化问题的主要

---

① 胡锦涛:《坚定不移沿着中国特色社会主义道路前进 为全面建成小康社会而奋斗——在中国共产党第十八次全国代表大会上的报告(2012年11月8日)》,人民出版社2012年版,第23—24页。

② 朱道才:《中国农村"空心化"问题研究进展与启示》,《兰州商学院学报》2012年第5期。

③ 党国英:《农村改革攻坚》,中国水利水电出版社2005年版,第112页。

后遗症是留守家庭问题，涉及留守儿童教育、留守妇女压力与留守老人养老等。当前地方政府和社会公益机构要积极构建农村留守家庭的帮扶和救助体系，缓解他们的生存困境。第四，构建以工促农和以城带乡的一体化网络机制。城镇是区域经济文化中心、经济发展的引擎、文化科技创新的动力之源。从实践上看，哪里的城镇经济发达，哪里的农村就不会落后。随着中国城镇化的快速发展，城镇崛起了，但是广大农村并没有随之崛起。其中原因之一就是没有构建以城带乡的机制，农村发展脱轨于城镇发展，或者说，城镇发展没有及时带动农村发展，造成城乡差距急剧扩大。

为此必须积极构建以工促农和以城带乡的网络机制。软件上构建城乡一体化的劳动力市场和土地市场，实现城乡均等化的公共服务和一体化的社会管理体制。硬件上，要以新型城镇化建设为平台，打通城乡之间的通道，市道县道、乡道村道和铁路公路纵横交错相互贯通，促进人流、物流、资金流和信息流自由流动，构建功能齐全、结构合理、布局科学的"城—镇—村"网络化发展格局。城镇要因地制宜，立足于本地资源，通过农业产业链延伸和特色产业的发展吸收农民就地就近就业和实现城镇化。当前中央提出以特色小镇建设为抓手，促进农村区域经济社会发展，实现城乡协调。

总之，马克思主义城乡观内涵丰富，但核心思想是城市与乡村历史的、辩证的统一。在生产力与生产关系的矛盾运动推动下，城乡由分离、对立走向融合，经过一个漫长的历史过程最终实现一体化。当前我国农村空心化现象是城乡关系演变过程中出现的客观的阶段性问题。产生的原因，既有中华人民共和国成立之初实施重工业优先发展战略而导致城乡二元分割分治的体制原因；也存在客观上生产力不够发达的物质技术缘由。只有通过发展生产力，以工促农、以城带乡，城乡统筹，才能最终解决农村空心化问题。但这个过程可能需要几代人的努力，切不可急功近利。

第五节　新型城乡关系视域下农村空心化治理的基本遵循

农村空心化是城乡发展失衡和农村发展不足的结果。农村空心化治理牵涉到城镇、乡村，政府、市场与农民等利益相关者，是一个复杂的社会过程，应该遵循一些基本的行动原则。

一 农村空心化治理的基本指导原则

破除城乡二元结构的障碍，构建城乡一体化的体制机制，实现城乡融合发展，是解决中国"三农"问题的根本路径。农村空心化是城乡发展失衡的综合征，解决农村空心化问题必须统筹城乡协调发展。但是对旧的二元社会体制的根本性改变绝非一朝一夕的事情。第一，传统的二元结构体制实行了几十年，路径依赖的惯性强大，体制制度改革容易，而思想意识的改变很难；第二，既得利益者的反对和结构固化，构成体制机制创新的阻力，改革过程就是利益调整和重新分配的博弈过程；第三，城乡一体化体制机制创新具有全局性、宏观性和复杂性，牵一发而动全身，必须谨慎从事，有一个局部实验和全面推广的过程。因此，我们认为，农村空心化治理过程中必须遵循以下几个原则。

首先，坚持党对农村工作的全面领导。问题的复杂性、敏感性和艰巨性需要党的坚强领导，做好顶层设计，协调各方，形成合力，决胜乡村振兴。以习近平同志为核心的党中央坚持"以人民为中心的发展观"，具有辩证思维、战略思维和底线思维等科学思维方法，"解决了许多长期想解决而没有解决的难题，办成了许多过去想办而没有办成的大事"[①]。党的正确领导是中华民族伟大复兴的政治保障，也是农村空心化治理和农村发展的政治保证。

其次，坚持循序渐进的原则。中国是一个幅员辽阔，地区差异、区域差距较大的发展中国家，各地经济、文化、资源等条件不一样。而农村空心化问题治理具有复杂性和全局性，需要从易到难，由点到线，由线到面，先行先试，逐步推广和铺开，增量改革与存量盘活并举，量力而行、尽力而为，久久为功，有序推进。关键是不能搞"一刀切"，要尊重农民的意愿，尊重不同利益群体的诉求；尊重各地自主创新，因地制宜找寻符合实际的农村空心化治理道路。

最后，坚持整体性原则。农村空心化是农村整体性衰败现象。社会是一个政治、经济、文化、生态、资源等要素相互关联的有机整体。所以，

---

① 习近平：《决胜全面建成小康社会 夺取新时代中国特色社会主义伟大胜利——在中国共产党第十九次全国代表大会上的报告（2017年10月18日）》，人民出版社2017年版，第8页。

治理过程中要协调各方利益，稳步地有序推进。否则，一个领域的改革成果会被另一个领域的改革滞后或旧体制所侵蚀，从而导致整体的改革预期效果不尽如人意。所以，农村空心化治理，要从人口、经济、政治、社会、环境等方面，从物质、精神与制度等层面综合施策和系统治理才能达到预期效果。

二 农村空心化治理的基本价值遵循

首先，追求城乡等值化。城乡等值化理念由德国首先提出并付诸实践。改变了过去牺牲农村发展城镇的做法，挖掘农村的潜在价值，追求城镇与农村等值。农业的价值是多元的，除了产品、市场、要素和外汇的"四大贡献"之外，社会和文化功能也不可忽视。

农业作为一种文化形态，通过观光和体验可以感受农耕文化和乡土情结，是人类不可失去的精神家园，也是中国传统文化的根脉之所在，是许多中国知识分子的心灵家园。"就乡村和农业而言，它是人类文明之根和产业之母，具有独立于城市的特殊价值，人类永远需要农村，农村不应该消失，也不应该与城市完全一样。"[①] "对于好动和勇敢的人来说，乡村有新的天地可供他们去征服去开拓，还有未被破坏的原野中传来的浪漫的召唤；对于那些喜欢追求家庭乐趣、喜欢思考的人来说，那儿可以钓鱼、漫步、栽种植物、家庭野餐，或到树林深处去独自沉思。……乡村生活似乎是最好的，而离城市越远，越能生活的健康、自由和独立。"[②] 熊培云曾说："2000年以后当老家的房屋被移民建镇的风潮彻底淹没时，我栖居乡村的信心与骄傲已荡然无存。曾经生养我的村庄如今变成了一片废墟，我从此成了一个在心灵上既没有城市又失去了村庄的流浪汉。……虽然表面上我在城市里过得意气风发，掸去了泥土，却在不知不觉中失去了心底的家园。"[③] 要充分挖掘农业的多种功能和价值。这与城市的繁华、便捷、创新等具有同等价值。人类之所需多元，农村可以满足其中的大部分。当前有的地方假借"新型城镇化"之名行消灭农村之实，不仅是危险的，而

---

① 林聚任、王忠武：《论新型城乡关系的目标与新型城镇化的道路选择》，《山东社会科学》2012年第9期。
② [美] 刘易斯·芒福德：《城市发展史——起源、演变和前景》，宋俊岭、倪文彦译，中国建筑工业出版社2005年版，第495页。
③ 熊培云：《一个村庄里的中国》，新星出版社2011年版，第4—5页。

且是短视的。

其次,追求农村与城市一体化的整体价值。把农村和城镇作为一个整体统筹协调,共同推进,实现国家经济的最优价值。如霍华德说:"事实并不像通常所说的那样只有两种选择——城市生活和乡村生活,而有第三种选择(即城市—乡村)。可以把一切最生动活泼的城市生活的优点和美丽、愉快的乡村环境和谐地组合在一起。"① 完全可以通过构建新型工农、城乡关系,实现城乡融合发展。"如果农村劳力能够白天……在市镇的工厂上班,晚上回到农村家中……那将是十分理想的。这样,小工业中心和一些住宅或农业村庄就可以同存共处,一起构成理想的农村社区……"② 所以,"乡村的命运主要取决于国家如何经营大城市,以及为这些城市移民人口提供什么样的权利与资源。经营不善的落脚城市可能把乡村变成一座监狱,经营不善的乡村则可能导致落脚城市失控"③。把城市与乡村作为一个有机整体进行统筹规划、协调发展,不仅符合经济社会发展的实际需要,也有助于实现城乡均衡和谐。社会学家沃勒斯坦说:"只有一种真正的整体主义分析才能够告诉我们任何有关现实世界是如何运转的重要知识。"④ 人类需要城市,更需要农业农村,才能安放自身。

最后,也是最重要的一点,以满足人们日益增长的美好生活向往为目标。人民对美好生活的向往就是我们的奋斗目标。中国共产党是全心全意为人民服务的政党,中国各级政府是为人民服务的人民政府,所以在农村空心化治理实践过程中应该坚持以人民为中心的治理观,以广大农民的切身利益为行动旨归,增进城乡居民的福祉。抽象的"人"具体化为不同的阶层或群体,留守妇女、留守老人、留守儿童、农民工等,他们对于农村空心化治理的利益诉求是不一样的。社会科学应当关注人类需要的多样

---

① [英]埃比尼泽·霍华德:《明日的田园城市》,金经元译,商务印书馆2010年版,第6页。

② [美]施坚雅:《中国农村的市场和社会结构》,史建云、徐秀丽译,中国社会科学出版社1998年版,第153页。

③ [加]道格·桑德斯:《落脚城市:最后的人类大迁移与我们的未来》,陈信宏译,上海译文出版社2012年版,第125页。

④ [美]伊曼纽尔·沃勒斯坦:《现代世界体系(第一卷):16世纪的资本主义农业和欧洲经济的起源》,郭方、刘新成、张文刚译,社会科学文献出版社2013年版,"序言"第11页。

性。"社会学家首要的政治与学术使命是搞清当代焦虑和淡漠的要素,在此,二者是一致的。"[1] 作为社会之痛的"留守人口问题",农民工城市融入问题、农村土地抛荒问题等,都应该成为农村空心化治理的主要关切。

---

[1] [美] C. 赖特·米尔斯:《社会学的想象力》,陈强、张永强译,生活·读书·新知三联书店 2012 年版,第 12 页。

第二章　城乡转型视域下的农村空心化问题

"空心"的本义是指物体的内部是空的，引申为事物发展过程中产生的衰退、萎缩现象。农村"空心化"作为一个社会现象，是指农村各项事业出现停滞甚至萎缩的迹象。[①] 本章将对新型城镇化背景下农村空心化问题进行一个总体性分析，剖析当前农村空心化的特征、成因及其影响等基本问题。

第一节　农村空心化的表征及过程

产业结构调整必然带来就业结构和社会结构的相应调整。城镇是工业发展的主要载体。伴随工业化和城镇化的加速发展，大量农村人口流入城镇，农村常住人口锐减，主要劳动力流失，农村出现"空心化"现象。

一　农村空心化的表征

第一，土地空心化。土地空心化是指相当数量的耕地荒芜，得不到有效利用。这是农村空心化最直观的特征之一。据国土资源部2011年的一项调查，我国每年撂荒耕地近3000万亩。实地调查中我们也发现，凡不便于机械耕种的村庄，一般都存在土地撂荒现象，每个村庄撂荒面积占耕地面积的10%—30%。撂荒现象严重的，占到了耕地面积的2/3，如X市的某村委员会，全村2400亩耕地，撂荒面积达1600亩，其中一个自然村的耕种面积不超过30亩。耕地撂荒，特别是隐性抛荒，[②] 使我国粮食面

[①] 戴攸峥、易文彬：《新型城镇化背景下农村空心化的治理》，《南昌大学学报》（人文社会科学版）2015年第5期。

[②] 高晓燕、向念：《家庭化迁移与农户耕地隐性撂荒——基于中国流动人口动态监测调查数据》，《江汉论坛》2023年第9期。

临供给不足的问题。根据海关最新公布的进口数据显示，在全球粮食市场持续动荡且充满不确定性的背景下，2023年上半年，中国海运粮食进口仍然表现强劲，同比增长6%至7890万吨，创有记录以来的历史第二高水平。①

第二，人口空心化。人口空心化实际上是指留守人口老龄化、女性化和幼年化。在一个改革开放的时代，在城乡差异不断扩大的背景下，青年农民流出农村，在城市打拼和求发展，是一个非常正常而理性的行为选择。除了流动到外省的，还有大量省内流动的农村剩余劳动人口。劳动年龄人口大量离开农村，使农村常住人口主要由未成年人和老人组成，农业劳动力出现了老龄化、女性化。从我们调查的村庄看，年轻人只要能出去的，基本上都外出打工，白天在农村很难看到年轻人的身影。离市区近或县城附近的村庄，甚至老年人（包括妇女）都到城市里去找一份零工，浇水、栽花种树、扫地等。

"社会要从传统走向现代，必然会伴随着这样一个典型的现象——大量的农业人口将放弃乡村的生活方式而走向城市，开启新的工业生活方式。"② 据2021年江西省第七次人口普查资料显示，居住在城镇的人口为2731.06万人，占总人口的60.44%；居住在乡村的人口为1787.80万人，占总人口的39.56%。与2010年相比，城镇人口增加767.42万人，乡村人口减少705.30万人，城镇人口比重上升16.38个百分点，首次超过60%。全省跨省流入人口127.90万人，跨省流出人口633.97万人。与2010年相比，省内市辖区内人户分离人口增加305.50万人，省内流动人口增加448.46万人，跨省流入人口增加67.91万人，跨省流出人口增加55.23万人。③ 显然，随着新型工业化、信息化和农业现代化的深入发展和农业转移人口市民化政策落实落地，10年来新型城镇化进程稳步推进，城镇化发展取得巨大成就，但与此相伴的是农村人口净流出的空心化过程。

第三，地理空心化。地理空心化是指新房建设无序，形成"内空外

---

① 《中国粮食进口聚焦粮食安全》，《中国远洋海运》2023年第10期。
② [英] 彼得·华莱士·普雷斯顿：《发展理论导论》，李小云、齐顾波、徐秀丽译，社会科学文献出版社2001年版，第15页。
③ 万庆胜：《江西省第七次全国人口普查主要数据情况》，http://tjj.jiangxi.gov.cn/art/2021/5/26/art_38564_3376330.html，2023年11月15日。

扩"空间格局。在我们调查的村庄中，几乎所有的村庄都盖了不少新房，一幢幢"别墅式"的农家住宅标志着农民的住房条件有了很大的改善，有的村庄人均住房面积超过100平方米。不过，与原来的老房屋分布坐落有序不同，大多数新建住房不是拆旧建新，而是围绕原来的村庄向外扩展，有的村庄占地面积甚至是原来村庄的好几倍。新建住房一般呈现如下特点：原来村庄周围是丘陵山地的，沿丘陵山地边缘的道路两旁向外延伸；原来村庄周围是耕地的，新的住宅则建在自家的承包地上，或建在置换来的耕地上。不管是建在丘陵山地上，还是建在耕地上，都处于无序状态，东一幢西一幢，凌乱分布在原村庄的周围，有的新房甚至距离原来的村庄达百米以上。建在耕地上的住宅，由于受承包地的地理位置的影响，布局更是散乱。随着新建住宅向周围延伸，人口也向新的住宅转移，形成了"内空外扩"的地理空心化形态。

第四，聚落空间空心化。这主要是从地理学和土地利用管理的角度解析农村人地关系演变失衡的过程及结果。一种是静态描述，农村空心化是指在城市化滞后于非农化的背景下由迅速发展的村庄建设与落后的规划管理体制的矛盾所引起的村庄外围粗放发展而内部衰败的空间形态的分异现象。[①] 另一种是动态描述，农村空心化是指城乡转型发展进程中农村人口非农化引起"人走屋空"，以及宅基地普遍"建新不拆旧"，新建住宅向外围扩展，导致村庄用地规模扩大、原宅基地闲置废弃加剧的一种不良演化过程。[②] 从实地调查的情况看，产生聚落空心化现象的原因是多方面的：一是老宅基地布局设计落后，拥挤不堪，采光性差；二是旧房财产关系复杂，年代已久，三代甚至四代人共有，拆迁重建困难；三是农民收入增加和改善居住环境的需求强烈；四是村庄外围空旷、交通便捷；五是农村土地规划管理滞后，农民多占乱占，建房随意性和自主性严重；六是制度因素，宅基地不可置换，缺乏流动机制，所谓人动而地不动，老房子闲置废弃；七是文化因素，农民喜欢建新房、建大房。路宽出官，宅大进财。村庄中心的排斥力与外围的吸引力失衡导致村庄中心住宅空心化，文化和制度因素只是加剧其空心化程度而已。由于年轻人常年外出打工，新

[①] 薛力：《城市化背景下的"空心村"现象及其对策探讨：以江苏省为例》，《城市规划》2001年第6期。

[②] 刘彦随、刘玉、翟荣新：《中国农村空心化的地理学研究与整治实践》，《地理学报》2009年第10期。

房的利用率比较低，有的村庄出现"新空心房"与"旧空心房"双重空心化现象。

第五，"软环境"空心化。"软"环境空心化是指农村组织与传统文化"虚"化。土地抛荒、劳动力流失、地理形态"内空外扩"等是"物理形态"的"硬环境"空心化。而如农村组织建设、文化传承、村民情感、家庭亲情、安全保障等的弱化、退化、虚化，则是人们可以感受到的"软环境"空心化问题。作为农村社会的主体，年轻人外出务工经商，在城镇求生存求发展十分不易，他们没有条件也没有精力参与农村的组织活动。

由于主要劳动力大量外出打工，且大多分散在不同的地方，日常联系和交往减少，村民之间日常互助和交流变少，情感慢慢淡薄；节庆期间丰富多彩的村民文化活动也在慢慢消失；治安环境也出现了新的情况，少数不法之徒利用农村中多是老人、小孩的状况，进村行窃、抢劫、敲诈勒索，治安事件时有发生。更使人担心的是，家庭主要劳动力长期缺位，传统的家庭亲情也难以维系：年老的父母遇到困难得不到儿女的照顾，年幼的子女无法享受到父母的关爱。一家人各奔东西，年老的父母担心外出子女的安全，外出的子女担心在家父母的安康；年幼的儿女想念外出的父母，外出的父母牵挂在家的儿女。相当多的农村地区失去了往日的生趣和活力。农村传统的道德、公共舆论等逐渐消解。

二 农村空心化的形成过程

严格讲，我国的农村空心化进程肇始于近代中国工业化的洋务运动时期。工业城市化的过程就是农村劳动力流失和逐步空心化的过程。由于中华人民共和国成立初期实行工业化与城市化分离的政策，通过户籍制度限制人口迁徙，所以，只有到1978年市场化改革启动之后才逐渐凸显出来，引起了世人的普遍关注。总体上，改革开放之后中国农村空心化进程主要存在四个比较明显的阶段：

第一个阶段是1978—1988年，农村出现初级空心化迹象。农村实行家庭承包责任制，农民生产积极性激活，乡镇企业得以发展，农民离土不离乡务工，务农收入和务工收入双增，但家庭的日常联系和生活完整性得以保持，没有出现明显的人口空心化现象。但是收入增加和主干家庭向核心家庭转变，建房需求和能力双双提升，农村出现第一波建房热潮，砖瓦房取代毛坯房，毛坯房变成牲畜圈或杂物房，逐渐被空置废弃。

第二个阶段是1989—2005年，农村空心化加速演化，人口空心化与聚落空心化并发。1992年邓小平南方谈话和党的十四大召开，以及社会主义市场经济改革目标的确立，掀起了一轮改革开放热潮，沿海发达地区制造业蓬勃发展引致青壮年农民工异地远距离流动，第一代农民工收入大幅增加，但他们的目标是改善农村生活，回乡建新房娶新娘成为理性选择，农村出现第二波建房高潮，钢混结构住房成为潮流，砖瓦房又被废弃。农村出现人口空心化和住宅空心化并存的萧条景象。

第三个阶段是2006—2012年，农村空心化问题有所遏制和缓和。国家实行"以工促农、以城带乡"和"多予少取"的惠农强农政策，推动城镇化和新农村建设协调发展。农村出现第三波建房热，农民免除了农业税，还获得了粮食补贴、农机补贴等各种优惠政策，以及农村基础设施和公共服务的改善，农民的经济条件和幸福指数得到大幅提高。但整体上，农村人口空心化与住宅空心化的趋势有所遏制。

第四个阶段是2013年至今，农村空心化问题综合治理。中央以新型城镇化为抓手推进城乡经济社会协调发展。以人为核心的新型城镇化，旨在实现农业转移人口市民化，实现城乡基础设施和公共服务均等化，构建城乡一体化发展体制机制，实现城乡融合发展。农村空心化问题成为乡村治理的重中之重，随着乡村振兴战略和精准扶贫战略等实施，农村空心化得到有效的治理，农村逐渐走上了全面建成小康社会的康庄大道。

传统农业社会加速向现代工业社会转型，但农村社会并没有随之变成城市社会，人口城镇化陷入止步不前的状况。"参照城市发展模式的地方政府正是利用现行土地管理法不承认农村集体土地所有者享有平等的经济权益的弱点，通过土地低价征占，高价出让，最大限度获取土地资本的增值收益。其结果造成城镇地价抬升、门槛过高，农民和中小企业向城镇转移的可能性降低，城镇发展也由此陷入两难困境。"[①] 不仅城镇化如此，城市化也是如此，房价脱离农民工工资基本面太远，农民工只能参与工业化，而无法实现城市化。而无法实现城市化就只能在城乡之间穿行，不仅导致逢年过节的民工潮，而且致使农民工无法放弃农村安身立命的土地与农宅，从而无法缓解农村人地关系高度紧张的局面。减少农民是解决

---

① 温铁军：《"三农"问题与制度变迁》，中国经济出版社2009年版，第68页。

"三农"问题的根本。城乡分治在一定程度上牺牲了农业和农村的发展,导致了农村空心化困境。虽有其历史的必然性,却不可任其无限阻碍城乡良性互动,构建新型城乡关系势在必行。

第二节 农村空心化的总体性特征

中国是一个幅员辽阔的国家,各地的资源、环境、历史传统和文化等禀赋不同,区域经济社会发展差距较大。随着中国工业化和城镇化的快速发展,农村普遍出现过空心化现象,但是东部和中西部、城市近郊与远郊、农业地区与山区等不同区位和地域的农村空心化进程及其演变过程具有不同的特点和规律。基于实地调查资料,我们对农村空心化的阶段性特征、区位性特征和区域性特征做了一些初步的分析。

一 农村空心化的阶段性特征

农村空心化的程度和演变规律,不仅与全国的城镇化总体水平相关联,更与当地城镇化水平和进程直接相关。一般来说,城镇化不仅直接影响农民流动和农民收入,而且间接影响其住宅更新的意愿和能力。薛力立足于江苏省农村住宅更新和住宅空心化演变进程把农村空心化分为初期、中期和晚期。[①] 每一个阶段大概10年时间。改革开放与乡镇企业的发展,农民的非农收入增加,开始在原村庄外围新建住宅,村庄中心开始出现空心化现象,随着农民建的住房越来越多,村庄中心空心化程度也越来越严重;越过中期阶段之后,进入晚期阶段,这时,农村村庄中心的住宅完全空心化了,农民基本上在村庄外围建新住宅,老住宅除了少数老人居住外,大多做了农具仓库或直接空置废弃。这就为农村住宅空心化治理带来机遇,或者整治还田还园,植树种菜。所以,农村空心化晚期的到来之日就是其治理机遇到来之日。

从我们调查的情况分析,随着改革开放和城市化的发展,农村住宅空心化也呈现阶段性特征。改革开放之前,农村普遍贫困,基本上是土坯房和少量砖瓦房。随着家庭承包责任制的实施,激活了农村劳动力,农业生

---

① 薛力:《城市化背景下的"空心村"现象及其对策探讨:以江苏省为例》,《城市规划》2001年第6期。

产率大幅提高，农民生活得到改善，收入有所增加。人口众多的大家庭利用自己的有限积蓄开始着手建砖瓦房改善住宿条件，部分土坯房开始被废弃和空心化。20世纪80年代中期，乡镇企业的快速发展又带来了部分农民的致富，这部分农民又进一步改善自己的住房条件，开始建钢混房，这时又出现了第二波的住宅空心化，即部分砖瓦房被废弃空置。而进入21世纪以来，随着中国工业化和城镇化的加速发展，农民的非农收入和各种惠农补贴到位，又出现第三波住宅空心化，一部分钢混住房被废弃，少数致富的农民建起了小洋房。实际上，从农村人口空心化的演变过程看，其实也具有阶段特征。我们也可以分为初期、中期和晚期三个阶段。初期阶段，随着中国地方政府基于财政包干政策的压力而大力发展乡镇企业，农民离土不离乡，进厂不进城，农民收入增加首先产生了地理意义上的住宅空心化，但紧接着就产生了人口空心化，部分富有且理念先进的农民离开原来的村庄在城镇建房或租房过上城市人的生活，农村由此出现人口空心化迹象；而1993年中央政府分税制改革之后，地方政府基于土地财政的利益驱动走上了经营城市和大力发展房地产的阶段，城市需要大量的建筑工人，特别是1992年邓小平南方谈话和党的十四大之后的沿海大开发、大发展，农村青壮年流出农村到城镇和沿海打工，中国出现了波澜壮阔的"民工潮"，农村人口空心化进入日益严重的中期阶段，陷入了所谓资源流失的发展困境之中。

据国家统计局发布的信息，2018年农民工总数为28836万人，受疫情影响2020年回落低点至28560万人，从2021年回升2.4%至29251万人，2022年达到峰值29562万人。[①] 也就是说，从2018年开始农民工总量继续增加，但数量有限，增速回落明显。根据我们前面对农村人口空心化的计算公式，可以认定为农村人口空心化接近尾声。原因在于，中央提出以人为核心的新型城镇化战略，实施以工促农和以城带乡，城乡互助共进的政策，鼓励农民工、大学生、转业军人返乡就业创业，农民人口空心化的趋势得到有效遏制和缓解，农村空心化处于晚期阶段。实际上，农村人口空心化的演变过程是与中国特色的城镇化过程相伴随的，从工业城镇

---

① 国家统计局：《2022年农民工监测调查报告》，https：//www.gov.cn/lianbo/2023-04/28/content_5753682.htm，2023年11月12日。

化、土地城镇化到人口城镇化,[①] 农村人口空心化大致也由初期、中期过渡到晚期。从地理学角度看,初期聚落的景观空心化,中期聚落功能空心化,晚期则聚落中心得到整治和开发利用。[②]

二 农村空心化的区位性特征

农村空心化的区位特征,是指农村所处的地理位置对于其空心化的影响及其呈现的特征,揭示了村庄空心化与城镇的地理空间关系。城乡之间的距离与交通状况是影响农村空心化区位特征的决定性因素。

城市是区域经济发展的引擎和中心。以城市为中心,农村为外围,各地实际上都形成了"中心—外围"的依附与被依附的结构,地理位置不同,村落对城镇的依赖度不同,其经济发展机会、水平和模式就不同。以此而论,根据城乡互动频率和依赖程度不同,一般来说,城市越发达,经济的扩散和聚集功能就越强,以城市为中心构成一个个同心圆的城乡经济圈,半径越小,离城市中心越近的村庄,其人口空心化的程度就越低,但其住宅空心化呈现"内空外扩"的现象,村庄中心的空心化程度很高而外围新建住房越多,经济收入高导致其建房的意愿和实力越强;相反,离城市越远,受城市经济辐射的影响越小的村庄,其经济发展水平越低,农民也必须远距离流动进城打工,所以,远郊农村的人口空心化程度很高,而受建房能力的限制,其地理学意义的住宅空心化程度也很高,即使建设了新房,也会成为新的空置房。21世纪以来,"在一些远离城镇中心的沿湖村庄,人们几乎是一家一家地迁出,只留下了空破的房屋和无人耕作的土地。无人的村庄失去了生机,显现出一片死寂"[③]。而城镇经济不发达的地区,城市与农村普遍贫困,农村青壮年劳动力则只有远距离异地流动,到沿海或大城市务工经商,农村普遍陷入空心化治理的困境。

城市的近郊农村,占地理之优势,受城市的影响较大,参与城市建设

[①] 周飞舟、吴柳财、左雯敏、李松涛:《从工业城镇化、土地城镇化到人口城镇化:中国特色城镇化道路的社会学考察》,《社会发展研究》2018年第1期。

[②] 冯文勇、郑庆荣、李秀英、刘丽芳:《农村聚落空心化研究现状综述及其趋势》,《信阳师范学院学报》(哲学社会科学版) 2007年第1期。

[③] 吴毅:《小镇喧嚣:一个乡镇政治运作的演绎与阐释》,生活书店出版有限公司2018年版,第38页。

和享受城市文明的机会较多，农村青壮年劳动力就近在城镇就业，早出晚归，人口空心化问题不明显。农民收入虽大幅增长却又购买不起城镇的高价商品房，大多数选择在家乡建房子，由于村庄中心拥挤和拆旧建新成本太大，多数选在村庄周围建新房，而且面子竞争机制导致房子越建越大，越建越高档，村庄中心出现聚落空心化。与此同时，由于大多数青壮年劳动力进城务工经商，剩下老人和妇女务农，农业基本上被粗放型经营，随着时间的推移，劳动力不足，有些城郊农村大面积土地抛荒，出现土地空心化和农业空心化现象。只有大城市和中等城市的城郊农村，由于城市的农产品需求量比较大，城郊农村发展大棚蔬菜、苗圃、花卉等产业，才基本上不存在土地空心化和产业空心化问题。

中郊农村离城市较远，资金、技术和人才稀缺，城市市场的扩散效应和聚集效应影响较弱，农村空心化程度比较严重。由于农业的比较收益比较低，大多数青壮年劳动力进城务工经商，农村人口空心化、农业老年化和土地空心化。而且农村的公共活动和公共舆论，由于年轻人不在场，也丧失了意义，变得可有可无，缺乏凝聚力和吸引力，农村文化和服务空心化。更有甚者，青壮年劳动力在城镇务工经商，只有极少数成功人士能在城镇安居乐业实现城镇化，大多数还是把人生目标锁定在家乡，故在家乡建房者多，由于各种原因，大多数又是建新不拆旧，缺乏规划，乱建房、建大房现象严重，农村住宅和聚落空心化问题严重。

对于偏僻的山区或交通极为不便的林区、渔区的远郊农村，城市文明更是一时鞭长莫及，有线电视、自来水、超市等现代性因素难以进入其传统的生活空间，其空心化程度最严重。部分生态村或古村落，由于可以发展旅游业就地解决就业和经济收入问题，一般不存在空心化问题。但是多数远郊农村由于资源缺乏和产业单一，青壮年农民基本上背井离乡讨生活，只有少数留守人口守望老村庄，农村空心化严重，出现普遍的萧条和衰败迹象。

但是，城乡之间的空间距离是相对的，如果交通条件得到改善，便捷的交通会相对缩小城乡之间的物理距离，有助于遏制农村空心化问题，比如东南沿海发达地区的农村，城市经济实力较强，城乡之间的交通便捷，其农村的空心化程度就比较低，而且能得到及时的治理。换句话说，对于经济落后的农村地区，如果能发展壮大城市经济，并积极改善城乡间的交通条件，也有助于农村空心化治理。

三 农村空心化的区域性特征

不同的地区，经济社会文化的发展水平不一样，农村空心化区域性特征也存在差异。对此，我们可根据国家统计局《2022 年农民工监测调查报告》提供的数据①（见表 2-1）和实地调研观察进行分析判断。

表 2-1　　　　农民工输出和输入地区分布　　　　单位：万人、%

地区	2021 年	2022 年	增量	增速
输出地区：				
东部地区	10228	10403	121	1.2
中部地区	9726	9852	126	1.3
西部地区	8248	8351	103	1.2
东北地区	995	956	-39	-3.9
输入地区：				
东部地区	15438	15447	9	0.1
中部地区	6571	6771	200	3.0
西部地区	6280	6436	156	2.5
东北地区	894	843	-51	-5.7
其他地区（指港澳台及国外）	68	65	-3	-4.4

从输出地看，2022 年东部地区输出农民工 10403 万人，比上年增加 121 万人；中部地区输出农民工 9852 万人，比上年增加 126 万人；西部地区输出农民工 8351 万人，比上年增加 103 万人；东北地区输出农民工 956 万人，比上年减少 39 万人。东部中部地区是劳动力流出最多的地方。根据我们前面对农村人口空心化界定，农村人口空心化率与农村人口输出量和比例直接相关，人口输出量大的地方一般人口空心化最严重。以上数据显示，东部地区的空心化处于晚期的停滞阶段，而中西部地区农村空心化还处于加速发展的中期，东北地区农村空心化趋于晚期阶段。

从全国来说，省内流动占比达到了 56%，说明远距离的异地流动减少，农民工可以就地或就近实现就业，农村人口空心化程度有所缓解；其

---

① 国家统计局：《2022 年农民工监测调查报告》，https://www.gov.cn/lianbo/2023-04/28/content_5753682.htm，2023 年 11 月 16 日。

中中部地区和西部地区的农民工跨省流动比率分别达到 60.6% 和 49.6%，说明这两个地区的人口空心化程度比较严重。不过，中部地区甚至比西部地区高出 11%，是西部大开发战略有效地遏制和缓解了其劳动力流出，还是西部地区的民族文化传统等因素发挥了作用，这有待于进一步的研究。但是，与西部相比，以农业为主的中部地区农村空心化程度更严重，边少老等地区的空心化相对严重。[①]

为了进一步佐证这个结论。2019 年 7 月 6—11 日课题组部分成员到山西省和江西省部分农村进行实地调查，所见所闻，证实了中部地区的农村空心化问题。

案例 2-1：大同市云州区瓜园乡

黑石崖村：共 70 户，在村和不在村居住的各 35 户，住宅空心化率 50%。

吉家庄乡麻峪口村（村支书提供数据）：共 558 户，1120 人，常住户 185 户，341 人，人口空心化率达 69.6%。共有房屋 700 间，其中 100 多间空房子，旧房空心化率占到 60%—70%。

周士庄镇西羊坊村（村支书提供数据）：为易地搬迁（危房改造），全部为新房。共有 93 户，212 人。其中 68 人外出打工，人口空心化率 32.1%；住房共 148 间，其中 22 间为空置新房，空置率 19%。整体看，这个村庄空心化情况不算严重。

案例 2-2：山西省忻州市繁峙县

砂河镇上小沿村（村支书提供数据）：易地搬迁（危房改造）的新村，共 214 户，613 人，其中 63 户 168 人为常住户常住人口，人口空心化率为 72.6%。即便家中有人外出打工，但大多数也有妇女孩子留守，不存在空房。

砂河镇后河村（村支书提供数据）：危房改造村，全部为新房。共 370 户，1066 人，常住人口 412 人，人口空心化率为 61.35%。住房共为 322 栋，空置新房 40 栋。

大营镇南洪水村（村支书提供数据）：此村共有 233 户，680 人。其中 101 户 301 人为常住人口，人口空心化率为 55.7%。住房共为 170—

---

① 李玉雄、何惠虹：《民族地区农村"空心化"问题及治理路径研究——基于广西平果市壮族村落布尧村的个案调查与思考》，《广西民族研究》2021 年第 1 期；王晶、马秀莲：《黄土高原区农村人口空心化调查与思考——以甘肃省通渭县为例》，《边疆经济与文化》2020 年第 9 期。

180 间，其中 60—70 户平常为空房。空房中新房（改造翻新）的数量为 30 户左右。住宅空心化率约为 35.3%。

大营镇下台庄村（村支书提供的数据）：此村共有 210 户，565 人，其中 69 户 168 人为常住人口，人口空心化率为 70.3%。住房共有 160 多间，其中有 96 户平常为空房，空置率为 60%。空房中新房的数量占到 2/3。

金山铺乡小柏峪村（村支书提供数据）：此村共有 1001 户，2741 人，1100 多人为流动人口（外出打工），人口空心化率约为 40%。住房共 900 多间，其中 513 户平常为空房，住房空置率为 57%。新旧比例不太清楚。

从以上调查数据可以看出，中部农业型地区的农村空心化程度比较严重，有的村庄人口空心化和住宅空心化程度都达到了 50% 以上，农村空心化治理的任务十分艰巨。

对于东部地区的农村空心化情况，课题组于 2015—2016 年对常熟市古里镇、沙家浜镇，昆山市千灯镇，江阴市新桥镇、华西村、长江村、山泉村等地进行实地调查，形成一个初步结论：苏南基本上不存在农村空心化现象，其原因在于苏南通过乡村工业化和就地城镇化推动了城乡一体化发展，有效地化解了农村空心化问题。苏南有很多示范村、经济强村和富裕村，这些村庄的产业结构以工业为主，村级集体经济实力雄厚，为改善基础设施、完善公共服务奠定了雄厚的资金基础，不仅留住了本地的资本和人才，也吸纳了一些外来资本和就业人口。随着工业化和城镇化加速推进，苏南乡村的基本样态发生了很大的变化，其土地使用、空间布局、经济结构、人员构成、发展内涵等与中西部农村有所不同。[1]

因此，当下我国农村空心化的区域性特征是，东部沿海经济文化较为发达的地区已经进入农村空心化的晚期，或者说没有明显的空心化现象。一方面，城市为农业转移人口市民化提供了足够的机遇和空间；另一方面，城市综合实力和辐射能力较强，城市的生产方式、生活方式和文化已经渗透到周边的农村，乡村已经实现了生活方式的城镇化，或者重新恢复了活力，基本实现了城乡一体化。而广大中西部，尤其是中西部农业地区和山区，城乡差距仍然很大，城市的经济实力或者不够强大，或者强大但交通基础设施落后无法实现城乡互联互通，难以做到以城带乡和以工促

---

[1] 邵燕：《苏南农村治理之鉴——兼析苏南缘何未出现空心化现象》，2019 年，未刊稿。

农，推动新农村建设与城镇化互助共进、协调发展。反而是"孔雀东南飞"，优质的人力资本流向东南沿海经济发达地区务工经商，农村人口空心化和住宅空心化都较为严重。只有部分大中城市周边的农村空心化程度相对较轻，地理与住宅空心化得到有效的整治和开发利用，而人口空心化因为人口回流和早出晚归而得到化解。

第三节 农村空心化的主要成因

城镇化过程中产生农村空心化问题，是世界各国现代化进程中的普遍现象。"城市本身表明了人口、生产工具、资本、享乐和需求的集中；而在乡村里所看到的却是完全相反的情况：孤立和分散。"[①] 从理论上说，农村空心化是城乡发展失衡的结果，其动力机制主要是城镇的拉力与农村的推力双向驱动，而制度因素只是强化了二者的作用和加剧了其后果的严重性而已。

一 经济原因：比较收益驱动

（一）城乡比较利益驱动使农民离开农村，进城务工经商

二元经济结构的一个重要特征，是农村经济明显落后于城市经济，农村的就业机会和预期收入远少于城镇。根据托达罗的预期收入影响农民流动的假说，青壮年农民为了获得较高的收入进城寻找工作机会。从农民工进城前后的收入差距可以非常清楚地反映出务农与务工收入的巨大差距。城市居民收入高于农村居民收入，从而吸引农村劳动力流向城镇找工作。据国家统计局农民工监测统计报告显示，农民工月均收入每年以 200 元左右的幅度提高。调查中，一位长期从事农业种植并担任了数十年主要村干部的老农告诉我们，种一亩地的纯收入为 300—400 元。据国家统计局分省年度数据，2008—2012 年江西省农村居民家庭经营耕地面积人均 1.56—1.61 亩。[②] 也就是说，一个农民家庭如果仅仅从事农业生产，一年纯收入不超过 2400 元。在市场化背景下，几乎无力维持一个家庭的正常

---

① 《马克思恩格斯选集》（第 1 卷），人民出版社 1972 年版，第 56 页。

② 国家统计局，http://data.stats.gov.cn/easyquery.htm? cn = E0103&zb = A0D00&reg = 360000&sj = 2018，2023 年 12 月 16 日。

开销。务农收入与进城务工经商收入的比较收益相距甚大,为生计所迫,不少农民宁肯骨肉分离也要进城务工经商。

表2-2显示,我国居民人均可支配收入一直处于较快的增长态势,每年以大约8%的速度递增,但城镇居民的增长速度低于农村居民的增长速度。总体上,城市居民的可支配收入基数较大,城市居民的可支配收入一般是农村居民可支配收入的2.6倍以上,2017年约为2.71倍,2018年略微下降至约2.685倍。20世纪90年代以后,全国城镇居民人均可支配收入与农村居民人均纯收入的差距始终保持在2.4倍以上,21世纪初的10多年间这一差距保持在3倍以上,近年来这一差距虽有所缩小,但仍然偏高。城乡居民收入差距如此之大,受利益驱动,农村劳动者必然选择离开农村,进入城市务工经商,从而带来农村空心化问题。

表2-2　　2013—2022年城乡居民人均可支配收入及增长[①]

指标	2022年	2021年	2020年	2019年	2018年	2017年	2016年	2015年	2014年	2013年
居民人均可支配收入（元）	36883	35128	32189	30733	28228	25974	23821	21966	20167	18311
居民人均可支配收入比上年增长（%）	2.9	8.1	2.1	5.8	6.5	7.3	6.3	7.4	8.0	8.1
农村居民人均可支配收入（元）	20133	18931	17131	16021	14617	13432	12363	11422	10489	9430
农村居民人均可支配收入比上年增长（%）	4.2	9.7	3.8	6.2	6.6	7.3	6.2	7.5	9.2	9.3
城镇居民人均可支配收入（元）	49283	47412	43834	42359	39251	36396	33616	31195	28844	26467
城镇居民人均可支配收入比上年增长（%）	1.9	7.1	1.2	5.0	5.6	6.5	5.6	6.6	6.8	7.0

---

① 国家统计局,https://data.stats.gov.cn/easyquery.htm?cn=C01&zb=A0A01&sj=2022,2023年11月11日。

（二）农村劳动力大量过剩，推动他们从农村走向城镇

我国本是一个农民人口大国。为了实施重工业优先发展战略，1958年实行城乡分隔分治的户籍制度，将大量的农村劳动力束缚在有限的农村耕地上。而20世纪70年代末以前的人口生育政策，使得农村人口增长失控，一个家庭生五六个孩子的现象很普遍。因此，农村内部早已存在数量可观的隐性失业人口。20世纪80年代初农村家庭联产承包责任制的推行，极大地调动了农民的生产积极性，农业劳动生产率大为提高，农村的隐性失业显性化，使早已存在的劳动力过剩问题成为突出的社会问题。以1991年为例，全国第一产业就业38685万人，当年耕地95653.3千公顷，[①] 第一产业人均耕地3.71亩。随着我国城镇化的加速发展，农村每年减少耕地1000万亩，2001—2012年农村人均耕地面积虽有所改善，但仍不足2.34亩，[②] 户均不到10亩。有限的耕地无法充分消化劳动者的全部劳动时间，使其摆脱贫困状态。

而且，由于农业科学技术的进步和农业机械设备的使用，每个农业生产者能耕种的土地面积增加，现有的农业劳动者中也会有相当部分逐渐被挤出农业部门，世界其他国家走过的历程给我们提供了这种先例。以欧盟一些国家为例，1975年英国每个农业劳动力负担耕地157亩，[③] 20世纪末法国人均负担218亩、荷兰人均负担69亩。[④] 如果按每个农业劳力负担耕地69亩计算，我国全国耕地121716千公顷只需要2646万劳力，加上林业、养殖、水产业等，不会超过5000万人，而现在第一产业就业人员达24171万人。[⑤] 尽管农村过剩劳动力逐渐流出农村，甚至出现所谓的刘易斯第二个拐点，但可以肯定，相对新农机技术而言，农村仍然存在一定的潜在过剩劳动力。这些过剩劳动力仍然会离开农村，走进城镇。每年

---

① 国家统计局国民经济综合统计司编：《新中国五十年统计资料汇编》，中国统计出版社1999年版，第2、32、466页。

② 国家统计局，http://data.stats.gov.cn/easyquery.htm?cn=C01&zb=A0D0B&sj=2018，2023年11月16日。

③ 李崇淮：《战后英国农业初探》，《武汉大学学报》（哲学社会科学版）1980年第1期。

④ 逢树春：《法国、荷兰的农业现代化、产业化经营和农业合作制情况》，《上海农村经济》2001年第2期。

⑤ 中华人民共和国国家统计局编：《中国统计年鉴2014》，中国统计出版社2014年版，第5、12页。

周期性的民工潮,就是农村过剩劳动力在城乡间流动的反映。

二 制度因素:二元体制阻隔

首先是城乡二元户籍制度的影响。我国独特的户籍制度服务于独特的现代化战略。登记和管理城市人口与农村人口,实行城乡分割分治,目的是打断城乡之间的市场联系,阻止农民自发流向城市,通过国家计划的有形之手从农村吸取资源发展城市工业。资源流入城市而人口仍然滞留在农村,人口与资源失去平衡,人口增多之时,资源却可能反而减少,当然会陷入发展困境。户籍制度有效支撑了国家"高积累、高投资、高速度"的经济增长,"避免了从农村提取的积累资金又被大量迁入城市的农村人口消费掉"[1],为国家的工业化和现代化作出了重大贡献。但是这种从农村虹吸资源的做法却造成了严重的"三农"问题,即所谓的资源匮乏的空心化问题。

1978年农村实行家庭联产承包制改革,释放了农村的劳动积极性,生产率大幅提高;而与此同时,生育高峰时期出生的小孩都已长大,主干家庭变成多个核心家庭,为解决大家庭居住和儿女成家问题,农民开启第一轮建房行动,基本上都是砖瓦房和土坯房。1984年中央一号文件允许农民自理口粮、离土离乡进城务工经商。农民的非农收入逐渐增加,建房意愿和能力都有所增长。农民又开启第二波建房高潮,改善型地建筑砖瓦房和部分钢混结构房。1992年中国社会开始了离土离乡的远距离流动的"民工潮"。这之前建筑的土坯房和砖瓦房等就逐渐成了我们今天所说的"空心房",而20世纪五六十年代出生的老一代农民就成了今天的"留守老人"。正是因为城乡二元户籍制的限制,农民工难以实现家庭迁移和身份转变。农民家庭的代际分工和成员的地理空间上的分离成为常态,留守群体问题和农民工问题同时出现。

其次是土地制度所带来的影响。按照我国土地制度规定,城市的土地是国家所有,由地方政府统一规划使用。农村的土地性质是集体所有制。随着农民的非农收入增加,农业地位逐步下降。这就造成两个后果:第一,农民对土地的珍惜程度下降,耕地被抛荒,而且随意在自家或置换的承包地上建房;第二,非农收入增加,农民建房的能力增强,"不占白不

---

[1] 肖冬莲:《中国二元社会结构形成的历史考察》,《中共党史研究》2005年第1期。

占，占了也白占"，多占地、乱占地，一户多宅的现象多发。随着青壮年农民外出打工，农村就出现了"新住宅空心化"，而且由于乱占地乱建房，农村出现了地理意义上的"内空外扩"聚落空心化现象。此外，城市土地可以自由进入市场交易，而农村土地不能随意改变用途，不能进入土地市场；要通过政府之手征用之后才能进入市场交易。这也是城镇化过程中，农村资源单向度流入城镇的一种管道机制，加剧城乡失衡和城乡差距。

最后是城乡二元社会福利与保障制度带来的影响。由于实行城乡差别的社会福利保障政策，城市户口与农村户口分别享有不同的就业、教育、医疗卫生、养老、社会保险等公共服务福利。户籍制度就不仅仅是一种人口管理制度，而演变成了一种社会身份制度。农村的社会保障是土地，有土地就有就业，有土地就有收入。城市户口就意味着就业、优质教育、公费医疗、养老金等社会福利。农民工在城市工作，职业在城市，但身份在农村；贡献在城市，但养老在农村；生活在城市，但保障在农村。由于农民工无法分享城市的公共服务和社会保障，只有把家留在农村。妻子在农村务农，儿女在农村读书，父母在农村养老，即人口空心化导致的"留守儿童、留守妇女和留守老人"的留守问题。这有悖于当下城乡融合发展之势。

因此，尽管城乡二元体制曾作出过重大的历史贡献，但"以城乡分治、重城市轻农村、重工业轻农业、重居民利益轻农民利益为核心内涵的'城乡二元社会结构'既是中国'三农'问题得以滋生蔓延的原则，也是农村社会各种矛盾逐渐严重'病变'的土壤与温床"[1]。农村空心化是世界工业化城市化过程中的普遍现象。但是，我们认为，从中国城乡社会转型的角度看，从计划经济转向市场经济，从农业社会转向工业社会的过程中，中国特色的城乡二元体制加剧了农村空心化问题。由于实行城乡分割分治的二元户籍社会体制，城市工业化快速发展吸引农村过剩的青壮年劳动力流向城镇，职业流动和区域流动并举，但是户籍制身份没有随之流动，产生了具有中国特色的特殊的"农民工"两栖群体。由此也导致中国农民流动而不是农民迁移，个体流动而不是家庭整体流动，一家人分散在城镇与乡村两个不同的世界，而且两代人，甚至夫妻之间也可能在不同

---

[1] 宋亚平：《中国"三农"问题的历史透视》，《江汉论坛》2017年第12期。

的城市打工，生活在不同的社会文化空间。也就是说，家庭的整体生活被城市与乡村肢解得支离破碎，被严重碎片化，家庭的正常功能被严重弱化与虚化。正是因为宏观的社会结构的变迁导致微观的家庭结构和功能的变异，留守人口问题成为社会之痛。但一个家庭的力量是微弱的，难以抗拒社会变迁的巨浪之冲击。

表 2-3　　　　　　　2013—2022 年农民工规模与月收入①

指标	2022 年	2021 年	2020 年	2019 年	2018 年	2017 年	2016 年	2015 年	2014 年	2013 年
农民工规模（万人）	29562	29251	28560	29077	28836	28652	28171	27747	27395	26894
农民工月均收入（元）	4615	4432	4072	3962	3721	3485	3275	3072	2864	2609

生活在城镇，户籍在农村，他们为什么不将户籍落到工作生活所在地城镇？主要原因是融入城市社会艰难。首先，城市对农民工就业存在种种歧视。大多数农民工主要在正规部门从事非正式的清洁卫生和保卫等工作，或在非正规的私营企业工作，工作环境差、劳动强度大、劳动时间长、收入水平低。统计数据显示，农民工平均每天工作 8.8 小时，周工作超过 44 小时的达 85.4%；② 其工资待遇也明显比城镇职工低，同工不同酬，2022 年农民工人均月收入 4615 元，虽然逐年每月增加 200 元左右，但除去物价因素影响，仅靠他们的打工收入难以维持一家人的城镇生活，也正因为如此，在 16821 万外出农民工中，举家外出的只有 3578 万人，占总量的 21.27%。③ 大部分农民工家庭基于代际分工的需要采取城乡两地分离的生存模式，老人、妇女留守农村以获取农业收入，年轻人进城打工获取务工收入，从而实现家庭理性化。其次，农民工本身文化程度不高，使他们要完全融入城市生活较为艰巨。2022 年我国农民工中，未上过学的占 0.7%，小学文化程度占 13.4%，初中文化程度占 55.2%，高中

---

① 国家统计局官网，https：//data.stats.gov.cn/easyquery.htm? cn = C01&zb = A0A0I&sj = 2022，2023 年 11 月 9 日。

② 国家统计局官网，https：//data.stats.gov.cn/easyquery.htm? cn = C01&zb = A0A0I&sj = 2022，2023 年 11 月 9 日。

③ 国家统计局官网，https：//data.stats.gov.cn/easyquery.htm? cn = C01&zb = A0A0I&sj = 2022，2023 年 11 月 9 日。

文化程度占 17.0%，大专及以上占 13.7%。大专及以上文化程度农民工所占比重比上年提高 1.1 个百分点。在外出农民工中，大专及以上文化程度的占 18.7%，比上年提高 1.6 个百分点；在本地农民工中，大专及以上文化程度的占 9.1%，比上年提高 0.6 个百分点。[1] 总体上，文化程度不高，使他们在劳动力市场的竞争中处于不利的地位，处在城镇就业市场的最底层，导致他们往往被迫接受雇主的不平等条件。党的十八大以来，这些指标有所提高和改善，但目前还没有得到根本性改变。这使农民工找不到在城镇生活的稳定感和安全感。从而使农民工不愿放弃农村承包的土地，并把从城镇务工经商所获得的收入用来在家乡新建房屋，改善住宿条件，把它们看成自己最后的社会保障。"中国的乡村通常不是农业生产的中心，而是社会缓冲地区。对于多数落脚城市居民而言，乡村及其提供糊口的作物就是他们仅有的社会安全网。"[2] 农民工在城市打了一辈子的工也是一个农民，城市只是自己暂时赚钱养家的地方，终归要回到自己的家乡终老；在城市没有一点归属感。只要农民的社会身份地位和城乡两栖的生存方式不改变，中国农村空心化就不可能得到有效治理。

三 转型之势：乡土中国转向城乡中国

1948 年费孝通通过中国式的人类学研究得出，"从基层上看去，中国社会是乡土性的"[3]。对于乡土社会，费孝通概括了几个相互关联的特征：第一是乡土性。小农经济，祖祖辈辈与土地打交道，以地为生，对土地有一种崇拜和眷恋深情。渗透泥土的气息，土气。"土气是因为不流动而发生的。"第二是地方性和封闭性。乡土性产生地方性与封闭性。"以农为生，世代定居是常态，迁移是变态。""地方性是指他们活动范围有地域上的限制，在区域间接触少，生活隔离，各自保持着孤立的社会圈子。"[4] 农民生于斯，死于斯，很少离开村庄，日常生活空间局限于村庄狭窄的场域之中。施坚雅提出的基层市场范式，也只是扩大了农民活动范

---

[1] 国家统计局：《2022 年全国农民工监测调查报告》，https：//www.gov.cn/lianbo/2023-04/28/content_5753682.htm，2023 年 11 月 15 日。

[2] ［加］道格·桑德斯：《落脚城市：最后的人类大迁移与我们的未来》，陈信宏译，上海译文出版社 2012 年版，第 107 页。

[3] 费孝通：《乡土中国》，上海人民出版社 2006 年版，第 5 页。

[4] 费孝通：《乡土中国》，上海人民出版社 2006 年版，第 6—7 页。

围而已,仍然没有改变乡土社会的地方性特征。第三是基于血缘和地缘关系形成的熟人社会。由于地方性和封闭性特点,村落中的人互动频繁、重复博弈,形成了相互熟悉和信任的关系,互助合作成为常态。第四是礼治秩序与长老统治。在一个高度同质性的社会,年龄成为一个重要的权力因素。村庄的维系需要年长的老人传授经验,年轻人尊重年长者成为一种礼俗。村庄因而成为一个尊老爱幼的社会。"农业社会的分散居住、村自为政的生活方式及相应的风尚习俗、人际关系,在很大程度上积淀成为中国传统文化的渊源,塑造了中国社会的基本特点:封闭性、局部性、本土性。"[1] 中华人民共和国成立70年以来,经过社会主义改造、建设以及改革开放,中国社会的政治、经济、文化发生了翻天覆地的变化。特别是21世纪以来,中国整体上进入工业化中后期发展阶段,农村发展的宏观环境发生了根本变化,从以农养政和以农养工转向以工补农和以城带乡的发展新阶段。中国社会正从乡土中国向城乡中国转型,农村空心化就是这种历史转型的阶段性产物。

第一,当下中国已进入工业化中期加速发展新阶段,从乡土中国转向城乡中国。[2] 作为世界第二大经济体,享有"世界工厂"之美誉,工商业成为国民经济支柱,农业的比重已降至国内生产总值的10%以下,农业虽然还是国民经济的基础产业,但大多数中国农民不能仅依靠农业微薄的收入维持家庭的正常生活。农民必须通过兼业和转业获得非农收入来补充农业收入。实际上,非农收入已经成为大多数中国农民家庭的主要收入来源。换句话说,中国农民已经摆脱了几千年来土地对自己的束缚。在工业化加速发展时代,没有土地收入,农民照样可以谋生,而且生活得更好。

第二,城镇化的加速发展以及农民流动性增强打破了传统乡土社会的封闭性和地方性。2012年中国城镇化率达到52.57%,越过了50%的中间线,也就意味着中国已经进入了城乡社会,中国大多数人生活在城市,而不是农村。具有中国特色的大规模的民工潮则见证了中国社会的流动性和开放性。农村不再是"孤立"和"隔绝"的有限地域空间,而是现代城市文明发展大潮中承载农业文明的象征符号和生态文明的守护者。城市化不会消灭农村,但农村已经不再是传统孤立封闭的村庄,而是被赋予现代

---

[1] 周雪光:《社会建设之我见:趋势、挑战与契机》,《社会》2013年第3期。
[2] 刘守英、王一鸽:《从乡土中国到城乡中国——中国转型的乡村变迁视角》,《管理世界》2018年第10期。

气息和元素的开放而流动的新农村。

第三,农村生活方式城市化。农民不再"土气",而是"洋气"。有充分的调查资料显示,现代家电和交通通信工具已经进入农村千家万户,农民的日常消费品和生活方式已经城市化了。不少农户建了小洋房,买了小汽车,穿着打扮非常时髦。农民与市民的外在标识已经模糊不清,人们无法从服饰和外在打扮,乃至生活方式甄别农民与市民。在城市你分不清谁是农民工,在农村你也分不清谁是城市来客。乡土社会是中国几千年农业文明发展的结果,是一种典型的农业社会,但总体上终将被城市工业社会所取代。农村将成为城里人寄托乡愁的精神家园。

从技术社会形态角度看,当下中国社会性质,既不是乡土社会,也不是完全的工业化社会或城市社会,而是过渡性质的城乡中国,陆益龙称之为后乡土社会。[1] 谢立中说,"后"这个词缀往往意味着:第一,与其所"后"的事物即使不完全对立,也当有较大的不同;第二,虽然与其所"后"之物有较大不同,但该事物本身的最终形态又往往尚处在形成之中,难以确定,因而我们无法给它以一个比较确定的命名,只好含糊其词地以"后××"而称呼之。[2] 从这个意义讲,后乡土社会就是乡土社会向城乡社会转型的过渡性社会。首先,它与乡土社会时代的特征已经有较大的不同;其次,它还是处于形成演变之中,没有完全成型。所谓"后乡土社会"是指"现代化转型过程中的一个过渡性社会,乡土社会结构依然留存的前提下受到现代性的侵蚀,社会经济与文化的观念和行为都已经受到了现代化的渗透,并或多或少具有现代性特征"[3]。美国社会学家贝尔称之为后农业社会,是指一个国家在工业化和社会现代化已经有效地打破该国传统农业社会结构,而又未达到完全现代化的一个社会阶段。[4] 二者的区别在于前者强调传统社会结构留存的前提下现代性增加,后者强调传统社会结构已经打破的前提下现代性增强。换句话说,前者眼里的中国社会本质还是乡土性的,而后者眼里的社会已经是工业性的,只是现代化

---

[1] 陆益龙:《后乡土性:理解乡村社会变迁的一个理论框架》,《人文杂志》2016年第11期。

[2] 谢立中:《后社会学:探索与反思》,《社会学研究》2012年第1期。

[3] 陆益龙:《农民中国——后乡土社会与新农村建设研究》,中国人民大学出版社2010年版,第97页。

[4] 邓伟志主编:《社会学辞典》,上海辞书出版社2009年版,第464页。

没有完成而已。鉴于中国当前已经进入工业化发展中期阶段，我们更倾向于贝尔的定义。乡土性越来越少，现代性越来越多，乡土性逐渐被现代性取代。除了后乡土社会范式、城乡中国范式，还有城市中国、新乡土中国等不同的研究范式，侧重点不一样，但都肯定当下中国的转型特征及其工业化、城市化与市场化之动力机制。

与乡土社会相比，城乡转型背景下的农村发生了很大的变化：

第一，农民摆脱了对土地和农业的依赖。由于农民的主要收入来自务工经商，他们可以在非农领域实现再循环。这就为农民离土离乡，离开祖祖辈辈生活的村庄提供了机会。城市成为新生代农民的向往之地，农业则可能逐渐被抛弃。出现了"城市崇拜和厌农弃农"的思潮。第二，农民流动成为常态。传统乡土社会，农村的精英只有通过科举考试等少数几个通道流向城市。而当前在工业化、城市化、市场化的发展牵引下，农民离开农村流向沿海发达地区和城市务工经商已经成为中国现代化过程中的一大景观。少数致富能手"洗干净脚进城"，实现梦寐以求的"跳农门"，人力资源流失，人口空心化导致土地、产业、服务等空心化，农村逐渐陷入无人照料的发展困境。第三，乡土逻辑逐渐被市场逻辑所取代。随着城市化发展和农民工流动，现代性的入侵，理性思维的市场逻辑逐渐代替人情思维的乡土逻辑。在农村，亲情、人情、友情逐渐淡薄，传统的礼、孝、义渐渐被人们遗忘。集体化时代已经结束，个体化时代已经到来，农村社会正在发生亘古未有之大变迁。农村空心化是城乡转型的必然结果，转危为机，农村也必将迎来一个高质量治理的大好机会。"个人只有通过置身于所处的时代之中，才能理解他自己的经历并把握自身的命运，他只有变得知晓他所身处的环境中所有个人的生活机遇，才能明了他自己的生活机遇。"[①]

第四节 农村空心化给农村发展带来的挑战

快速城镇化背景下农村出现人力资源流失的空心化现象，导致被称为"社会之痛"的留守儿童、留守妇女和留守老人构成的"留守群体问题"，

---

① [美] C. 赖特·米尔斯：《社会学的想象力》，陈强、张永强译，生活·读书·新知三联书店2012年版，第4页。

土地抛荒以及农村基层治理主体缺失等问题，农村各项事业陷入治理性困境。

一 留守家庭问题

对于留守人口问题，2013—2014年，叶敬忠等合作撰写的《中国农村留守人口之留守妇女：阡陌独舞》《中国农村留守人口之留守儿童：别样童年》和《中国农村留守人口之留守老人：静寞夕阳》，简称中国农村留守人口研究三部曲，对农村留守人口的实然状态做了一个详细的纪实性描述和群体对比分析。其他的留守群体问题研究也很多，但也基本上是记录分析留守儿童、留守妇女和留守老人的生存状态和面临的日常生活困境。

由于大多数青壮年农民远距离流向城市务工经商，失去了主要劳动力和主要智力资源就像一栋房子突然抽掉了顶梁柱一样，农民家庭结构会突然失衡，陷入一种近乎塌陷的无望而无序状态。大量调查资料证实，农村留守老人的晚年生活清苦，不仅承担繁重农活，而且要照顾年幼的孙子孙女，健康状况堪忧、生活态度悲观、社会交往不足等。[1] 孙辈长大后，需要有人照顾以养老终年时，却只能留下自己孤苦伶仃，无依无靠，有的甚至老死在老房子里几个月也无人知晓。至于留守妇女问题，不仅承担家庭重农活，上要照顾老人，下要照顾小孩，生活压力大，而且与丈夫长期分居，忍受精神和情感的煎熬。"搭伙夫妻"现象和农村离婚率攀升问题反映了农村留守妇女面临极为严重的情感和家庭问题。留守儿童主要是教育问题与安全问题。由于父母亲不在身边，亲情缺失，而祖辈教育方法传统、经验不足，又存在隔代亲，溺爱有加，结果造成留守儿童孤僻自私任性。据统计，青少年犯罪中，留守儿童成年犯罪所占比例较大。人口空心化掏空了农村家庭生活的基本内涵，代价极大。

从家庭的基本功能角度分析，由于家庭中主要劳动力缺位，家庭结构的断裂导致家庭功能缺失，主要存在以下几个方面的情况：

①经济功能尚可。经济功能是指家庭中的生产、分配、交换、消费等作用，它是家庭存在的物质基础。一般的家庭，代际分工合作，年轻人进

---

[1] 潘小娟、卢春龙等：《中国农村留守群体生存状况研究》，北京大学出版社2013年版，第83—95页。

城务工经商，老年人和妇女在家务农和照顾小孩。有务工与务农的双重收入，应该说，家庭的经济功能还是有保障的。但也存在少数在城市打工失败的家庭，年轻人在城市长期打工，工作不稳定、工资收入低，自己勉强度日，几年甚至十几年没有一分钱寄给家里。仅靠一份农业收入支持整个家庭的生计，这样的家庭生活极为困难，常常是农村中的贫困户和特困户，需要政府和社会帮扶。

②性生活功能名存实亡。性生活是家庭中婚姻关系的生物学基础。社会通过一定的法律与道德使之规范化，使家庭成为满足两性生活需求的基本单位。但是夫妻两地分居，性生活的功能无法正常发挥作用。夫妻双方都会面临性压抑、性苦闷。这也是当下农民青年离婚率逐渐上升的原因。而在中国传统文化观念里，妇女在婚姻家庭中处于弱势地位，所以遭受的压力更大，缺乏婚姻的安全感。而一些胆子大的人则"红杏出墙"选择婚外情，由此出现了打工族里临时夫妻和留守妇女出轨现象。[①] 这对中国传统观念和家庭稳定造成巨大的冲击。在农村确实已经存在因为情感问题而导致的刑事犯罪案件逐渐增多的趋势。必须加以及时的教育引导，遏制其蔓延势头，否则后果难以预料。

案例 2-3：我的家乡是江西萍乡市一个小乡镇——新泉。……在我生活的村子附近地区有几例留守妇女出轨的事。丈夫常年在外打工，这些三十岁左右的妇女，或许出于无所事事，生活无聊，或是孤单寂寞，找寻心灵寄托，或是为了一些利益和好处等出轨了。这对家庭和社会风气都有难以估计的负面影响。（访谈编码：14006WWL）

③教育功能缺失。包括父母教育子女和家庭成员之间相互教育两个方面，其中亲子教育在家庭教育中占有极为重要的地位。但是年轻的父母长期外出打工，留守的老人或妇女又缺乏必要的教育知识和经验，因此，农村人口空心化的一个重要后遗症就是隔代教育，留守儿童缺失父母的亲子教育，失去父母的行为引导和及时的帮扶关爱，容易变得不自信和性格孤僻。对于这一点，已有很多研究。我们的调查也证实了农村留守儿童教育缺失的问题比较严重。

案例 2-4：我的家乡在赣东北的一个小镇上，是一个农业城镇，其中

[①] 刘旦、陈翔、王鹤、李栋、徐静：《留守中国：中国农村留守儿童妇女老人调查》，广东人民出版社 2013 年版，第 93—97 页。

农业人口约占全镇人口的85%。青壮年劳动力严重流失,乡村未老先衰。以我们村为例,全村目前年龄在20—40岁的男人只有两个,一个是小学教师,另一个是包工头。除此之外都是留守儿童和留守老人。每次回家,原本是都市灯火辉煌之时,在这里漆黑一片,老人小孩早早睡去,没有生气。感触最深的是,农村的教育堪忧。在家是隔代教育,在学校是代课老师,监管和教育不足,小孩几乎处于失控的自然状态。小学我有40多位同学,到了初中剩下20位,到了高中只剩下6位,最后和我一样考上大学的只有2位。(访谈编码:14013GZR)

案例2-5:留守儿童疏于管教。初中是分水岭,跨过了就能上高中、考大学,跨不过的就只能打工挣钱,重复父母的命运。缺失父母的关爱和亲子互动,有些留守儿童的心理会变得扭曲。我的弟弟从小被奶奶带大,十多岁才和父母在一起,他和父母之间的隔阂巨大,性格怪僻,没有归属感。我的妹妹三岁离开父母,没有人关爱,现在性格孤僻,不会与人正常交流。而我自己,长期父母不在身边,由奶奶看管,让我一直有种寄人篱下的感觉,看人脸色行事,至今难以忘怀。(访谈编码:14006WWL)

对家庭成员之间,特别是代际的相互教育,还是比较欠缺。周晓虹教授最早对此展开研究,2015年出版专著《文化反哺:变迁社会中的代际革命》,认为青年一代对父母的文化反哺有助于弥合两代人之间的数字鸿沟。[①] 但从我们的实地调查情况看,经济文化落后的地区文化反哺的效果不太明显。文化的深层次因素是价值观、信念、习俗、生活方式等,年轻人的文化反哺很难改变老一代农民的思想底色。两代人之间,反而会因为年轻人在城市打工长期耳濡目染城市文化,思想代沟变得越来越难以弥合。

④抚养与赡养功能错位。抚养与赡养功能是指家庭代际关系中双向的义务与责任,上一代对下一代的抚育培养和下一代对上一代的供养帮助。这种功能是实现社会继替必不可少的保障。由于青壮年劳动力的流失,农村老年人的养老问题没有着落,不仅得不到儿女的赡养,还要代替他们承担抚养孙辈的责任。农业劳动的强度大,日常生活的压力也大。生病时没人照顾,孤单寂寞,晚年凄凉。而由祖父母隔代监护的留守儿童只能满足基本物质需要,多数处于一种无监管、少监管和弱监管的状态,处境极为

---

① 周晓虹:《文化反哺,父母向子女学什么》,《新华日报》2017年7月7日第12版。

不安全。2012年11月16日，贵州省毕节市海子街擦枪岩村5名小学生（其中4名为留守儿童）在街头垃圾箱内生火取暖中毒身亡的残酷事实，[①] 从一个侧面也反映了留守儿童存在严重的人身安全问题。

⑤感情交流功能流失。感情交流的密切程度是家庭生活幸福的基础。但是随着青壮年劳动力远离故乡打工，由于地理空间上的分离与阻隔，以及工作时间和工作压力的不确定性，家庭成员之间的日常互动和情感交流已经变得非常奢侈了。据调查，情况比较好的是家庭成员之间一周一次电话或视频聊天，情况差的是一个月一次电话，而最难以想象的是，有的年轻夫妻在外打工，一年半载也没有一个电话，更不用说按时给留守人口寄生活费。不满情绪累积和亲情的长期缺失，导致三代人都不同程度地陷入了情感极度匮乏的荒漠状态，实际上也不同程度地出现了一些情感扭曲现象，比如自卑封闭、暴力倾向、婚外情等。

案例2-6：我自小就是跟着哥哥长大，上了高中，我一年见一次家人。每逢放长假，例如国庆节，我一个人待在学校，除了学习还是学习。高一，每隔三天给家里人打一次电话。有时很孤独，却没有人陪伴。高二，我一个月甚至两个月打一次电话；高三，我习惯了；大学，没有家的概念了。同学问我，你从北方到南方，这么远，你想家吗？我自从高中开始就没有家的感觉。因为家中只有空房，只能成为记忆。我习惯所有的事都装在心里，不去告诉他人。外人永远不知道我在想什么。妈妈在大哥那里带孩子，爸爸在外打工。家依旧是一座废墟。每当过年，我就很难受。虽说不是孤儿，但是我和孤儿的经历是一样的。让我没有童年的陪伴，没有家的概念。我一直在追寻幸福在哪里？或许，永远不会有了，因为我没有了那个完整的家！故乡那里没有了家。因为我的出行，或许家就成了过去时。（访谈编码：11057ZJP）

案例2-7：父母的爱在一个孩子的成长中缺失了，这是很难弥补的，即使这个孩子以后成才了。孤独自卑和过早的成熟，留守经历纵使成为一笔财富，也是苦难。而且，就我来说，我埋怨父母，而且这种埋怨可能会很久很久。我会埋怨他们，在童年时两三年都不会回来看我一次；我会埋怨他们，我考试得了一百分都不会夸我一句；我会埋怨他们，在高考期间

---

① 本刊记者：《新型城镇化怎样打开困局？——专访中国人民大学教授彭真怀新型城镇化》，《小城镇建设》2013年第3期。

都不回来为我加油打气。我认为,如果小时候可以待在父母身边,那会是我最大的幸福。假设有一天我功成名就了,我愿意用所有的成就换我小时候能够待在父母身边,好好地感受父母的疼爱,让我知道我并不是被"抛弃"的。(访谈编码:14218ZD)

家庭结构断裂导致家庭功能缺失,让留守人口遭受了巨大的伤痛。同样,社会结构的断裂会导致社会功能的缺失,留守群体也面临更多的风险挑战。由于主要成员的缺位,农村社区的功能也在社会变迁过程产生了断裂。

第一,社会化功能不足。家庭、学校和同龄群体对儿童与青少年的社会化起主要作用。青少年儿童最主要的学习模仿对象是青年人,而不是老人和妇女,但由于社会主体的缺位,在成长过程中容易造成行为失范,模仿影视剧中的英雄人物通过打斗和暴力发泄自身的不满和实现社会地位的提升。学校教育很重要,但是再好的学校教育也无法弥补家庭和社会主要角色缺失造成的损失和伤害。这也是人口空心化背景下农村留守儿童误入歧途、迷失方向的重要原因。

案例2-8:对于留守孩子来说,没有父母的陪伴,孩子是孤独的;缺少父母的管教,孩子容易受到不良青年的蛊惑,走上歧路;缺少健壮成人的保护,孩子缺乏安全感,容易被欺负,在自卫心理的驱使下,孩子想融入"厉害"青年以求庇护,跟着闯荡"江湖"。当然,还有一部分留守孩子,提早学会独立生活,经历孤独,忍受孤独,让他们更加坚强,在社会中不惧怕失败,不畏等待,一切都习以为常。(访谈编码:11018LJF)

第二,社会控制功能弱化。社区通过组织机构、风俗习惯、传统、社会舆论等实行社会控制,维护社区秩序、保障社区安全。但是农村的青壮年的精英流失导致村级组织涣散,至少缺乏有生力量和活力;随着市场经济的洗礼,农村社会的原子化趋势明显;由于劳作之苦,村民之间的互动频率和密度稀疏,而缺少关键人物的村庄社会舆论对人的行为约束变得无足轻重。农村主体的缺失带来的是乡村伦理道德、人情面子及关系运行方面的变异。……舆论失灵,面子贬值,社会资本流失。[1] 由此导致农村空心化背景下的社会治安渐成问题。农村空置的住宅成为藏污纳垢之处,恃强凌弱的村霸和灰色势力对农村的渗透和控制,甚至出现了"恶人治村"

---

[1] 吴重庆:《无主体熟人社会及社会重建》,社会科学文献出版社2014年版,第180页。

之乱象。比如，2012年以前安徽临泉县白庙镇某自然村一个名叫戴庆成的地痞竟然强奸116人，抢劫91起，盗窃23起。[①] 正义和公正在有些村庄难以得到伸张。这也是党的十九大之后中央决定对基层开展"除恶扫黑"专项行动的重要原因之一。

第三，社会参与功能不强。从理论上讲，社区应该为居民提供政治、经济、教育、文化娱乐等方面的参与机会，使居民对社区有更多的投入和更强的认同感。但是，由于农村人口空心化，最具活力的人群不在场，社区公共活动的供需两方面都存在不足，只有"386199"部队的留守妇女、留守老人和留守儿童参与村庄公共活动。尽管有的研究认为，农村妇女可成功取代青壮年男性积极参与村级公共事务，[②] 但是我们的调查显示，这是少数现象，不具有普遍性。正如一个老农所说，"没有年轻人参与，什么活动都搞不起来，也没有实际效果和意义"。中西部地区很多农村社区参与功能无法正常发挥，处于空心化状态。

为应对以上留守问题的挑战，党的十九大报告提出，"健全农村留守儿童和妇女、老年人关爱服务体系"[③]。"加强对农村留守儿童、妇女和老年人以及残疾人、困境儿童的关爱服务。"[④] 作为一种过渡性的功能嵌入式的应对之策，经过几年的时间，留守问题得到了一定程度的缓解。

二 耕地抛荒问题

所谓耕地抛荒，是指原来已经耕种的土地荒芜、无人耕种的现象。如前所述，我国农民收入的主要来源已经不是农业，而是非农的工商业。在农民大量进城务工的同时，农村出现了较严重的耕地抛荒现象。[⑤] 因为这

---

① 刘旦、陈翔、王鹤、李栋、徐静：《留守中国：中国农村留守儿童妇女老人调查》，广东人民出版社2013年版，第98—103页。

② 李娟：《我国农村留守妇女参与村级治理研究》，博士学位论文，华中师范大学，2014年。

③ 习近平：《决胜全面建成小康社会 夺取新时代中国特色社会主义伟大胜利——在中国共产党第十九次全国代表大会上的报告（2017年10月18日）》，人民出版社2017年版，第47页。

④ 《中华人民共和国乡村振兴促进法》，法律出版社2021年版，第21页。

⑤ 戴攸峥：《农村耕地抛荒的多层治理》，《南昌大学学报》（人文社会科学版）2017年第4期。

会对国家的粮食安全构成威胁,所以引起了各方广泛关注。对耕地抛荒问题,人们从耕地贫瘠等自然因素,农业劳动收入低等经济因素,耕地产权不明晰、农地流转制度不健全等制度因素,以及文化心理因素等方面进行了剖析。

(一) 当前农村耕地抛荒的归因分析

"土地为财富之母,而劳动则为财富之父。"[1] 在一个农耕文明历史悠久的国度,土地一直被农民视为最珍贵的财富。但是,自从20世纪90年代中期开始,随着大量农民工进城,特别是进入21世纪以后,随着工业化和城镇化的不断推进,务工经商收入在农民收入中的比重不断增大,全国农民工的非农收入已经占到农民人均收入的50%。农民收入来源的变化,使一些农村干部和农民对土地的态度发生了变化,不再重视甚至放弃土地耕种,出现了耕地抛荒的现象。农村耕地抛荒,不仅浪费土地资源,而且会带来潜在的粮食安全问题。

由于地理位置、土地状况、农民外出就业等多种因素影响,各地耕地抛荒情况也不同,一般呈现出两个方面的特征。

第一,土壤贫瘠、灌溉条件较差、不便于机械耕作的坡耕地容易抛荒。在江西农村调查时发现,绝大多数村庄的中青年劳动力基本上都已外出打工。各村农民外出打工的状况基本相同,但耕地抛荒的情况却有明显区别。平原地区耕地没有抛荒现象,因为平原地区土地较为肥沃、灌溉条件好,基本可以做到旱涝保收,而且地势平坦,易于机耕,主要农田劳动都可以由机械代劳,平时的田间管理,可由留守家中的老人和妇女承担。尽管每亩耕地所获纯收入不多,但农民也不愿让其荒芜,毕竟留守劳动力在家闲着,不如干点农活好打发日子,同时又可增加一份收入,一举两得,即使承包户实在无力耕种,这种优质的耕地也较容易流转或租赁出去。相反,那些坡耕地土质差产量低,又不利于机械耕作,则容易被抛荒。比如,课题组调查的某市Q镇L村处于丘陵地区,全村约有2400亩耕地,大部分是坡耕地,不利于机耕,约1600亩被抛荒。农民解释说,靠人力耕种这些肥力差的土地,费时费力、产量低、经济效益差,不如到城里打工赚现钱来得干脆。

---

[1] [英]威廉·配第:《赋税论 献给英明人士 货币略论》,陈冬野等译,商务印书馆1963年版,第66页。

第二，交通不便的山区耕地抛荒严重。经过几十年的市场经济洗礼，农民也变成了经济理性人，追求收益最大化。农民工从自身的实践经历中体悟到，到城市务工经商与进行农业生产比较起来，虽然也很辛苦，干最脏、最累的活，但收入明显比较高；而且城市的繁华便利、较有规律的生活环境更具吸引力。对交通不便、经济封闭落后的山区青年农民来说，这种吸引力更为强烈。山区不仅农业生产条件恶劣，而且工业和第三产业发展由于信息不通、交通不便、基础设施差、资金和人才匮乏等因素的制约无法发展起来。为了脱贫、过上更好的生活，青年农民走出山区，进入城市去寻找收入更高的工作，致使相当一部分山区农村成了仅剩下少数老人留守的局面，这些老人无力耕作村中的土地，只能任其荒芜。

我国人地矛盾十分尖锐，为什么仍然存在着大量耕地抛荒？根本原因在于人均耕地少，家庭经营规模小，耕地劳动的机会成本大，缺乏操作性较强的统一耕地保护制度也是一个不可忽视的原因。

第一，农业劳动机会成本大，使部分农民放弃种养业，耕地抛荒。作为经济人的农户对耕地的态度，取决于从事农地耕作机会成本的大小。如果耕地劳动的机会成本小，即外出打工的收入少，他们就不会让耕地撂荒；反之，如果耕地劳动的机会成本大，即外出务工经商的收入高，他们就会放弃耕地劳作。[①] 从事农地耕作劳动的机会成本如何？我们从 L 村一个老农的访谈中获知，耕种一亩地的成本大概是 465 元，包括：机耕 90 元，收割 80 元，农药、化肥约 250 元，稻种约 35 元，这些是显性成本。一亩地单季产量约为 700 斤稻谷，根据 2016 年的售价，每百斤稻谷的收购价为 110—120 元，一亩地单季的毛收入约为 800 元，除去显性成本，自己育秧、移栽、施肥、喷药、灌水等劳动投入可获得约 350 元的报酬。一般情况下每亩地至少需投入 15 个工，如果碰到天旱，可能达到 25 个以上，每个工的劳动收入为 15—25 元。如果外出打工，掌握一定技术的农民工，一天的工钱收入多的是 300 元，少的也有 100 元左右；60—70 岁的老人和妇女进城从事栽花、浇水、扫地等杂活，一天也可以赚到 65—85 元。据这位老农估算，实际上单个的农业劳动收入大概只有非农务工

[①] 韩占兵：《农村人口空心化对农业生产影响效应的实证检验》，《统计与决策》2022 年第 19 期。

收入的1/5。显然，农业劳动的机会成本大，在城镇务工经商的收入明显高于农业劳动的收入，① 因此，农民宁愿让土地荒芜也不愿耕种。

第二，没有一个统一的、操作性较强的耕地保护制度，也是产生耕地抛荒的一个不可忽视的原因。为保证粮食安全，国家颁布了一系列保护耕地的法律法规，包括《土地管理法》及其实施条例、《基本农田保护条例》、《农村土地承包法》等，对我国耕地资源的保护起到了重要的作用。但也应当看到，体现在不同法律法规中所涉及的耕地保护内容，所强调的侧重点有所不同，有的内容还可能相互抵触，导致在实践中执行困难。例如，为了防止耕地荒芜，《土地管理法》规定，禁止任何单位和个人闲置、荒芜耕地。……承包经营耕地的单位或者个人连续二年弃耕抛荒的，原发包单位应当终止承包合同，收回发包的耕地。但是，《农村土地承包法》中，为了强调土地承包的稳定性，第26条规定，"承包期内，发包方不得收回承包地"，农民全家迁入小城镇落户的，在承包期内，也"应当按照承包方的意愿，保留其土地承包经营权或者允许其依法进行土地承包经营权流转"。由于我国第二轮承包的期限是30年，这就意味着在这期间原则上是不能变动承包权的。因此，当发现耕地抛荒时，如果将承包土地收回，将与《农村土地承包法》相违背；任其荒芜，则又与《土地管理法》相违背，管理者左右为难，不知如何是好，难以操作。

（二）当前农村土地抛荒治理面临的主要问题

在人口空心化背景下，农村主要采取土地流转、土地托管和代耕代种三种形式解决耕地抛荒问题，其中最主要的形式是土地经营权流转。②

所谓土地流转，是指土地经营权从拥有土地承包权的农户转到其他农户或经济组织中。我国农村的土地流转从20世纪80年代中期开始出现，"截至2015年年底，全国家庭承包耕地流转面积达到4.47亿亩"③，沿海发达地区土地流转面积占到了土地承包面积的50%，中、西部地区由于

---

① 邹德林、唐立兵、张平：《我国农村空心化的问题甄别及破解之策》，《农业经济》2022年第12期。

② 张丰翠、陈英、谢保鹏、裴婷婷：《农村空心化对农地流转及农地利用方式变化的影响》，《干旱区资源与环境》2019年第10期。

③ 农业农村部：《全国家庭承包耕地流转面积4.47亿亩》，https://www.tuliu.com/read-38558.html，2023年11月9日。

城市化发展较慢，二、三产业不够发达，截至 2016 年 6 月，全国承包耕地流转面积达到 4.6 亿亩，比例已超过 1/3。①

土地流转是通过多种途径实现，主要有：（1）转包和出租。从土地经营权发生变更的角度看，土地转包与土地出租没有本质的区别，无论是土地转包还是土地出租，都是土地经营权与承包权发生了分离，土地经营权的受让者一般都要向土地经营权的出让方缴纳一定的费用（转包费或租金）。但是，从土地经营权出让的主体看，土地转包与土地出租又有区别，土地转包的前提是土地已经被承包，因此，出让土地经营权的主体是土地承包农户；土地出租一般是集体经济组织中还没有被承包的土地，其经营权出让主体是农村集体经济组织。（2）转让。土地使用权转让是原有土地承包农户放弃土地承包经营权，将土地承包权和经营权同时转让给本集体经济组织内的其他农户，原承包农户与集体经济组织的承包关系终止，由承包经营权的承包方向集体经济组织履行土地承包合同的权利和义务；一般情况下，土地承包的承包方要向出让方支付一定的转让费。（3）土地入股。土地入股是在不改变土地所有权和承包权的前提下，将土地经营权量化为股权，入股合作社或产业化龙头企业，以股权参与合作社或龙头企业的分红。以土地入股建立股份合作社这种土地经营模式，自 21 世纪初在广东省南海区产生以来，已成为全国各地创新土地使用制度的重要途径，到 2016 年 5 月全国有 1560 万亩耕地入股到合作社，占股份合作面积的 57.4%。② 以上三种形式实现了农村部分土地经营权的有效流转，从而实现了抛荒土地的再利用，一定程度上也遏制和减缓了农村耕地抛荒的蔓延恶化趋势。

土地托管和代耕代种是通过农地经营权的部分生产环节或时段外包来缓解耕地抛荒问题的重要形式。从实践运作看，土地托管和代耕代种两者没有实质性区别，它们都是土地承包农户在保持经营权的前提下，将土地交由种粮大户、合作经济组织等耕种，土地收益归承包农户，但土地承包农户需向种粮大户和合作经济组织交纳一定佣金作为托管和代耕代种的报酬。土地托管和代耕代种有两种方式，一是全面托管，即委托方（农

---

① 农业农村部：《全国土地流转面积已占总承包地面积 1/3 左右》，https://www.tuliu.com/read-46231.html，2023 年 11 月 18 日。

② 农业农村部：《农业农村部关于鼓励农民以土地入股合作社问题回复摘要》，https://www.tuliu.com/read-34768.html，2023 年 11 月 18 日。

户）将耕、种、收、管、售等再生产过程的每个环节全部委托给受托方，收获后付给受托方报酬；二是部分托管，即农户将农业生产过程中某个时段或环节的劳务项目，如耕地、播种、施肥、灭虫、灌溉、收割等委托给托管方，托管方按劳务项目获得报酬。调查中发现，在农村空心化背景下，主要劳动力缺乏但又不想完全放弃农业收入的农户，部分托管比较普遍，特别是适宜机械耕作的土地，相当部分农民请农机户代耕代收。

土地流转、土地托管和代耕代种等土地抛荒治理形式对提高耕地利用率具有重要意义。但现实是，农村耕地抛荒问题仍然很严重，耕地抛荒的速度远大于其治理的速度，耕地抛荒治理仍面临不少制约。

第一，缺乏高素质的土地经营人才。农业生产是自然再生产和经济再生产的统一，经营好农业，既要掌握生物技术和动、植物的生长规律，又要懂农业管理和农业机械的运用。各地的自然条件不同，气候和土壤环境千差万别，应根据不同环境条件选择不同的作物种类；农产品的市场风险大，还要有敢于冒风险的魄力、善于决策的能力。实践证明，凡是经营得比较好的农业合作社、产业化龙头企业及种粮大户，一定具有较高素质的懂技术、会管理、善经营的人才；相反，那些经营得不好进而破产了的企业和种粮大户，多是由于经营不善或不懂农业技术所致。耕地抛荒的大量存在，与我国农村缺乏高素质的土地经营人才密切相关。所以，党的十九大对症下药提出，要"培养造就一支懂农业、爱农村、爱农民的'三农'工作队伍"[①]。

第二，在土地流转和托管活动中缺乏有效的中介组织制度。目前各地主要通过"土地流转网"向社会发布土地出让和需求信息，这对促进土地流转、减少耕地抛荒起到了一定的积极作用。但是，仅仅提供耕地供需的信息，并不意味着土地出让方与受让方的交易通道畅通。无论是种粮大户还是产业化的龙头企业等，为了方便耕作和规模效应，都希望租赁、托管的土地连片成块；但是，农户承包的土地，一般都是高度碎片化，地块分散、零碎。如果土地受让方分别与各位土地承包户签约，不仅交易成本巨大，而且无法达到他们对土地规模经营的要求；不仅如此，与大量农户单独签约，还可能产生由个别农户违约而形成的交易风险。目前农村缺少

---

① 习近平：《决胜全面建成小康社会　夺取新时代中国特色社会主义伟大胜利——在中国共产党第十九次全国代表大会上的报告（2017年10月18日）》，人民出版社2017年版，第32页。

土地交易的中介组织，既能满足土地受让方对土地连片的要求，又可减少交易费用和交易风险，更缺少土地流转的相关制度，从而导致潜在的新型农业经营主体望而却步。

第三，农村农业的基础设施落后。当前我国农业灌溉的基础设施基本上还是集体化时代留下来的水库和渠道，难以适应新时代农业现代化的需要。抛荒的耕地一般是相对贫瘠、灌溉条件差、不便于机械耕作的土地，特别是山区耕地抛荒比例更大。要提高这些土地的肥力，将其整治成旱涝保收、便于机械耕作的土地，需要巨大的资金投入。但农地整治、道路硬化、灌溉设施建设等投资大、回报率低、回收期限长。种粮大户、农业合作社及龙头企业等经济主体一般不愿在这些具有公共性的基础设施上投资。只有靠国家投入，但国家的盘子大，财力有限，不是一朝一夕就能解决的。因此，当前，农村基础设施落后也是导致耕地抛荒治理难题一时难以破解的重要原因之一。

三 村治主体缺位问题：以 W 村为例

农村空心化背景下精英流失对于村庄基层治理的负面影响已被学界所关注，并开展了一些较为深入的研究。[①] 本书课题组选择一个村民委员会的换届选举为切入点，通过个案研究透视农村空心化背景下主体缺失及其对基层治理的影响。

作为乡村自治的村委会选举，是中国特色的基层民主实践创新，其存在的价值及其面临的问题值得每一位"三农"研究者深入观察和探究。2015年4月26—30日，本书课题组一行7人到江西省抚州市崇仁县白路乡实地跟踪观察第九届村委会换届选举。[②] 乡政府领导热情介绍整个乡以及调查村的经济社会基本情况，之后，由挂点乡镇干部向村支书打招呼，再由一名村干部接我们进村，进入调查现场。我们重点调查其中的 W 村，住在村干部 HYB 家。HYB，男，59 岁，是村委会的老干部，负责治安等工作。HYB 为人豪爽而老到，当晚在饭桌上他介绍了整个村委经济、社会、治安以及本次选举的基本情况。该行政村的三个自然村很少看到

---

① 戈丽丽：《乡村精英流失对乡村治理的影响研究》，硕士学位论文，南昌大学，2012年。

② 本次调查也是肖唐镖教授科研团队多年的村委会选举的跟踪调查的一部分，按照学术惯例，对相关人员名字做了匿名处理。成果以论文《弱竞争性选举、权力结构固化与村治失效——以 W 村村委会换届选举为例》发表在《中国研究》2019年第1期。

20—40岁的青壮年人,他们基本上外出打工了。整个行政村绝大多数中青年人外出打工是不争的事实,是一个典型的农业型空心村。

在非结构性的访谈之中,课题组了解了当地的经济、政治与社会,以及此次选举的宣传和参与情况。

选举当天由乡政府的常务副乡长来主持,主场设在该村的村小学。乡政府来了7—8人,包括乡派出所2人,村原班子成员以及村选举监督委员会十余人。乡村干部组成若干小组,分工明确,有的人负责发选票,有的人端票箱,有的则负责监督,3—4人一组,走村串户,一家一家收选票。不少留守老人不识字,不知道如何填写选票,而是在乡村干部的指导下完成投票。票箱全部到位之后,由村委会选举委员会,即农民代表,在乡干部和村民的监督下唱票,名字和得票数都记录在一个大黑板上。候选人及其家属也在旁边监督。整个过程公开透明,统计结束,乡政府领导当场宣布选举结果。村委会原班人马,除1人因年龄过六十没有参选外,其他4人如愿继续留任,新进村委会的有1人。没有人提出异议,立即公榜。所有的选票封存,带回乡政府。

然而,之后我们偶遇的大多数村民表达了不满和失望。如此高调的村委会换届选举村民究竟为何不满?村委会选举作为基层民主建设主要内容之一,它与基层治理绩效的关系究竟如何?我们对精英流失背景下村级选举的弱竞争性进行了分析。村委会选举的重要功能之一就是通过合法的制度程序吸纳乡村精英进入村级组织从而实现农村基层有效治理,其中的关键环节是经济精英进入村委会转换为政治精英,从而实现治理能力的跃升,创新治理绩效。但实际情况是,不仅存在政治精英与经济精英合谋成为营利性经纪人的风险,而且存在城市化背景下精英主体缺失以及体制外精英进入村级组织的非正式的社会排斥,从而使得村级选举弱化及村级组织治理能力空心化。[①] W村是一个经济非常落后的行政村,村委会选举法实施多年,换届好几次,但班子主要成员没有变,整个村庄的面貌也没有发生明显变化。

(一) 相关概念的再解析

民主选举本身是一种竞争制度。既是竞选人之间的横向竞争,又是竞

---

① 尹利民、穆冬梅:《委托投票、半竞争性选举与基层弱民主化治理——以C县上付村六届(1999—2014年)村委会选举为例》,《南昌大学学报》(人文社会科学版)2015年第3期。

选人与选民之间的纵向竞争。后者实际上是一种交换竞争，以对选民的承诺和累积的信誉换取选票。而前者则是我们一般意义上的零和博弈，当选或落选，二者居其一。所以，竞争程度自然存在强弱之分。村委会成员职数是确定的，类似于有限的稀缺资源，争夺的候选人越多，竞选的竞争性就越强；反之，竞选的人越少，则竞争性越弱。所谓弱竞争性选举，不仅指候选人数少，而且候选人本身的竞争力也不强。换句话说，就是村庄真正的经济社会精英并没有积极参与竞选，或者参与选举的意愿不强。以至于只有一般的家族代表或具有社会关联的人参与竞选，从而导致竞选质量不高或竞争性弱化。竞争性选举是村委会永葆活力和生机的保障机制。但实际上，与发达地区农村村委会选举的强竞争性相比，落后的中西部农村，由于集体经济薄弱工资待遇低，缺乏吸引力而导致的村委会选举的竞争性一般都不强。而在中国工业化和城市化快速发展的大背景下，乡村的精英一般都已流向沿海或城镇务工经商，乡村精英流失加剧了村级民主选举的弱竞争性。从一般意义讲，落后的农村村级民主选举的积极性和竞争性都不高。

与此相关联的是村庄权力结构固化。权力结构有两个向度，一个是统治者与被统治者之间的关系形态，另一个是权力拥有者之间的关系形态。[1] 主要指权力者之间的互动方式和关系形态。所谓村庄权力结构固化，是指由于各种原因，村委会成员，特别是主要成员的变动或更替率很低。一般来说，一个村委会 10 年以上没有发生主要成员更替，或者职位更替只发生在成员之间，都可算是权力结构固化。一种情况是良性的固化状态，村级班子领导是村民公认的政治精英，无论怎样选举都无人可以替代。另一种情况是非良性的固化状态，即村级班子不作为、难作为，处于瘫痪半瘫痪状态。我们在此主要讨论第二种情况。用老百姓的话说，就是十几年都是几个老面孔，没有新人。由于村庄权力结构固化，人才缺乏流动，新的经济精英和潜在的政治精英通过正常的选举活动无法进入村委班子。创业者无法替代守业者，能人无法替代庸人，带领农民致富以及实现农村基层治理现代化就会成为一句空话。链接村委会选举与村治绩效的是村组织的治理能力。实现村治的各项目标，不仅需要组织制度保证，更需

---

[1] 易文彬、周云水：《村庄权力结构的变迁及发展趋势——基于一个赣中村庄的调查》，载《中国研究》第 19 期，社会科学文献出版社 2015 年版，第 100—109 页。

要人才保障。米歇尔斯有一个著名的"寡头政治铁律",意思是只要有组织存在,就一定会出现少数人占主导的统治地位。[①] 或许村庄权力结构固化本身也是组织政治演变不可避免的一种结果。

所谓村治,就是解决农村存在的各种问题,实现农村的进步和全面发展。村治是一个历久弥新的问题。村治失败,就是没有能力或有能力没有意愿解决农村存在的问题,使其各项事业陷入停滞不前的状态。村治的主体是村级组织及其村民,其次是相关的各级政府组织。村级组织虽不是正式的国家组织,但扮演重要的角色,是国家组织体系的末梢和落脚点,也是党和国家联系基层农民的桥梁与纽带。所以,村治在整个国家治理体系中处于基础性地位,关乎国家长治久安。换句话说,村治是整个国家治理的基础,其重要性不言而喻。村委会民主选举是村治的一项重要内容。村委会选举,不仅是要在农村进行中国特色民主政治实践尝试,更是为了实现农村的有效治理。村治失败,不仅背离了国家推动村委会选举的政治目标,也有悖于当地村民的利益。从国家与基层民众两个角度看,村治失败都是不可接受的。

基于以上概念推演,我们可以提出以下假设:村委会选举结果会对村治绩效产生直接的重要影响。分成两个相互连接的阶段:第一,如果村委会选举能够公平公正进行,就能选出较为理想的贤能之士;反之,就会劣币驱逐良币。第二,如果贤能之士能进入村委班子担任领导职务,就能提升村级组织的治理能力,带领大家发展村里的各项事业,实现村治目标。反之,庸人政治会导致村治失效、失败。当然其中的人性假设也很重要,即选出的贤能之士不会变成自私自利的腐败分子,而始终能以村民的集体利益为行动目标。而庸人无能难以成事,庸人无德会坏事,难以担当村治重任。

(二) W村委会换届选举:从弱竞争性选举到权力结构固化、老化和弱化

W村是C县B乡7个村委会之一,地理位置相对偏僻,位于县境东北角,距离乡政府所在地2—3里,距离县城约28里。2015年全村共540户,2900人(其中H家约占全村总人口的41.38%),其中男村民1500

[①] [美] 乔尔·M·卡伦、[美] 李·加思·维吉伦特:《社会学的意蕴》(第8版),张惠强译,中国人民大学出版社2011年版,第163页。

人，女村民1400人；党员42人，其中男党员41人，女党员1人；劳动力人口约1870人，其中在村内务农的约400人，外出劳动力约1470人（外出为别人打工的1270人，外出自己做买卖的200人），无外来劳动力；近五年返乡的打工者200人左右。经济比较落后，农作物以水稻为主，经济作物以果蔗、棉花、油菜为主。

W村虽然靠近乡镇，却是一个经济特别落后的行政村。原因有二：第一，整个行政村地处沙洲，雨季水涝，旱季干旱，农业储水浇灌困难，收入不稳定，长期种植甘蔗等经济作物；第二，没有任何村级集体经济组织，几乎是一个经济空壳村。一个靠农业生活，农业收入却极不稳定的村庄自然富裕不起来。集体化时代，村庄以种植甘蔗和棉花为主，国家统购，经济生活还不错。改革开放之后，县城的国有糖厂和棉花加工厂都倒闭了，再种植这些经济作物就没有人要了。水稻种植成为村民的主要选择。没有支柱产业，农业收入低，为了维持家计，妇女和老人留守农村，大多数青壮年农民离开村庄到城镇务工经商。从调查的情况看，农民工大部分是跨省流动，务工的进厂上班，务农的到上海、广西等地种菜，外地务农的人数居多。村庄真正发了财的是这些异地种菜的新一代菜农。H家的一个菜农建了一栋四层的小洋房，院子很大，听村民说耗资百万。部分冒险精神不大的农民选择跨县和跨乡流动，到本市本县的所在地的开发区工厂上班，或从事餐饮、理发、开小店等工作。当然，也有部分返乡农民工在本地创业和就业，但人数极少。

整个村委有一个医疗室，为农民提供日常医疗服务。但村委会没有自己的办公楼，平时开会一般就在某个村委会干部家，重大活动在村小学进行。村委会干部5人，50岁以下的只有1人，老年化程度严重。没有集体经济，没有办公楼，也没有新生力量注入，是一个典型的空壳村。究其原因：第一，本村地理资源条件差，发财致富的机会稀缺，留不住青壮年农民，导致精英流失；第二，村干部待遇低，工作繁重收入低，对农村的能人也没有吸引力；第三，宗族矛盾复杂，权力结构僵化。老百姓希望有所改变，选一个能为民办实事的坚强的新村委班子。但该乡政府主要领导说，该村的最大特点是宗族矛盾复杂，维稳是最主要的工作。二者不在一条思维轨道上。

W村属"两强一弱"型村庄结构，L家和H家人多势众，势均力敌；D家人数相对少、势力弱。L家与H家仅一水相隔，历史上因地界之争结下恩怨，谁也不服谁，长期以来 D 家就扮演了一个平衡手的角色，渔翁得利，主任和书记只能在 D 家产生，委员在 L 家和 H 家均衡分配，各两个名额。W 村班子几十年都是如此。因为农村空心化背景下精英流失，缺乏竞争对手，D 家的 DDS 从 1998 年开始就一直担任村党支部书记，并同时兼任村委会主任。也因为同样的原因，L 家吕某（民兵连长）和吴某（妇女主任）长期以来一直是村委员；只有 H 家的两名委员出现过更替，主要是年龄原因。这次换届选举的竞争主要在 H 家内部展开，有两名 H 家的候选人竞选一个因年龄退居二线的会计一职。两人各显神通，利用各种资源展开竞争。据说当选的人是通过某种关系搭上线的人。如大家所预料，村庄的权力结构固若金汤，只是换了一个新人。但新人不新，也已经 50 多岁了。新一届村委会成员，2 人 60 岁以上，余者皆为 50 岁以上。显然村委班子的老年化程度很严重。

村委会选举是中国基层民主的一个创举。但像 W 村，实际效果与预期目标还是存在较大差距。在我们的整个调查与观察过程中，村支书 DDS 留给我们的印象是为人老到、四平八稳、但没有什么魄力，其他村委干部，工作满足于上传下达。而想通过竞选加入村委会的一个返乡创业的候选人，稍微有一点创业精神，但又被无形的社会网排斥在外。快速城镇化背景下精英流失导致村委会选举的弱竞争性，参与村级竞选的政治精英少，而且意愿也不强，从而形成村庄权力结构的老化、固化和弱化的尴尬局面。W 村的权力结构固化和人员老化，各项事业停滞不前，是一个典型的空心村，落后局面几十年都没有改变。在我们调查的乡村中，像 W 村这样瘫痪半瘫痪的村庄还不少，空心化背景下基层治理亟待创新。[1]

总而言之，中华人民共和国成立 70 多年以来，我国的城市化，先是国家主导的重工业优先发展的城镇化，后是地方政府主导的地方工业化的城镇化，然后是以土地财政驱动的土地城镇化。著名的城镇化专家彭真怀教授概括了传统城镇化的十大重症，[2] 第一，制造了城镇化的数字泡沫，农民工实现了职业城镇化，但身份仍是农民；第二，放大了户籍壁垒的制度缺陷，户籍城镇化率比人口城镇化率低 15% 左右，人口城镇化而不能

---

[1] 庄文嘉、马铭：《乡村振兴战略下的农村空心化与村级公共项目投入——基于 2012—2016 年中国劳动力动态调查的村庄追访数据分析》，《中国公共政策评论》2020 年第 1 期；王晓敏：《农村空心背景下基层治理创新研究》，硕士学位论文，东南大学，2020 年。

[2] 彭真怀：《新型城镇化怎样打开困局》，《理论视野》2013 年第 5 期。

享受城市基本福利；第三，暗藏了土地财政的隐形风险，以地生财和房地产化导致地方财政金融风险；第四，侵蚀了耕地资源的保护红线，土地城镇化和土地财政引发地方征地冲动失控；第五，引发了攀比冒进的失控开发，到处是新城、新区和高新开发区；第六，催生了商业贿赂的高发多发，政商勾结侵害国家与农民的利益；第七，扭曲了干部考核的评价导向，以 GDP 经济增长为考核指标引发各地的投资热和开发热；第八，漠视了城市自身的弱势群体，特别是农民工群体的基本利益；第九，割裂了文化遗产的历史传承，特别是对承载深厚农耕文明的文化名村名镇保护不力；第十，恶化了生存发展的环境空间，快速的工业化和城镇化发展对生态环境造成极为严重的破坏。

2013 年 12 月，中央城镇化工作会议就推进新型城镇化明确了目标任务，强调要优化城镇化布局和形态，既要优化宏观布局，也要搞好城市微观空间治理；要提高城镇建设水平，实事求是确定城市定位，要体现尊重自然、顺应自然、天人合一的理念；要加强城镇化宏观管理，制定实施好国家新型城镇化规划，有关部门要加强重大政策统筹协调，各地区也要研究提出符合实际的推进城镇化发展意见。[①]

因此，新型城镇化背景下农村空心化治理的关键在于调整和重塑新型城乡关系，形成城乡互助、共生共荣、均衡协调发展的新格局。

---

① 《中央城镇化工作会议在北京举行》，《人民日报》2013 年 12 月 15 日第 1 版。

第三章　城乡关系视域下农村空心化治理的实践探索

新型城镇化是在吸取传统城镇化教训的基础上，结合新的发展形势和时代需要而提出的新战略。"新型城镇化承担着统筹城乡、实现城乡一体化的重大使命。"① 从历史来看，"乡村病"因快速城镇化而引发，也必将由新型城镇化来根治。② 因此，新型城镇化战略为当前我国农村空心化治理提供了前所未有的机遇。

第一节　新型城镇化建设为农村空心化治理创造新机遇

一　新型城镇化以人为核心，促进农业转移人口市民化

新型城镇化的核心是以人为本，实现农业转移人口城市化。第一，这符合世界城市化发展规律。"社会要从传统走向现代，必然会伴随着这样一个典型的现象——大量的农业人口将放弃乡村的生活方式而走向城市，开启新的工业生活方式。"③ 有人甚至预言，"到本世纪末，人类将成为一个完全生活在城市里的物种"④。随着中国进入工业化中后期发展新阶段，城市化加速发展，流动的时代、流动的社会，农业人口加速流动与迁移，

---

① 迟福林：《新型城镇化核心是人口城镇化》，《中国经济导报》2013年5月4日第A03版。
② 刘彦随：《新型城镇化应治"乡村病"》，《人民日报》2013年9月10日第5版。
③ ［英］彼得·华莱士·普雷斯顿：《发展理论导论》，李小云、齐顾波、徐秀丽译，社会科学文献出版社2011年版，第15页。
④ ［加］道格·桑德斯：《落脚城市：最后的人类大迁移与我们的未来》，陈信宏译，上海译文出版社2012年版，"自序"第1页。

实现城镇化，这是历史发展的必然趋势。顺应这个时代潮流，城市必须打破固有的管理体制，落实包容性发展理念，接纳农业转移人口，松开双手拥抱新生力量、吸收新鲜血液。第二，农民工长期在城市工作和生活，为工业化和城市化做出了巨大贡献，却被排斥在城市社会保障和福利体制之外，不仅对农民工来说有失公平，而且会累积大量的社会矛盾和风险。农民工对城市不满的积累对城市长期稳定构成威胁。第三，农民工从个体流动转为家庭整体迁移，有助于实现家庭生活的完整性，发挥家庭微观组织的正常的基本功能，解决部分留守群体的教育、情感、帮扶和养老等问题；同时也可以缓解农村人地关系失衡的局面，为土地空心化的整治和农业规模化经营提供机会与空间。所以说，新型城镇化建设积极推动城市管理体制改革，为实现农业转移人口城市化和农民工家庭迁移，解决部分留守家庭问题提供了良好机遇。据统计，我国农民工数量超2.97亿，[①] 按照每年城镇化率增长一个百分点的速度，每年需解决1000万左右农业转移人口市民化，大概需要25年的时间弥合常住人口城市化与户籍人口城镇化之间的差距。

二 新型城镇化不以牺牲农村为代价，促进城乡协调发展

新型城镇化实施以城带乡、以工促农的城乡互助政策，有助于推动新农村建设，解决农村发展空心化问题。

2005年以来的新农村建设，中央政府逐渐放弃"以农养政，以农养城"，从农村吸纳资源发展城市的政策，进入"以工促农、以城带乡"的城市反哺农村、工业反哺农业的城乡发展的新阶段。有人概括为"农民进城，资本下乡"，城乡统筹，协调发展。据统计，2012年中央政府的"三农"财政转移支付达到1.2万亿元，2013—2022年国家财政农林水事务支出从1.334955万亿元增加到2.248961万亿元，每年以10%左右的速度递增。[②]（见表3-1）新型城镇化，不仅不牺牲农村发展，反而谋求反哺，通过财政转移支付扶持农村发展。新型城镇化与新农村建设的内在逻辑与价值追求一致，谋求人民幸福和民族振兴，实现国家经济社会整体发展。城市反哺农村，新型城镇化建设有助于解决农村发展资源空心化问题。

---

① 董蓓：《2023年全国农民工总量超2.97亿人》，《光明日报》2024年5月1日第3版。
② 国家统计局官网，https://data.stats.gov.cn/easyquery.htm?cn=C01&zb=A080501&sj=2022，2023年11月9日。

表 3-1　　　　　　　　2013—2022 年国家财政农林水事务支出

指标	2022 年	2021 年	2020 年	2019 年	2018 年	2017 年	2016 年	2015 年	2014 年	2013 年
国家财政支出（亿元）	260609.17	245673.00	245679.03	238858.37	220904.13	203085.49	187755.21	175877.77	151785.56	140212.10
国家财政农林水事务支出（亿元）	22489.61	22034.50	23948.46	22862.80	21085.59	19088.99	18587.40	17380.49	14173.80	13349.55

党的十八大以来，以习近平同志为核心的党中央实施乡村振兴战略和脱贫攻坚战略，是在实现"两个一百年"奋斗目标和决胜全面建成小康社会的历史交汇期做出的重大部署，具有全局性和长期性，意义深远。新农村建设是在我国进入工业化中期和由穷变富的阶段，国家不再需要以农养政，反而具备了"以工促农和以城带乡"的条件下提出的，主要通过取消农业税和增加农村公共财政支出等形式支持"三农"发展，实现城乡协调发展。而乡村振兴战略则是我国进入"由富变强"和主要矛盾转化为"人民日益增长的美好生活需要和不平衡不充分的发展之间的矛盾"的新时代提出的重大布局和举措，贯彻落实习近平总书记提出的"以人民为中心的发展理念"，在维持原有的惠农强农政策基调上通过改革创新和城乡融合发展促进乡村振兴。应该说，"农村农业优先发展"的乡村振兴战略是新农村建设战略的升级版，有助于全面解决农村资源空心化问题。

三　新型城镇化是城市化与农村城镇化，助推农民就地城镇化

城市化（urbanization），不仅是城市人口不断增加，城市空间逐渐拓展，而且是城市的生产方式、生活方式以及城市文化的不断普及，影响到了包括农村、山村、渔村等各类乡村在内的整个社会。城镇化包含两层相互关联的过程与含义，但是我们常常关注农业转移人口向城市集中的人口城镇化过程，而忽视城市文明普及率，即忽视城市生产生活方式在农村的普及的农村城镇化过程。对于一个具有 14 亿人口的国家而言，在相当长的一个时期内，全部人口聚集在城市似乎不太现实。从一定意义上说，农民可以城镇化，农村也可以城镇化，农民可就地就近城镇化，这就为农村空心化治理提供了新思路。不仅可依靠现有的城市实现城市化，也可以发展农村城镇化从而解决农民城市化问题。

与发达国家城市化和现代化的时代环境不同,中国当下的新型城镇化完全可以超越传统城市化固有的发展模式与阶段,借鉴发达资本主义国家城市化的经验,直接进入逆城市化阶段,城市化、郊区化与逆城市化同步推进,在实现农业转移人口的农民城镇化的同时,积极推动逆城市化的农村城镇化战略。温铁军认为,"只有认识到中国的发展特点与态势和西方的根本不同,才能谈城市化问题和中国未来的发展问题。在这种情况下,实际上新农村建设的主战场不在农村,而在城市。工业化、城市化和新农村建设不是非此即彼的东西,不能割裂开来。加速城市化进程与发展现代农业、建设新农村是一个问题的两个侧面,而且我们最终应该形成城乡良性互动的城乡经济社会一体化格局"[①]。

农村城镇化的过程就是农民就地和就近城镇化过程。从城乡连续体的空间物理形态上看,农村城镇化,不仅包括县城、集镇和乡镇所在地的城镇化建设,也包括新型农村社区、中心村的建设。从文化或生活方式等潜在形式来看,是指农民的身份、居所甚至职业没有变化,但传统的农业生活方式被现代的城市工业生活方式所取代。无论哪种形式,都有助于留住农村的人、财、物等资源,解决农村发展面临的资源空心化困境。

四 新型城镇化是大中小城市与小城镇协调发展,助推农民城市化

新型城镇化建设坚持大中小城市与小城镇协调发展。片面追求传统的大城市化,甚至中等城市化,人口大量涌入城市,不仅会造成城市的就业压力,而且会造成城市的基础设施和公共服务供给短缺和紧张,出现所谓的"城市病"。而农村青壮年盲目流向大城市、中等城市,常常是进城就失业,生活缺乏保障,处于一种彷徨无助的游离状态,对于农村是人才流失,对于城市则是就业、交通和社会治安等压力。

所以,要解决这些问题,必须统筹城乡,做好城市的布局与城乡规划,合理控制大城市的过度扩张,适度发展有潜力的中等城市,大力发展小城市和乡村城镇,实现产城融合,以产业为支撑解决农民的就地、就近就业和城镇化。着力发展县城、集镇、乡镇所在地、中心村等新型城镇化

---

① 温铁军等:《八次危机:中国的真实经验 1949—2009》,东方出版社 2013 年版,第 276—277 页。

形式，有助于农民就近城镇化，保证家庭生活的完整性，解决农村人口空心化问题，实现城市与乡村的和谐发展。

第二节　新型城镇化背景下农村空心化治理的主要模式

按照费孝通的说法，所谓模式，是指"在一定地区，一定历史条件下，具有特色的经济发展的路子"[①]。从广义上讲，每一个村庄、每一个乡镇、每一个县、每一个市都有自己地方特色的空心村治理实践，都有自己的发展模式。但是，我们这里所讲的模式是指具有普遍性和典型性的发展路子。刘彦随从土地整治角度归纳概括空心村治理的城镇化引领型、中心村整合型和村内集约型三种主导模式，[②] 张正河从城市化发展的角度提出类似的农村空心化治理模式：城镇化、中心村建设、村庄兼并和生态移民四种模式。[③] 但是，我们认为，中心村整合型与村内集约型的内涵存在某种重叠，而中心村建设与村庄兼并也存在一些交叉。从新型城镇化的角度，或者从城乡关系角度看，农村空心化治理模式主要有城镇化模式、新村建设模式和城乡统筹模式。其中，不同的模式之中也存在若干层次的亚模式。因此，从理论上归纳分析这些模式的特点和不足，对于进一步做好新型城镇化建设、治理农村空心化问题、实现城乡协调发展极为重要。

一　城镇化模式

刘彦随所述的城镇化引领模式着眼于土地整治规划，适用于城镇郊区。将村庄的居民点纳入城乡建设体系进行统一规划布局。其实就是产业、人口和土地等资源向城镇实行"三集中"，城镇"化掉"农村。但是从社会学角度看，城镇化不仅包括郊区城镇化、城中村改造、新区和经济开发区、小城镇等形式，也包括人口的就地城镇化和异地城镇化，核心是以城镇化为目标，实现农民市民化。包括两层含义：

[①] 费孝通：《中国城乡发展的道路——我一生的研究课题》，《中国社会科学》1993年第1期。

[②] 刘彦随、龙花楼、陈玉福、王介勇等：《中国乡村发展研究报告——农村空心化及其整治策略》，科学出版社2011年版，第126页。

[③] 张正河：《准城市化下"空心村"解决思路》，《中国土地》2009年第8期。

第一层含义是指随着城镇化发展，城镇规模的扩大和数量的增加，地理意义上的农村空间变成了城镇空间，农村人口转为城市市民。村改居，行政村直接改名为居委会，在行政村建设社区服务中心，以服务半径确定居委会所属的自然村和村民的地理范围。这种城镇化模式的直接效果是把村庄变成繁华的城镇，变成各种工业园、开发区和城市新型社区。它的动力在于城市中心的扩张，从而使得农村与农民同时被城镇化。但是，土地城镇化和身份城镇化，如果职业没有随之城镇化，则会产生大量的失地农民。

第二层含义是指人口城镇化，不管是本地城镇化还是异地城镇化，都是严格意义上的完全城镇化，即职业和身份的双重城镇化，而不是那种在城镇就业和生活却无法享受城镇社会保障和福利的"准城镇化""半城镇化"。身体、身份与生活的分离，或者说职业、身份与生活的割裂，[①] 是一种畸形的"伪城镇化"。

但城镇化模式也面临三个层面的挑战。第一个层面是来自宏观环境的制约。在低成本工业化和高成本城镇化的双重约束下，农村劳动力流动呈现出"候鸟"式转移模式，农民工身份转换滞后于职业转换，农民家庭迁移滞后于农村劳动力转移。[②] 如果没有外力的帮助，农业转移人口很难真正实现城镇化。第二个层面是来自中观层面的制约。也就是地方基层政府是否有能力和意愿帮助农民工实现家庭的整体迁移。这包括改革户籍制度，实现城镇人口公共服务全覆盖，为农民工家庭提供教育、医疗卫生、住房、社会保险等社会保障，解决农民工家庭的基本所需。第三个层面是来自农民工自身个体层面的挑战。多数调查显示，农民工自身融入城市存在很大的经济、思维、习惯等障碍，更何况要担负引领整个家庭成员融入城市的重任。大多数农民工不仅收入低，而且收入不稳定，工作时间没有规律等，这也为农民工实现家庭迁移和城镇化带来了极大的挑战。

除了本地城镇化和异地城镇化之外，还有一种就地就近城镇化的小城镇模式。选择一个具有发展基础和潜力的中心镇建设为该地的经济、文化和服务中心，通过辐射和聚集功能激活农村发展活力。经济较为殷实的农民还可以在中心村镇购买商品房或自建房，以非农就业为主，但有些人还

---

① 邓大才：《新型农村城镇化的发展类型与发展趋势》，《中州学刊》2013年第2期。
② "城镇化进程中农村劳动力转移问题研究"课题组、张红宇：《城镇化进程中农村劳动力转移：战略抉择和政策思路》，《中国农村经济》2011年第6期。

保留了农业种养习惯。"如何通过产业聚集、人口聚集、资源聚集据点式发展引导农民就近城镇化,既是中国多元城镇化发展战略体系的重要组成部分,也是我国全面建设小康社会的内在要求。"① 通过中心镇的经济聚集、基础设施和公共服务配套完善,可为当地农民提供一个就地城镇化的机会结构。农民家庭可以就地实现务农与务工的分工合作,保持家庭生活的完整性,部分先富裕起来的农民在小城镇就业安家,就近实现了城镇化目标。人口无须流动和迁移就地实现职业、身份和生活方式的城镇化,即农业就地产业化,农民就地职业化,农村就地城镇化和户籍就近市民化。② 这是一种比较理想的模式,也是费孝通先生20世纪90年代极力推崇的小城镇化模式。③ 但近30年来,由于与大中城市相比,其规模效应和范围效应不足,吸引力不够大,并没有得到理想的发展。

二 新农村建设模式

从社会学和城乡关系角度看,人们所提出的新农村建设模式,立足于综合性解决农村空心化问题,是一种农村本位的治理路径,通过农村自身的发展解决空心化问题。中国传统的乡村建设派,基于农村自救,通过恢复重建农村的政治、经济、社会、文化等,解决自身面临的资源空心化的发展困境,按照生产发展、生活富裕、村风文明、村容整洁、治理有效的要求建设新型农村。比如陈家喜、刘王裔主张通过农村社区建设填充空心村,全面恢复农村经济社会的生机,④ 林孟清提出的"推动乡村建设运动治理农村空心化"⑤。

新农村建设模式的核心要义是,立足农村,在尊重和保护农村基本价值的前提下,通过注入现代技术和管理因素,振兴农村,提升农民生活质量。包括以下几种模式:

---

① 田鹏:《就地城镇化动力机制研究:兼论小城镇战略的当代转向》,《河南大学学报》(社会科学版) 2017年第1期。
② 程必定:《中国的两类"三农"问题及新农村建设的一种思路》,《中国农村经济》2011年第8期。
③ 费孝通:《论中国小城镇的发展》,《中国农村经济》1996年第3期。
④ 陈家喜、刘王裔:《我国农村空心化的生成形态与治理路径》,《中州学刊》2012年第5期。
⑤ 林孟清:《推动乡村建设运动:治理农村空心化的正确选择》,《中国特色社会主义研究》2010年第5期。

第一种是一社多村的中心服务模式。比如山东诸城市，全部农村实行村改社，建立社区服务中心和服务网络，辐射全村各个村社，让农民得到便捷的公共服务。据报道，2014年张家界市永定区21个乡镇全部实现了集中供水，解决饮水安全人数35852人；农村公路建设投入6482万元，新增通车里程50公里，新建农村客运站12个，招呼站45个；投入400多万元进行农村垃圾整治，新增垃圾清运车12辆，垃圾无害处理点13处、垃圾池1031个等。① 这种通过村社服务中心建设解决农村空心化问题存在两方面挑战，一方面是忽视城乡中国转型大背景下村庄的流动性特质，青壮年农民进城务工经商，农村主体流失；另一方面由于缺乏政策引导，新农村往往成为人去楼空的新"空巢村"。这些化解和减少留守人口群体日常生产生活困难的过渡性措施，难有长期的有效性。

第二种是拆村并居的新型社区模式。这种模式类似于中心村镇模式，对现有的村落进行重新规划，建设类似城市社区的新型农村社区，立足于解决地理学意义上的聚落空心化问题。由于按照城市模式建设农村，而且其动力是为了获得土地征用指标。有人批评，这是一种基于土地财政、城市化盲目崇拜、政绩工程和权力失控等多重原因造成的"灭村运动"。② 脱离农业生产和农民生活的实际，逼农民上楼的"被动城镇化"会有很严重的社会后果。"撤村并居"的"灭村造城运动"是一种僵化的城乡二元观。③ 波兰尼说："一般而言，进步是必须以社会变动为代价来换取的。如果变动的速度太快，社会就会在变动的过程中瓦解。"④ 第一代农民工的乡土情结很重，我们要留足时间和空间，让他们自愿选择去留。若干年后，新生代农民对村落缺乏情感与记忆，拆村并居和农地整治规划就比较容易实现。拆村并居是一个城乡社会转型的演化过程，需要政府引导而不是主导，绝不能用城市模式复制农村，消灭农村。所以，2013年12月中央城镇工作会议指出："在促进城乡一体化发展中，要注意保

---

① 田育才：《永定区走出治理农村"空心化"新路子》，《张家界日报》2015年11月4日第1版。
② 刘奇：《"灭村运动"是精英层的一厢情愿》，《中国发展观察》2011年第1期。
③ 马光川、林聚任：《新型城镇化背景下合村并居的困境与未来》，《学习与探索》2013年第10期。
④ [英]卡尔·波兰尼：《巨变——当代政治与经济的起源》，黄树民译，社会科学文献出版社2013年版，第156页。

留村庄原始风貌,慎砍树、不填湖、少拆房,尽可能在原有村庄形态上改善居民生活条件。"[1] 不能盲目拆村并居,对农村和农民进行大面积的无谓折腾。很多地方在落实新农村建设政策过程中,常常陷入照搬照抄城市管理理念和方法来治理农村之窠臼,忽视了农村本身存在的独特价值和特质,忽视了农民的实际需求。

第三种是生态山庄模式。以改善山民生存环境和提升山民福利为目标对山区村庄实施整体性改造,发展生态经济,实现人与自然的和谐共生。其基本内容是在经济和环境协调发展方针指导下,运用生态学和经济学原理以及系统工程方法,因地制宜,谋求经济、生态、社会三大效益的统一,着眼于环境的保护与农产品质量的提高,维持和保护资源环境的可持续性。微型的生态化模式,以一家或几家农户为单位,利用农业资料和自然资源实现人与环境的和谐共生。比如沼气农业,变废为宝,沼气可以解决农民照明和燃料问题,余渣可以肥田育树。微型的生态化模式不仅特别适用于偏远地区的新农村建设,也具有普遍的推广价值。生态农业既可以保留农村传统文化和民风,又可以谋求经济发展和环境保护,因此可以发展生态旅游和休闲观光业,满足城市人"到农村去度假"和"到乡下去呼吸一点新鲜空气"的需求。

第四种是古村落的复兴模式。这些古村落因为具有生态和文明传承的功能成为乡村旅游观光的胜地而复兴起来。比如,江西赣州的白鹭古村,完整保留了客家建筑的历史风貌,江西吉安的钓源村则汇集了中国南方古代民间建筑的基本类型,浓缩了中国古村建筑的艺术风韵,等等,中国五千年农耕文明史,有很多独具特色的生态名村和文化名村可以开发利用,成为一道道亮丽的风景线,在后乡土社会成为城市人追逐的旅游景点,有效地激活了古村落的文化、生态和经济价值。法国社会学家孟德拉斯1964年提出"农民终结"的命题,但20年之后写的"跋",他又提到乡村复兴的问题。复兴的原因是青年农民在家附近能够就业。[2] 如果农民能在乡村发掘传统文化的经济价值,发展农业观光、休闲和体验式旅游,前景可期。

第五种是移民新村模式。对于偏僻的山村、渔村、林村,交通极为不便,城市文明一时鞭长莫及。如果这部分农民不愿离开故土移居到城市或

---

[1] 《中央城镇化工作会议在北京举行》,《人民日报》2013年12月15日第1版。
[2] [法] H. 孟德拉斯:《农民的终结》,李培林译,社会科学文献出版社2010年版,第215页。

小城镇，又不能弃之不顾，就只能采取福利主义方式进行生态移民，建设新型农村社区。一种是在地化，就近移民建新村。一般由政府出面就近就便选一地块，把周围的山民和渔民全部搬迁过来，集中建设一个新村镇。比如，浙江武义县将近400个山区村落整体搬迁到平原乡镇，并将农村剩余劳动力经过培训转入工商业，实现了跨越式发展。[1] 可以肯定，随着经济的发展和社会的进步，城市文明的吸引，山区林区新生代农民观念的改变，这部分农民最终还是会融入城镇社会。因此，这种生态移民建设模式是过渡性的，是地缘经济的一种替代选择。另一种是异地移民模式。在国家民政部门的统一部署和安排下，移民在远离祖籍的其他乡村地区建设新型社区，异地搬迁安家。这里又存在两种情况，一种情况是山民、牧民或渔民的整个村庄整体搬迁异地建新村，村中的全部或大多数人仍然生活在一个共同的社区，地缘关系和血缘关系仍然是维持村庄的基本纽带；另一种是居民散落在全国各个安置点，融入新的社区。不管哪种情况，都有助于改变农民原有的恶劣的生存环境和落后面貌，改善和提升他们的生活质量。

第六种是大村庄制模式。以一个经济实力较强的大村庄为基础，把周边经济落后的小村庄并入其中，组织兼并和土地兼并同时进行，形成一个新的大村庄，从而帮助弱小的村庄解决其发展问题。最著名的案例是江苏省江阴市华西村、河南省临颍县南街村、山西省昔阳县大寨村、天津的大邱庄等，随着自身经济发展壮大，需要周边村庄的土地和人力等资源做补充。这也是一种双赢的发展模式。

村社本位的新农村建设是对我国现代化的一种矫正，虽然有其合理性，但正如我们实地调查结果显示，城市化的过程中，不同区位的村庄的前途和命运是不同的。[2] 有的会复苏复兴，有的会消亡，有的会再生。我们必须对村落空心化现象进行分类治理，而不能浪费资源建设若干新的空心村。[3] 在这方面，山东做了很好的尝试和探索。《山东省农村新型社区和新农村发展规划（2014—2030年）》[4] 将农村新型社区划分为城镇聚

---

[1] 曹锦清：《如何研究中国》，上海人民出版社2010年版，第94页。
[2] 田毅鹏、韩丹：《城市化与"村落终结"》，《吉林大学社会科学学报》2011年第2期。
[3] 易文彬：《村落城镇化的类型及其发展趋势》，《江西社会科学》2017年第6期。
[4] 山东省住建厅、民政厅、城乡规划设计研究院：《山东省农村新型社区和新农村发展规划（2014—2030年）》，http://www.soutudi.so/newsshow.aspx? newsid = 9772&c_id = 62，2023年11月18日。

合型、村庄聚集型两类。城镇聚合型社区是指由几个村庄合并集中建设，在规划城镇建设用地范围内，并逐步纳入城镇管理的农村新型社区。按照所处位置不同，分为城市聚合型和小城镇聚合型两种类型。村庄聚集型社区是指由多个村庄合并新建，或单个较大村庄通过改造，形成具有一定规模、集中居住、设施完善的农村新型社区。按照改造动力和空间组织的不同，分为村企联建型、强村带动型、多村合并型、搬迁安置型和村庄直改型五种类型。显然，城镇聚合型社区建设属于城镇化模式，而村庄聚集型社区也是在农村复制城镇化模式，是一种隐性的城镇化模式。该规划体现了因地制宜和分类治理的客观要求。

三 城乡统筹模式

所谓城乡统筹模式，就是将城市与乡村作为一个整体统一规划、统一建设，发挥城乡两个积极性和各自的优势，实现城乡协调发展。城乡统筹模式的核心要义是，城乡一体和城乡协调发展。最著名的理论是霍华德的"田园城市"和赖特的"区域统一体"理论，城市与乡村融合发展为一个有机整体。最典型的案例是作为国家统筹城乡综合配套改革试验区的先驱——成都和重庆。但仅仅是"人口向城镇集中、产业向园区集中、土地向规模化集中"的"三集中"城乡统筹模式本质上也是一种城镇化模式。因为在城乡统筹的过程中城市遮蔽了农村价值，或者说，城市消融了农村。

典型的城乡统筹模式，一方面，加快工业化、城镇化步伐，改革以户籍制度为基础的城乡二元社会体制，打破教育、医疗卫生、就业、住房等方面的城乡二元公共服务和福利的制度壁垒，创造条件为有稳定就业和居所的农业转移人口实现城镇化与市民化；另一方面，以乡村振兴为总抓手，打好"脱贫攻坚战"，以工促农、以城带乡，工农互助，振兴乡村，建设"产业兴旺、生态宜居、乡风文明、治理有效、生活富裕"的社会主义新农村。其核心是构建城乡一体化发展体制机制，实现城乡产业、空间、组织的融合发展。换句话说，城乡统筹模式的标准是工农互助、城乡融合。这种模式主要存在于区域经济较为发达的地区，比如苏南的江阴、无锡等，城市经济实力雄厚，辐射和带动能力强，农村经济发达，城乡经济、社会、文化等实现了一体化发展。

第三节 新型城镇化背景下农村空心化治理案例分析

以上模式是对各地实践经验的理论抽象。每一种模式都有其存在的合理性和局限性。为了进一步分析各种模式的优劣,我们从实地调查中选择最具代表性的案例进行简要评析。

一 城镇化模式之案例分析

(一) 村改居案例

城郊农村的"村改居"是最典型的城镇化模式。以江西省吉安市杨家坊为例,整个行政村处于吉安市南郊,之前是一个以农业为主的村庄,在新一轮城镇化扩张过程中全部被征地拆迁。行政村改为居委会,原散居在各个村落的2000多位农民相对集中地居住在几个相邻的农民公寓之中。农民转变为市民。绝大部分农民靠征地补偿费过日子,部分青壮年在城市打零工,做搬运工、建筑工、清洁工、修理工、服务员等,赚取非农业收入以补贴家用。村委会改为居委会,村干部的主要职责没有太大的变化,主要是治安和便农服务等。村民的红白喜事还是按传统习俗,一家有事,大家帮忙。只不过大家吃饭聚会的地方,不再是祠堂,而是酒家宾馆。农民虽然身份和居住环境城镇化了,但还保持传统农村生活方式、生活习惯、习俗和礼仪,仍然处于一个熟人社会之中。

身份城镇化和职业城镇化较为容易,而思想观念和生活方式的城镇化还需要很长一段过程。从物理层面讲,杨家坊已经城镇化,但是价值观和生活方式等精神层面并没有实现城镇化。秦晖和苏文指出:"中国文化实质就是农民文化,我国的现代化进程归根到底是一个农民社会改造过程,这个过程不仅是变农业人口为城市人口,更重要的是改造农民文化、农民心态与农民人格。"[1] 这可能需要一个较长的教化过程。对于一个农村人口大国来说,城市在扩张过程中应该谨慎,遵循国情,遵循城乡转型规律,顾忌农民城镇化之后的基本生计。社会变迁的速度一定要考虑社会承

---

[1] 秦晖、苏文:《田园诗与狂想曲——关中模式与前近代社会的再认识》,中央编译出版社1996年版,第2页。

受度的限制。

从调查访谈中我们得知,这些进城农民有不少顾虑:第一,收入难以保障。手头上的征地补偿款吃不了几年,吃完了怎么办?年轻人可以打零工,但对于中老年农民来说,城市的就业机会并不多,没有收入,以后的日子怎么过?养老金要等到60岁以后才能领。第二,城市生活压力很大。在城市过日子,什么都要花钱,在农村不用花钱的水和蔬菜在城市都要花钱,更不要说小孩上学补课、生个病什么的。第三,忧心孩子前途。多数农民的小孩不会读书,成绩好的不多,考不上大学,将来没有田种,也没有工作,怎么成家立业?整个家庭对未来非常迷茫和焦虑。第四,火葬是工业文明的产物,但上了年纪的农民很难接受。而对于50岁左右及以下农民则没有这种顾虑和担忧。第五,人心再也没有以前齐了。也许受城市文化影响,也许是各家的经济实力不一样,也许是各自的工作太忙,关键时候,邻里之间的帮扶会打折扣,常有人找借口推脱。第六,人与人之间疏离感和冷淡渐渐增多。过去串门很方便,几乎家家都有院子,不用进门,站在院子门前就能聊上个半天。现在的三居室、四居室,不但地方小,而且都是封闭式的空间,串门很不方便,村民只有在路上碰到聊几句,人与人之间渐渐生疏。对于老一代农民,既难以习惯城市生活,又不能回到过去熟悉的乡村生活,非常焦虑。对于新生代农民,他们年轻、适应能力强,没有这方面的困惑。

就业是最基本的民生。解决村改居农民进城的就业问题应该成为当地政府推进城镇化的首要任务。城乡是休戚相关的利益共同体。"乡村的命运主要取决于国家如何经营大城市,以及为这些城市移民人口提供什么样的权利与资源。"[1] 不能为城市化而城市化,城市应该做好接纳几亿农民进城生活和工作的准备。

(二) 中心镇建设案例

江西省新余市以中心城镇建设为突破口,以产业与城镇融合为主抓手,推进项目建设与产业发展,加快体制机制改革,推进农村环境综合整治,新型城镇化和城乡一体化领跑全省。2001年以来,政府采取低廉地租等优惠政策招商引资,园区现有各类企业348家,形成了光伏新能源、

---

[1] [加] 道格·桑德斯:《落脚城市:最后的人类大迁移与我们的未来》,陈信宏译,上海译文出版社2012年版,第125页。

新材料、机械电子、纺织服饰、医药食品等六大支柱产业。① 这很好地吸纳了周围农村的剩余劳动力。甚至一些年轻人在读完大学之后也选择回家创业就业，成为企业管理人员、技术人员等；而年龄较大的人也没有闲着，他们会选择到大棚、枣园干一些农活。

到2020年年底为止，该市城郊农村的农民接近三分之一的家庭搬到镇上或者市里居住，他们有的改成城市户口，有的依旧保留着农村户口；而剩下的三分之二的家庭也很少单纯以种地为生，多数家庭种一点供自己吃的稻子和蔬菜。剩下的田地给外来的人承包。虽然很少有人以种地为生，但也很少有人去外地打工，因为附近有一个高新技术开发园区和产业区可以解决就业问题。

这种立足于解决农民就业的渐进式的中心城镇模式，符合农民的实际需求，既解决农民进城之后的生计问题，又为农民进城积累资本留足过渡的时间。

二　新农村建设模式之案例分析

（一）空心村填充案例

新农村建设模式的典型形式是填充和改造空心村。罗家坊是江西省吉安市吉州区的新农村建设试点村。该村距吉安市城区30里，500多人，85%的农户在原村庄外围建了新房。原来的老房子80%以上被废弃或空置，少数老人仍居住在10%左右的旧房中。因为年轻人外出打工，新房子也有一半左右是空置的"新空心房"。虽然这个村是新农村建设试点村，但是除了物理层面的道路硬化、自来水、有线电视和网络进村外，废弃的老房子周围象征性地种了一些树和蔬菜。道路两边摆了几个垃圾箱，一周一次进行道路清扫。厕所革命的效果比较明显，一家一个茅坑的现象得到了改变，几乎每家都改成冲水马桶。村庄的人居环境改善了，外面看是新村，但外扩内空，外新内旧，村庄外围是洋房楼房，村中心却残垣断壁，只不过是穿上一件"新农村"外衣而已。每逢过年过节，青年人回家团圆，村庄才会恢复和聚聚人气。

---

① 《新余市政府工作报告——2021年2月21日在新余市第九届人民代表大会第七次会议上》，http：//www.xinyu.gov.cn/xinyu/zfgzbg/2021-03/09/content_65de9b3ae08f4aabb824fbeca91b-39b6.shtml，2023年12月21日。

(二) 空心村产业振兴案例

通过发展特色产业振兴农村，也是新农村建设一条比较成功的路子。江西省高安市上湖乡，一是大做蔬菜文章，全乡耕地面积约 3.2 万亩，蔬菜种植达到 2 万亩，无公害蔬菜大棚辣椒种植面积 1.5 万亩以上，建设"蔬菜之乡"，是国家级无公害蔬菜基地。辣椒、大头菜、萝卜、大蒜等国家无公害产品，常年销往广东、浙江、湖南、山东等省份，部分产品还远销美国、俄罗斯、日本、韩国等国家。全乡农民来自蔬菜的年收入达到 3000 元以上。二是"工业兴乡"，以江西摩纳凯机械有限公司、瑞明纸业、鸿泰光缆塑料公司、恒盛皮业等为龙头的企业群，大小企业近 20 家，年创利税 300 万元，解决农民就业和增收问题。三是"文化活乡"，长期以来，上湖乡的农民采茶剧团一直活跃在城乡之间，具有浓厚的地方特色，经久不衰，深受农民喜爱。

每一个村庄的特质不一样，其发展路径就不同。[①] 通过开发利用自身的优势资源发展特色产业，振兴乡村，各地成功的例子还不少。但每一个地方的历史、文化、资源等禀赋不一样，其存在不可复制性。

(三) 新型社区建设案例

过度散居的村落不再适应村民生产和生活，拆村并居建设新型社区，既可改善农民的生存环境，又可以节约土地和推动规模化经营。具体做法是：对农民住房全部拆除，合村并点，让农民全部住进盖好的高楼，建立新型农村社区（俗称万人村），实行城市化社区式管理。政府补贴农民拆房与购房之间的部分差价，腾出的土地可以流转、招商、招租等。这方面最著名的案例是山东省潍坊市新农村建设过程中的"拆村并居"模式。[②] 但是对所有的村庄使用这种方式，就不太合适。有的村庄宜居宜业，还没有丧失生机和活力。因此，不能"一刀切"，更不能忽视农民自身的承受力和接受度。地方政府要遵循城市化发展规律，不能操之过急，不能为了置换城市建设指标而劳民伤财。

[①] 陆益龙：《村庄特质与乡村振兴道路的多样性》，《北京大学学报》（哲学社会科学版）2019 年第 5 期。

[②] 马光川、林聚任：《分割与整合："村改居"的制度困境及未来》，《山东社会科学》2015 年第 9 期。

三 城乡统筹模式之案例分析

城乡统筹模式，其一，破除城乡二元分割发展旧思维，稳步推进城乡发展一体化进程，加快工业化、城镇化步伐，产城融合，发展新兴产业和工业园，为进城农民提供大量的就业岗位；同时大力推进廉租房、公租房、经济适用房建设，为进城农民工解决住房难问题。其二，大胆推进户籍制度改革，努力向农民工提供教育、医疗、保险、住房等均等化的公共服务，让有条件的进城农民"落地生根"。其三，形成了城乡一体化体制机制，城乡之间市场畅通，资源自由流动达到最优配置。

（一）城乡统一规划发展案例

高安市位于江西南昌市西部50千米，素有"赣中明珠"之美誉。高安以城乡统筹、城乡一体、产城互动、节约集约、生态宜居、和谐发展为突破口，制定了"一个中心，两个副中心，六个卫星城"的新型城镇化发展规划。"一个中心"即中心城区，主要通过优化老城区、建设新城区，提升城市的综合功能，发展集行政办公、文化会展、休闲娱乐、高尚居住等一体的中等城市，截至2023年年末城镇人口已达到42万；"两个副中心"即中国建筑陶瓷产业基地和大城昌西文化产业园，主要突出产业主导的经济板块；"六个卫星城"即八景、石脑、龙潭、村前、华林、杨圩六个村镇，主要实施镇村联动，将集镇周边1千米范围内的村庄全部纳入城镇范畴，按照"房屋美化与基础设施同步完善、公共功能与特色亮点同步改善、集镇改造与长效管理同步并进、集镇建设与产业发展同步联动""四个同步"，拓展城镇发展空间，增强城镇发展后劲，促进人口梯度转移，加快城乡互动融合，最终实现城乡一体化发展的目标。[①]

（二）产业驱动引领发展案例

江西省上高县实现产城融合，按照"工业园区化、园区城市化"的要求，"规划立园、项目兴园、科技强园、生态美园"的思路，主攻大项目、产业聚集，不断做大做强，吸引县内外的企业进园区，逐步形成了食

---

① 《高安市国民经济和社会发展第十二个五年规划纲要》，http://www.gaoan.gov.cn/gasrmzf/zfwjd/202308/62216e53e1514aacb070665159a265b5.shtml，2023年12月21日。

品、医药化工、纺织服装、建材、机械电子、鞋革六大产业,[①] 累计安置就业26512人,其中高裕盛工业有限公司解决就业5000多人、匹克实业有限公司解决就业3800多人。一个村庄(离县城工业园15千米),人数从2008年的1000多人到现在的2000多人,越来越多的外出务工人员陆陆续续从广东、上海等发达地区回到家乡,在附近的工业园区上班。村庄的劳动力回来了,人口增加了,村庄又充满了生机与活力。关键是附近的工厂就设在家门口,带动了就业及周边的经济发展。水泥路+摩托车、电动车,就等于近距离打工,既可获得务工收入,又可获得务农收入,还可以保证一家人生活在一起。

(三) 管理创新发展案例

江西省婺源县,是全国著名的文化与生态旅游县,被誉为"中国最美乡村",基本上实现城乡统筹协调发展,具体做法如下:

第一,创新户籍管理,农业转移人口市民化,但保留其农村的土地承包经营权。鼓励农民退宅入城,放宽城镇落户条件。大量农民在县城购房,从村、乡镇,转移到县城,但依然保留其土地经营权,农民住房条件改善了,生活水平提高了。第二,创新保障性住房建设,支持企业建设集体宿舍和公租房,对于旅游开发的按一户一宅安排宅基地或优先安排保障房。大批乡村劳动力选择到县城工作,留守家庭问题大量减少,人们的幸福感提升。第三,创新社会保障方式,逐步实现农民工基本医疗保险、工伤保险和生育保险与城镇人口缴费标准和待遇相同,保障农民工参加企业职工养老保险权益。农民工权益得到保障,生活压力变小,生活质量提高。第四,提升城镇综合服务能力,县城新建了第三中学和第五小学,增加了县城的教育资源,增加了卫生院,敬老院,社区服务中心,便民中心,文化体育、休闲、娱乐等场所。第五,改善人居环境,整治社区,完善管理,绿化亮化街道等。以县城为中心,打造县域经济,实现城乡一体化发展,很好地化解了农村空心化问题。[②]

从以上几个案例来看,目前比较成功的实践基本上是县域范围内的一体化发展。从一定的意义也可以得出一个结论,农村空心化治理路径关键

[①] 《上高项目建设推动产城融合》,https://www.jiangxi.gov.cn/art/2017/8/18/art_399_169863.html?xxgkhide=1,2023年12月21日。

[②] 2022年7月底课题组实地调研资料。

在于发展壮大县域经济，实现城乡统筹协调发展。农村空心化是城乡转型发展的产物，因此其治理也要在城乡一体化发展框架下找出路。党的十八大提出，城乡发展一体化是解决中国的"三农"问题的根本出路；党的十九大再次强调，城乡融合发展是解决"三农"问题的关键。农村空心化作为新"三农"问题的综合征，其治理要发挥城乡两个积极性，也要发挥政府与市场两个积极性。

总而言之，新型城镇化为农村空心化治理提供了极好的机遇和条件，农村空心化问题得到有效遏制和改善，乡村变得越来越美、农民变得越来越富。

第四节 国内外城镇化过程中农村空心化治理的经验与启示

一 新型城镇化背景下农村空心化治理的经验与不足

在党和政府的正确领导下，特别是十八大以来，农村空心化治理取得了巨大的成绩，有一些成功的经验。

第一，新型城镇化背景下农村空心化治理的基本经验。

首先，国家重视并制定正确的战略，是农村空心化治理取得良好成绩的首要原因。2012年以来，政府坚持农业农村优先发展的原则，出台了一系列强农惠农政策，提出了新型城镇化战略，实施脱贫攻坚战略、乡村振兴战略。据国家统计局数据，从2012年以来国家农林水事务支出加快速度增长，占国家财政支出近10%，从2014年起总额超过了一般的公共服务支出，2020年国家财政农林水事务支出达到最高值2.394846万亿元，此后稳定在2.2万亿元以上（见表3-2）。① 中央财政农业生产发展资金主要支持耕地地力保护、农机购置补贴、农业结构调整、新型职业农民培育、农村一二三产业融合发展、绿色高效技术服务等方面，有效地遏制了农村空心化趋势，有的地方的空心化问题得到缓解或较好治理。

---

① 国家统计局官网，http：//data.stats.gov.cn/easyquery.htm？cn = C01&zb = A080501&sj = 2022，2023年11月18日。

表 3-2　　　　　　　2013—2022 年国家财政主要支出项目

指标	2022年	2021年	2020年	2019年	2018年	2017年	2016年	2015年	2014年	2013年
国家财政支出（亿元）	260609.17	245673.00	245679.03	238858.37	220904.13	203085.49	187755.21	175877.77	151785.56	140212.10
国家财政一般公共服务支出（亿元）	20980.33	19880.24	20061.10	20344.66	18374.69	16510.36	14790.50	13547.79	13267.50	13755.13
国家财政城乡社区事务支出（亿元）	19414.86	19453.99	19945.91	24895.24	22124.13	20585.00	18394.60	15886.36	12959.50	11165.57
国家财政农林水事务支出（亿元）	22489.61	22034.50	23948.46	22862.80	21085.59	19088.99	18587.40	17380.49	14173.80	13349.55

其次，实施乡村人才工程。每年选派大量的优秀大学毕业生任村干部，选派机关事业单位中青年干部到农村基层任"第一书记"，在农村精英流失背景下，及时弥补了优质人力资源不足问题，充实了队伍，提高了农村基层组织的领导力，在维护农村稳定和农民致富等方面发挥了积极的引领作用。从各地调查经验看，富人治村和贤人治村，是农村有效治理的共同特点和优势。而通过制度化的人才输入，不仅可以解决农村管理人才稀缺问题，而且可以锻炼和储备农村工作人才队伍。同时，地方政府积极组织青年农民进行各种职业技能培训，也为农民就业和创新农村经营管理提供了人力资本和人才支撑。

最后，因地制宜，分类治理。每个村庄的历史、资源、经济、文化和环境等因素都不一样，因此其治理的路径与方式也不一样。以南京市为例，近郊农村，如果自然生态环境优美，就可以发展农家乐和民宿，像江宁区石塘村那样，开办农家乐 200 家、民宿 40 家，其他酒吧、茶座等新业态 28 家，通过发展乡村旅游，带动就业 600 余人，村民人均收入超 4 万元。而不具备自然环境优势的谷里街道就采取土地整治、开发和利用，通过引进现代农业企业和组建土地股份合作社等形式，发展规模农业，实现产业化经营。农民既可以分享租金和红利，又可以就地就业。[①] 河北省

---

① 韩道辉、郭俊、沈德赛：《乡村让城市更向往——关于南京农村空心化问题的调研报告》，《中国发展观察》2018 年第 21 期。

尚义县以产权改革为动力，推进闲置资源整合，探索成立全市第一家农宅合作社，引导农户以闲置宅基地入股，建成陕北风情主题窑洞宾馆；发挥生态资源优势，确立村庄主导产业。依托紧邻大青山省级森林公园的区位优势，结合该村良好的生态资源，全力打造"游天路美景，住星级窑洞，品农家美食、观尚义文化"的金字招牌。① 湖南省江永县作为国家级电子商务进农村综合示范县，围绕香姜、香柚、香芋、香米、香菇等"五香"特产，以及夏橙、沃柑、香粽和各类腊制品谋划产业链，探索"数商兴农"之路。2022年，该县通过拼多多、抖音等平台，销售农产品2.35亿元，超额完成"数商兴农"专项行动目标值。2023年，该县制定"电商+节会+网红"直播带货模式，加快推动江永农特产品"出圈"，并借势年货节、元宵节、赶鸟节等节日，配套网上促销活动，掀起网销高潮，有效带动农民增收致富。②

总之，中国地域广阔，区域差距较大，要因地制宜，分类治理，农村空心化问题治理才能取得较好的效果。

第二，主要的不足，集中到一点就是城市偏向思维定式和政策取向没有根本改变。

基于财政激励驱动，地方政府从经营城市到经营村庄，目标是为城市获取更多的建设用地指标。农村空心化治理过程中涉及土地整治，因而成为地方政府获取土地的政策机会，农村空心化问题治理简化成农村土地整治，而不是为了农业农村可持续发展和满足农民需要。一些激进的"拆村并居"的"灭村运动"，比如山东诸城，取消行政村编制，数千个自然村、1249个行政村合并为208个社区，70万农民告别世代居住的旧村，搬进新型社区。③ 这种农村再造和空心化治理严重背离了党和政府对农业农村优先发展的原则。其实是用经营城市的方式经营农村，仍是一种牺牲农村发展城市的传统逻辑。看起来农村空心化得到治理，但治标不治本，其实是将问题移植到新的城镇或社区，而且很容易集中累积社会问题，埋

---

① 程春俞：《产村融合推进乡村振兴的调查与思考——以尚义县十三号村为例》，《统计与管理》2022年第2期。
② 黄柳英、周文：《湖南省江永县：乡货触网成"香货"》，《农民日报》2023年4月6日第7版。
③ 刘奇：《"灭村运动"是精英层的一厢情愿》，《中国发展观察》2011年第1期；陈文胜：《合乡并村改革切忌大跃进》，《光明日报》2015年12月27日第7版。

下不稳定的隐患。中国农业和农村均站在了新的十字路口,出路在于协调处理好政府、企业和农民三者之间的关系。[1]

二 国外城镇化过程中农村空心化治理的经验与启示

农村空心化是任何一个国家现代化过程中都必然遭遇的共同问题。城市化的过程就是农村人口向城市聚集的过程,因此,快速城市化的另一面就是农村空心化。不同国情的国家,应对农村空心化问题的方式方法不同,但都有可借鉴之处。英国的"中心居民点"和"乡村住宅"政策、德国城乡等值的土地分阶段整治政策、美国的城乡互惠发展、法国的"空间规划和发展"和分类施策等各有特点;[2] 韩国和日本的农村空心化治理和乡村发展经验对我国更具有直接的借鉴和参考价值。

日本乡村的"过疏化"问题类似于中国农村空心化问题。其主要做法是:第一,发展农村一、二、三产业,延伸农业产业链;第二,发展观光旅游农业;第三,保护农村人居环境和生态环境;第四,"一村一品",因地制宜发展农村特色经济。[3] 这与当前我们乡村振兴战略的政策极为相近。韩国"新村运动"的主要措施有:第一,从上到下建立"新村运动"的组织协调机构;第二,政府引导投资进行基础设施建设,改善农村环境和农民居住条件;第三,因地制宜,分类推进;[4] 第四,重视精神文明建设,在全国推行"勤勉、自助、协同"新村运动,提高国民的道德素质和文明程度,增强社会凝聚力。[5]

概言之,国外农村发展和农村空心化治理的主要启示如下:

第一,政府重视,加强顶层设计,制定促进乡村发展的优惠政策,从税收、产业和财政等层面支持农村经济发展;第二,加大农村公共支出,加强农村基础设施建设,改善农民的人居环境;第三,注重乡村规划引

---

[1] 焦长权、周飞舟:《"资本下乡"与村庄的再造》,《中国社会科学》2016 年第 1 期。
[2] 刘彦随、龙花楼、陈玉福、王介勇等:《中国乡村发展研究报告——农村空心化及其整治策略》,科学出版社 2011 年版,第 171—173 页。
[3] 王国华:《日本农村空心化治理特征分析》,《世界农业》2015 年第 9 期。
[4] 张立、王波:《韩国新村运动及其对我国实施乡村振兴战略的启示》,《韩国研究论丛》2021 年第 1 期。
[5] 谢建社、谢宇:《新时代农民工在乡村振兴中的共赢机制建构》,《甘肃社会科学》2018 年第 4 期。

导,保持当地特色文化和传统,利用当地资源优势发展特色产业;第四,推动城乡融合、工农结合,积极将各类生产要素引入乡村,带动乡村发展;第五,加强职业农民培养,引导各类人才资源流向农村地区,推动乡村可持续发展;等等。[①]

以上经验与启示,已经在我国农村空心化治理实践中得到借鉴和落实。但如何进一步探索实现城乡融合发展尚需努力。比如,德国宝马等工业企业将生产基地转移到城市郊区镇,带动辐射周边农村实现农村劳动力就地就业;美国制定富有针对性的一系列优惠的郊区税收政策,鼓励城市工厂迁往郊区,推动农村工业化发展;韩国推动创办"农户副业企业""新村工厂""农村工业园区"等,增加农民的本地就业机会。20世纪90年代费孝通先生也提出了通过"乡村工业化"和小城镇化实现农村现代化的方案,后来引起了很大争论,焦点在于农村发展工业是否会对农村环境造成污染,得不偿失。但从发达国家的经验来看,仅仅靠农业不可能振兴乡村。乡村工业对农村空心化治理发挥了积极作用,污染可以通过技术避免。这也是新时代摆在我们面前的一项艰巨任务。

---

① 中国农业银行三农政策与业务创新部课题组、李润平:《发达国家推动乡村发展的经验借鉴》,《宏观经济管理》2018年第9期。

第四章　城乡关系视域下农村空心化治理的现实困境

传统城镇化对于农村资源过度吸纳导致农村空心化困境，而新型城镇化则为农村空心化治理提供了新机遇，也取得了巨大成就，农村整体面貌正在发生巨变。但从各地调查情况来看，农村空心化治理过程也是一个社会过程，面临一些深层次的问题，需要我们正视和应对。

第一节　不同层级组织对农村空心化治理的逻辑不同

当前，各学科对农村空心化问题的研究取得明显的成果，在城乡关系转型大框架下对农村空心化问题的成因、特征及其影响进行了较为深入的研究，并提出了相应的解决办法和措施。但由于对农村空心化治理实践过程及其机制关注得不够，既不能很好地解释农村空心化治理绩效为何远不如预期，也不能解释不同地区农村空心化治理绩效为何存在差异。知道事情的原委是一回事，提出解决问题的办法是另一回事，而真正落实解决问题的措施达到预期效果则是更深一层的实践过程机制。

农村空心化治理至少涉及国家、地方政府、职能部门、公司以及基层农民等多个层面的利益群体。如果不了解相关利益群体的诉求和行动逻辑，就难以制定平衡各方利益的政策措施，也难以激发各方参与治理行动的积极性。本节拟借鉴周雪光等提出的"多重制度逻辑"分析框架解析农村空心化治理中相关利益群体的行动逻辑及其相互间的竞争和合作过程，解释目前空心村治理困境的生成原因，从而为探求一个更为合理的治理框架提供理论思路。

一　农村空心化治理过程中的多重逻辑

所谓制度逻辑是指某一领域中稳定存在的制度安排和相应的行动机

制。包含两层含义：一是制度安排、正式规范和非正式约束，包括正式的法律法规和政策，也包括非正式的道德、习俗等；二是相应的行动机制，可以理解为制度决定的规范行动，也可以理解为某一领域特殊的共同利益决定的行动原则。尽管定义宽泛，"多重制度逻辑"还是提供了一个很好的分析框架，它将制度变迁中的多重过程机制及其相互作用作为分析的基点，把宏观层次的制度安排与微观层次可观察的行为连接起来，从而为制度变迁提供一个较为全面的满意解释。[①] 制度是人们共享的规范，任何一项制度的变迁都是关联利益群体互动的结果。这种分析方法对涉及多重利益群体的协调行动研究具有很好的借鉴和应用价值。农村空心化治理，虽不是制度变迁，但也涉及多重利益治理主体，国家、地方政府或基层政府、村民，以及经营性公司的多层次组织参与。他们不同的行动逻辑及其相互间的竞争合作，或博弈与合谋，会直接或间接地影响农村空心化治理的绩效。

（一）国家逻辑：谋求稳定与执政的合法性

国家逻辑是什么？不同的学科解释是不一样的。经济学认为，国家逻辑是追求经济增长；政治学认为，国家追求社会控制实现秩序稳定；社会学则认为，国家逻辑更多的是获得社会认同，实现执政的合法性。另外，国家是由不同的职能部门组成的巨型组织，不同部门利益诉求不一样，行动逻辑存在差异。如米格代尔所说："国家机构往往尾大不掉，还与各种与其价值不同的社会群体接触并冲突，国家官员往往改变规则以强化个人或其效忠的群体的权力或者谋求私利的诱惑，都使得国家的实践呈现碎片化的特征。"[②] 因此有人认为，国家本身也不是铁板一块，是多重利益的综合体，没有统一行动逻辑。客观讲，国家是一个利益混合体，自身存在多重目标，而且它们之间存在不一致性。从内部看，国家没有单一标准的行动逻辑。

但是，从国家与社会以及中央与地方的关系视角看，国家的宏观利益虽是多重的，但其行动逻辑也是稳定可辨的。国家的逻辑就是中央政府的逻辑。它的目标其一是稳定，也就是对社会与地方的有效控制，以实现社

[①] 周雪光、艾云：《多重逻辑下的制度变迁：一个分析框架》，《中国社会科学》2010年第4期。

[②] [美] 乔尔·S. 米格代尔：《社会中的国家：国家与社会如何相互改变与相互构成》，李杨、郭一聪译，江苏人民出版社2013年版，第20页。

会秩序。所以,农村空心化治理的一条底线就是不能破坏社会平衡,伤害农民的基本权益,引发群体冲突和社会动荡。这是国家的底线,也是行动的逻辑底线。其二是执政合法性。这种合法性建立在人民对执政党和政府的认同与信任基础上。而要获得这种合法性,国家宏观政策的一个基本原则就是反映或体现人民的根本利益诉求。人民对美好生活的向往就是奋斗目标。农村空心化带来农村留守家庭、农业抛荒、公共服务缺失等问题,国家"想农民之所想,急农民之所急,办农民之所需",通过农补、农机补、医疗保险、最低社会保障等各种政策惠民便民安民。其三是粮食安全。农村空心化导致青壮年人员流失和老人农业,土地抛荒严重。我国是人口大国,粮食问题,不仅是经济问题,也是最大的政治问题。与之相关的是稳定农村土地承包制、保护耕地、保护基本农田。这是保障粮食安全的基础。所以,国家治理空心村的一个基本目标是盘活土地资源实现土地规模化经营,调整优化产业结构,保障粮食安全。

(二) 基层政府逻辑:政绩与财政最大化

基层政府或地方基层政府的行动逻辑首要是政绩。科层制的管理体制,基本特征就是中央集中决策,制定目标,任务自上而下层层分解,层层落实,年终考评评比,并以此作为地方官员升迁的标准。在较长一段时间内,各项考评指标中,唯有 GDP 增长是硬指标,成为政绩最重要的衡量标准。所以,追求经济高增长成为各地方政府的首要目标。

基层政府行动逻辑的第二个驱动力就是财政最大化。20 世纪 90 年代中期实施分税制以来,财权上移,事权下放,地方财政压力逐年增大。特别是农业地区的政府,从吃饭财政逐步变成要饭财政。增值税改革之后,与房地产相关的产业是很多地方政府的主要财税之源,其通过"土地、财政、金融"三位一体的模式推动地方经济发展。空心村治理正好契合地方政府追求 GDP 和财政收入的双重目标。一方面,空心村土地整治可以换取更多的城市建设用地指标。"这样,既可以获得城乡土地之间的级差收益,更可以突破宏观调控下紧缩'地根'的限制,完成各地 GDP 的发展目标。"[1] 但要地不要人,使得各地土地城镇化快于人口城镇化。另一方面,农民上楼或进城,又可以推动城市房地产业和基础设施的投资建

---

[1] 折晓叶、艾云:《城乡关系演变的制度逻辑和实践过程》,中国社会科学出版社 2014 年版,第 197 页。

设拉动经济增长。实际上，这是基层地方政府的行动逻辑所致。地方政府的行动逻辑一直是农村空心化治理实践的主导逻辑力量。

（三）乡村逻辑：生计与生活

乡村逻辑也就是农民的行动逻辑。与村民选举中的熟人社会的人情逻辑不同，农民在空心化治理中的逻辑就是生计与生活。所谓生计，就是农民谋生的基本办法；所谓生活，是指农民日常饮食起居的生存状态。农村空心化导致支撑乡村可持续发展和文明转型的资金、技术、知识、人才和需求等资源大量流失，乡村治理可利用的手段严重匮乏，从而陷入乡村发展的困境。[①] 其一，数量巨大的留守儿童、留守妇女和留守老人的留守问题。基于微观个案研究，留守儿童的家庭教育、日常生活照料、情感交流等缺失，留守妇女的情感慰藉与性生活得不到满足，以及留守老人的养老、就医等得不到保障。其二，农业劳动繁重但没有农业无法生存。年轻人离开了农村，只剩下老人和女人在农村种地。留守儿童只要有一点劳动能力就要参加农业劳动。其三，农村的自我服务能力严重弱化。青年人流失，农村社会网络的重要支点缺失，不仅活力丧失，而且自我防卫和服务能力弱化。所以在农村空心化治理过程中，农民首先希望政府解决农村脏乱差、交通不便、水利灌溉、公共服务等基本民生问题。其次希望解决就业问题。青年农民如果能就地就近就业，就能保证家庭生活的完整性。留守问题就会迎刃而解。

二　多重逻辑之间的一致性与差异性

以上我们简要讨论了一下农村空心化治理过程中的多重制度逻辑的基本内容。现在我们需要进一步分析这些逻辑之间的一致性与差异性，及其互动过程与结果。

（一）多重逻辑的一致性

从理论层面讲，作为一个人民当家作主的社会主义国家，国家逻辑、基层政府逻辑以及乡村逻辑应该是高度一致的，统一在农民逻辑基础之上。中国共产党作为执政党，它的宗旨就是全心全意为人民服务。执政党没有自己的特殊利益，是各族人民利益的忠实代表。为人民谋幸福、为国

[①] 徐勇：《挣脱土地束缚之后的乡村困境及应对——农村人口流动与乡村治理的一项相关性分析》，《华中师范大学学报》（人文社会科学版）2000年第2期。

家谋富强是中国共产党人的初心和使命。人民的利益和需要是其一切政策的根本出发点和立足点。通过群众路线，从群众中来、到群众中去，实现人民的愿望和利益。所以，国家治理空心村的逻辑首先应该遵循乡村农民的逻辑，为农民的利益着想，满足农民的合理诉求。基层政府是执政党和中央政府的执行组织，它首先要贯彻落实国家或中央的政策意图，实现执政党的宗旨和原则，以人民的利益和需要为一切行动的依归；其次，我们的政府都被称为人民政府，其组成人员都是公务员，组织和个人的价值指向都是为人民服务。对于个体农民或具体的空心村农民群体而言，虽然眼前利益或局部利益存在差异，但是整体利益和宏观的长远利益应该是一致的。人民幸福、民族复兴和国家富强的中国梦是一个统一的有机整体，缺一不可。所以，国家、基层政府与农民的逻辑实质上是一致的，没有根本利益的冲突。

（二）多重逻辑的差异性

但根本利益的一致性并没有否定利益之间存在差异。从社会组织结构角度讲，国家、基层政府，以及村民所处的社会位置不同，利益与角度不同，决定它们对空心化治理的认知、态度与行动也会存在差异。[①] 其一，利益层次不同。如上所述的多重逻辑分析，国家的利益在宏观层面，即稳定与合法性；基层政府的利益在中观层面，即落实上级政策目标和维护自身生存；农民的利益是微观层面的，即生活环境的改善和基本生计的保障。其二，利益考量不同。国家着眼于长远利益——国家的整体稳定与长远发展；农民着眼于当前的短期利益——解决眼前的生活生存困难；基层政府则折中行事，在科层制逻辑与乡土逻辑之间穿梭，在贯彻国家政策与满足地方村民之间求平衡，在国家与社会之间充当桥梁纽带，又是二者利益的综合者，力求实现政绩最大化。其三，权威性不同。国家拥有最高权威，其政策拥有法律效力，对基层政府和村民构成压力和威慑，是实际行动中的准则。基层政府是国家政策的执行者，拥有次级权威，不仅在村民面前代表国家，甚至就是国家，实际上也拥有对国家政策的自由裁量权，在村民不了解国家政策的前提下，基层政府的施展空间有时很大，甚至大到偏离、背离国家政策精神。与此相关联，基层政府的执行权具有较大的

---

① 易文彬：《论农村空心化治理的多重逻辑》，《西南民族大学学报》（人文社会科学版）2018年第7期。

弹性，可以不折不扣地落实国家政策为民办实事，也可以曲解国家政策之意谋求自身的利益，比如片面追求经济增长和丰厚的财政盈余，甚至玩起"数字出官，官出数字"的数字政治游戏，置农民利益于不顾。

农民是农村空心化治理过程中真正的直接利益主体，却往往被忽视、被边缘化，缺乏有效的利益表达和实现机制。比如强制征收土地及拆村并居的事件背后是地方政府和开发商之间盘根错节的利益关系。这种既违反国家章法又有损老百姓利益的越轨行为，正是地方政府在发展主义意识形态的支配下，受到经济增长利益驱动、以"增减挂钩"政策为坚强后盾的谋利行为。① 村民的利益与基层政府的利益存在较大差距，有时基层政府会绕开村民实现自身的利益。这种基于利益差异的多重逻辑的差异性是导致农村空心化治理过程中矛盾冲突的根源所在。基层政府远离政治中心，在与普通老百姓的博弈过程中，始终处于主导地位。在缺乏有效监督的前提下，信息不对称，基层政府容易滥用权力。农民的利益和实际需要则容易被忽视。"无论农民对撤村并居后上楼是否满意，地方政府的目标都是为了获得新增城市建设用地指标，既然为了获得新增城市建设用地指标，地方政府撤村并居农民上楼，就不是考虑农民的利益，更不会考虑农民上楼后的进行农业生产和农村生活的便利与否，而只会尽可能降低撤村并居的成本，减少地方政府投入。"② 许多地方政府为追求政绩和在巨大的利益驱使下，不切实际地推进居住集中化，陷入"圈地造城"怪圈。尤其在一些经济相对不发达，产业结构调整和劳动力非农转移条件不成熟的地区，盲目推行村庄合并，其强制行政干预的结果将会违背当地居民的意愿和城市化发展规律。③ 所以，当前我国农村空心化治理的效果还不尽如人意。

三 多重制度逻辑下的农村空心化治理

鉴于农村空心化治理逻辑的多重性及其存在的差异性，为实现治理的最佳效果，实现各相关利益主体的利益最大化，要坚持正确的价值导向和合理的协商机制。

---

① 叶敬忠、孟英华：《土地增减挂钩及其发展主义逻辑》，《农业经济问题》2012年第10期。
② 贺雪峰：《城市化的中国道路》，东方出版社2014年版，第87页。
③ 林聚任：《村庄合并与农村社区化发展》，《人文杂志》2012年第1期。

首先,坚持和践行习近平总书记提出的"以人民为中心的发展观"。坚持人民主体地位,顺应人民群众对美好生活的向往,实现好、维护好、发展好最广大人民根本利益。① 在空心化治理问题上要保障农民的合理诉求。城镇化是现代化发展的必然趋势。随着城乡改革的深化,农民群体已经分化。不同的群体的利益诉求是不一样的。要了解农民的需求与愿望,改革现行的制度障碍,实现农业转移人口的市民化,让部分有稳定就业和住房的农民工在城市安家,实现从个人流动到家庭迁移,解决家庭生活不完整的缺憾。为部分有意愿、有能力返乡创业的农民工营造一个宽松、便捷、优惠的投资环境,实现乡村的复兴复苏,又可以解决部分农民家庭的团聚问题。另外,政府和社会应为那些目前无法实现家庭生活完整性的农民工与留守群体提供更多的关爱和服务。城市可赋予农民工准市民待遇,通过一些特殊的探亲休假制度和亲情沟通互动平台等来弥补空间分离的不足和缺憾;学校和志愿者组织应更多地关注留守儿童的教育与心理健康;地方政府与社会组织应为留守妇女日常的生产生活提供帮扶和政策支持,培训技艺和打造健康休闲活动。对于留守老人,除了日常生活困难帮扶,还要关注其精神需求。国家、地方政府与企事业单位都应该贯彻落实以农民需求为导向的空心村治理理念。

其次,构建一个合理的协商机制。协商民主是中国特色的民主制度。了解农民的需求是一回事,实现农民的需求又是另一回事。关键是建立农民的利益表达机制,统一各方立场,协调各方行动,实现农民的利益诉求。充分利用和盘活现有的村民委员会,以及各种民间的理事会,"一事一议"的议事制度等传统组织资源,也要创建新的农民信赖机制。村委会在农民眼中是一种准官僚机构,长期以来村委会一直扮演着上传下达的角色。而所谓的理事会,其成员也多半是村组干部或宗族长老。"无论社会是怎样组织的,在普遍利益和这个或那个局部利益之间不可避免地会存在大范围的冲突。"② 要避免和减少矛盾冲突,就必须创建一种机制让所有的利益相关者参与其中,通过利益表达和利益协调机制,使绝大多数人的利益得到保障。"在冲突的过程中,尽管博弈各方利益相关者都有讨价还价的权力,但权力格局并不是对称和均衡的,政府实际上拥有最终的制

---

① 《习近平谈治国理政》第二卷,外文出版社2017年版,第214页。
② [英]伯特兰·罗素:《权威与个人》,储智勇译,商务印书馆2012年版,第56页。

度安排的决定权。在这种情况下，政府的科学民主决策、政治智慧和发展意见，就成为新型社会整合中的关键因素。"[1] 对于空心村治理来说，核心是提高农村的组织化程度，成立空心村治理的村民代表或议事委员会，在尊重多数人的利益基础上形成共同意见，提高谈判能力保障农民利益。

最后，加强农村空心化治理过程的监督。按照巴泽尔的理论，由于信息成本存在，权力是不可能完全界定清楚的，一时无法界定的资源或权力存在公共领域就会被寻租造成腐败。所以加强监督是保障空心化治理沿着正确的方向发展的重要机制。通过党内的纪检监督、政府的行政监督、人大的执法监督、政协的民主监督、新闻媒体监督、社会舆论监督等，构建一个农村空心化治理过程中"不敢腐、不能腐、不想腐"的全方位的监督网络。监督处处有，监督时时有。其中关键是坚持和完善党的巡视制度，反腐败全覆盖、零容忍，始终保持高压状态，永远在路上，使得治理过程中的相关利益群体始终处于动态监督之中，行为处于合情合理合法范畴之中。

第二节　不同农民群体对农村空心化治理诉求不一样

农民由不同性别、年龄、职业的群体组成，其中，留守农村的老一代农民与流动进城务工经商的新生代农民工之间的认知、态度和行为差异对农村空心化治理具有决定性作用。从户籍制度角度看，新生代农民是指20世纪八九十年代出生的具有农业户口的青年农民，主要包括新生代农村大学生和新生代农民工，以及少数留守农村务农的青年农民。

1978年改革开放之后，中国逐渐打破城乡二元劳动力市场壁垒，从"离土不离乡"到"离土又离乡"，20世纪90年代之后中国进入"大迁移时代"，[2] 用社会学家鲍曼的术语讲，中国进入了一个"流动的时代"，过着"流动的生活"。农民工在城乡间的流动与迁移成为社会常态。第一代农民工流动逻辑有二：一是外出务工赚取收入以维持农村家庭的体面生活，村庄由此显得繁荣；二是外出务工以赚取进城生活的积蓄或获得逃离

---

[1] 李培林：《村落的终结——羊城村的故事》，商务印书馆2004年版，第153页。
[2] 任远：《大迁移时代的儿童留守和支持家庭的社会政策》，《南京社会科学》2015年第8期。

村庄的资本。① 其中,大部分第一代农民工的行动逻辑是到城镇打工赚钱养家,生活的目标在农村,所以,那时的城市化压力不大。城市消耗了农民工的青春年华,却不必为他们提供相应的城市福利和公共服务。所以,对于已经步入中晚年的老一代农民工来说,"老人不需要城镇化。我来自重庆的农村,我讲讲自己的感受。我家乡在家务农的超过90%是老人,一个超百人的村庄常年在家的年轻人(50岁以下)不超过5人,真正在家进行农业活动的都是超过60岁的老人。城镇化对于他们来说根本不需要。老人在城市找不到工作,又没有退休金,也没有高额养老金,务农养活自己是老人唯一的出路。老人在家务农带孩子,青壮年出去打工养家糊口。大多数情况下是老人自己解决自己的生计,子女负责添置衣服、大件物品的购买和医药费。老人城镇化之后自己的生计问题没有办法解决,住房没法解决,思维和生活环境都是老人难以改变的"(访谈记录:14009CJF)。

但"80后""90后"的新生代农民则发生了巨大的观念变化。"新生代农民工,既有老一代返乡创业和就近打工的趋势,又具有'一旦离去,永不返乡'的特点。"② 他们也在城乡间流动,但与他们的父辈不同,他们的行动逻辑不再是赚钱养家,而多半是为了做城里人,像城市里人那样体面地生活。新生代农民的人生目标是实现乡城迁移,转变自己的身份和职业,从农民变成市民。"既然人们不再局限于他们的故土,眼前的自由天地在时刻吸引着他们,他们就会毫不退缩,一往无前。儿女们也不再留恋他们的故乡和父母,而是撒向四面八方追寻自己的命运去了……所谓社会变化,就是对城市的追随和效仿。"③ 新型城镇化的实质是以人为本,核心是农业转移人口市民化,即满足新生代农民对市民身份的向往和分享城市文明。新生代农民流动的特征与趋势则折射出他们对于城镇化的诉求和期望,这对于选择正确的新型城镇化道路和制定符合国情民情的农村空心化治理战略极有参考价值。本节拟在分析新生代农民流动特征的基础上

---

① 贺雪峰、董磊明:《农民外出务工的逻辑与中国的城市化道路》,《中国农村观察》2009年第2期。
② 折晓叶、艾云:《城乡关系演变的制度逻辑和实践过程》,中国社会科学出版社2014年版,第142页。
③ 埃米尔·涂尔干:《社会分工论》,渠东译,生活·读书·新知三联书店2000年版,第249—253页。

提出相应的前瞻性的新型城镇化背景下农村空心化治理路径。

一 新生代农民工的城市梦想

在多数国家,人口流动与人口迁移是一个含义。但中国具有独特的户籍制度和二元社会结构,使得人口流动与人口迁移区别开来。人口迁移是指人口从一个地方转移到另一个地方长期工作和生活,一般是整个家庭搬迁。而人口流动则是指人口从一个空间移动到另一个空间,或工作或游玩,或短期或长期,是一种不确定性的空间变动。是否迁了户口改变了身份是二者的区分标准。人口迁移首先是人口流动,但人口流动未必一定变成人口迁移。所以,为了行文的方便,本书从宽泛的意义上使用包含一部分人口迁移的人口流动。随着老一代农民工告老返乡,新生代农民成为当前农民流动的主体。与老一代农民工相比,他们的流动行为出现了新特点和新趋势。

(一) 市民身份成为新生代农民工的主要目标

与老一代农民工不同,"80 后""90 后"的新生代农民工的弃农厌农思想严重,不愿以农业为生,对农村缺少感情,而且自身也不认同自己的农民身份。[1] 第一代农民工是生计理性。随着市场化和工业化的迅速发展,有限的农业收入不足以维持农民家庭正常开销。为了改善生活,农民被迫离土离乡外出打工,到城市从事"脏苦累"的工作赚钱养家,用自己的坚韧和牺牲支持了农村家庭的发展。年纪大了被城市抛弃回乡重操旧业种地务农。他们对农村有难以割舍的情感和联系,回归故里不是耻辱,而是一种光荣。而新生代农民工则大不一样,他们一部分曾为留守儿童,没有随父母进城读书,留在农村与祖辈一起生活,长大了在城市打工,对农村有某种美好而苦涩的记忆。农村是他们做梦都想离开的地方。与祖辈生活在一起,虽然需要帮忙干一些农活,但他们基本上没有学习农业生产技术和经验,长大了也不愿再回到农村发展,城市是他们的人生目标。新生代农民工的行为策略是生计理性和城市崇拜的结合,一方面,上完学就进城打工,对农业、农村、土地和农民等不那么熟悉;另一方面,他们渴望进入城市、融入城市社会,享受城市现代文明生活。[2] "在整个工业化

---

[1] 徐莺:《新生代农民工问题:乡土变迁的社会隐喻》,《江淮论坛》2010 年第 6 期。
[2] 李培林、田丰:《中国新生代农民工:社会态度和行为选择》,《社会》2011 年第 3 期。

和城市化的过程中,所有有能力的人都离开乡村去了工厂和城镇,或者决心移民,只留下了迟钝的人、没用的人和无知的人。"[1] 有的农村青年即使在城市过得不好或找不到工作,也会选择滞留在城市生活。

另一部分新生代农民工曾经是流动儿童,跟随父母流动进城,在城市求学,适应了准城市化生活方式,长大后在城市打工,他们对故乡只有弱记忆和血亲联系,感情不深。他们中的大部分人已经不认同自己的农民身份了。他们在城市长大、就学、就业和成家,身份认同变了,认为自己是城里人,甚至已经不愿再提起自己的农民身世。在一个普遍厌农弃农的时代,[2] 农民身份并不是一件光彩的事情。而其中一部分流动儿童到学龄还需返回农村读书。经历了城市与农村两个世界,城乡差距的体验在他们内心所形成的反差,只会徒增他们对农村的厌恶和对城市的向往。

城镇已经取代村庄成为社会的中心,成为人口集中、产业集聚的新居民点形态。城市丰富多彩的生活吸引农村青年,乡村则被遗弃。正如"19世纪末的二十五年间……欧洲的乡村移民虽然原本预计会再返回乡村,但大多数人都在城市里终生定居下来"[3]。因此,"在职业上扎根城市、在生活上定居城市、在社会上融入城市,进而在身份上真正实现由外来人口向新市民的转变,正在成为新时代农民工的迫切愿望"[4]。当前,农民的主要收入来自非农业,可以在非农领域实现再循环,从而摆脱了对农业和土地的依赖,也为新生代农民工在城镇安家提供了经济基础。

(二) 本地流动逐渐成为新生代农民工的新趋势

从地理空间看,农民流动主要有两种:一种是流向沿海发达地区和开放城市,离土又离乡,一般称为异地流动;一种是流向本地的市、县城和集镇,离土不离乡,称为本地流动。因为本地的界定因人而异,比如进入

---

[1] [英]雷蒙·威廉斯:《乡村与城市》,韩子满、刘戈、徐珊珊译,商务印书馆2013年版,第254页。

[2] 张玉林:《流动与瓦解:中国农村的演变及其动力》,中国社会科学出版社2012年版,第103—123页。

[3] [加]道格·桑德斯:《落脚城市:最后的人类大迁移与我们的未来》,陈信宏译,上海译文出版社2012年版,第131页。

[4] 钟涨宝主编:《农村社会学》,高等教育出版社2010年版,第177页。

省城务工是异地流动还是本地流动，说法不一。所以，我们以一小时车程为半径画线，在半径内的城镇务工经商就是本地流动，越过半径之外的就是异地流动。本地流动的最大特点就是务工者可以做到早出晚归，可以保障家庭生活完整性，避免农村人口空心化和家庭结构失衡。而异地流动则存在两种可能：第一，务工者将赚的钱寄回农村，维持自己在村庄中的地位和人情关系，但是难以保障家庭生活的完整，即出现家庭空巢化和留守家庭问题；第二，务工者将赚到的钱作为在城市安家立业的资本，农民工迁移实现家庭化，避免了留守家庭问题，但可能导致村庄由于人、财、物流出而陷入空心化的衰败局面。

中国农民流动大致可以分为三个阶段：第一阶段从改革开放至1992年，以本地流动为主，因为城乡二元户籍制度的制约，乡镇企业是中国农民解决过剩劳动力就业的一大创举，乡镇企业崛起，农民离土不离乡，进厂不进城；第二阶段从1992年邓小平南方谈话至2005年新农村建设，以异地流动为主，上亿的农民工在沿海和家乡之间来回流动，中西部地区有的地方政府甚至提出了"打工经济"的口号，积极组织农民异地打工创业。第三阶段从2005年至今，农民工逐渐从异地流动转为以本地流动为主。自2005年中央提出新农村建设和取消农业税以来，农村的基础设施和公共服务得到较大的改善，部分农民工返乡创业。而2008年爆发的世界金融危机迫使中国沿海发达地区产业转型升级，而资本技术密集型产业必然会对劳动力产生排斥和挤压作用。之后中央提出要转变经济发展方式，加速供给侧结构性改革，产业结构调整升级。在此宏观背景下，沿海的劳动密集型制造业转移到劳动力相对廉价的中西部地区。这就为内地的新生代农民就地就近流动就业创造了前所未有的机遇。据笔者在中部农村调查观察，越来越多的青年农民选择在离家较近的开发区或工业园谋职。"尽管一些农民工意识到他们最终要回到地理意义上的家乡，但是他们并不想回到以前当农民的生活中，同时他们将家乡的非农业部门看作得以向上流动的空间。"[①] 非农化的本地流动渐成趋势，成为农民流动的主要形式。

（三）代际分工合作的渐进式城镇化特征

中国独特的低成本工业化和高成本城市化致使中国农民群体为工业化

---

① ［爱尔兰］瑞雪·墨菲：《农民工改变中国农村》，黄涛、王静译，浙江人民出版社2009年版，第184页。

做出巨大贡献（低工资）的同时无力分享城市化的成果（高房价），劳动力在城乡间流动，过一种进退有据的两栖生活，不失为一种理性的选择。只有少数比较成功的农民工可以完全脱离农村，实现家庭迁移和完全的城镇化。而一般农民则选择城乡两栖生活，既可以获得农业补贴和农业收入，也可以获得非农就业收入，在收入多元化基础上实现适合自身实际的城镇化。

笔者于 2014 年年底在江西抚州市崇仁县白路乡某村调查，发现该村的党支部书记和村副主任两人的儿女都已在市里和县里买了商品房，在城里从事销售和服务工作，换句话说，就近流动实现了城镇化，在城里成家立业做了城里人。他们的孙子孙女也都在城市上学。这两个村干部的家属都在街上帮儿女带孙子孙女，接送小孩上学，买菜煮饭，而自己则留在农村务农和做点小买卖。一方面赚点小钱贴补家用，减轻儿女的经济负担；另一方面守住自家几亩耕地获得农业补贴和为儿女种菜种粮，借以减轻儿女的日常支出负担。也正是因为能获得城市务工和务农两种收入来源，这些新生代农民工才能逐渐融入城市，在城市扎根。老一代农民工仍然在为他们祖祖辈辈的城市梦而奋斗，用自己的劳动和牺牲支撑儿女们实现做城里人的终极目标。也许有人会认为，这是一种典型的"啃老"行为。但是当我们看到，这些老农民充满自豪地讲述自己儿女在城市的工作生活，点点滴滴如数家珍，脸上洋溢着发自内心的满足和微笑。代际分工合作实现农民家庭的城镇化目标。这种近距离的流动与长距离的异地流动不同，成本不高，既可以分享城市文明的益处，又可以留住乡土风情。这种家户主义行为利用城乡两种资源追求家户利益最大化。老一代农民工脚踏泥土地托起新生代农民工融入城市的梦，正在成为中国农民新型城镇化的新故事。农民在城乡间穿梭是中国特色城镇化的一道独特风景。城乡社会转型是一个较为长期的过程，英国大概经历了 150 年，中国每年以一个百分点的速度增长，最快也要在 21 世纪中叶才能基本完成。"越是年轻的农民工准备回村的比例就越低，越是年龄大的农民工准备回村的比例就越高。这就证明，我国的城镇化一定是要通过几代人的变迁才能完成的。"[1]

在这个过程中，过于激进的城市化，大城市承受不了，农村和农民也

---

[1] 李强：《主动城镇化与被动城镇化》，《西北师大学报》（社会科学版）2013 年第 6 期。

承受不了。这种近距离本地流动就近城镇化，或许是一个农民大国转向城市社会必须经历的过渡形式和中间阶段。

二 新生代农村大学生的城乡选择

作为新生代农民的一部分，新生代农村大学生是指从农村考上大中专院校的学生。与新生代农民工相比，他们的学历和知识水平比较高，社会期望值也相应较高。新生代农村大学生是否从农民身份转变为市民身份，实现所谓的"农转非"，取决于三个方面的因素：第一，与农村相比，城市有哪些吸引力，能为他们提供什么，存在哪些风险；第二，与城市相比，农村存在哪些优点和不足；第三，新生代农村大学生自身的观念和价值追求。三者综合起来，反映出新生代农村大学生对城乡的比较认识和整体看法，决定其户口迁移意愿与行为，即他们的城乡选择。

2019年我们在N大学随机找了若干个来自农村的大学生访谈，进行偶遇抽样和自答式问卷调查，并抓住课间休息时间进行了一些简短访谈。合计起来的有效问卷共120份，有效率为93.78%，涉及文、理、工三个专业，其中理科6人、工科86人、文科28人；男生93人，女生27人。120名来自农村的大学生，只有22名已迁出户口，实现了所谓的"农转非"；暂时不迁，工作稳定了再考虑迁的91人，而不打算迁出户口实现"农转非"的7人。根据问卷和访谈，我们获知，户口是否迁移与专业、性别关联性低，而与父母意见、地理位置、人脉、惠农政策以及对城乡的认知与预期等因素存在正相关。小样本调查缺乏代表性，但仍能反映概貌。

（一）城市繁华充满机会，但工作不稳定，生活压力大

传统社会农村精英挣脱封闭单调的农村生活的束缚走向城市，是向往城里人的身份和社会地位。从农村到城市是一种向上的社会流动，几乎人人向往。而如今的开放时代，新生代农村大学生不仅可以从他们父辈打工的艰辛经历，也可从自己读大学时的观察和体认，对城市与农村有一个比较清醒的认识，将城市的优劣和农村的好坏，放在一个更大的尺度和空间作比较，因而在选择户籍身份时就显得更加理性，他们向往城市的生活方式，但并不急于变成城里人。如表4-1所示，不愿放弃农村户籍的人数居多，占到总数的66%以上，而确定留在城市的只占18%。这个结果可

能会让我们感到惊讶，难道城市失去了往日的吸引力吗？

表 4-1　　　　　　如果户口迁徙自由，你会选择哪种生活方式

选项内容	频数	百分比（%）
留在农村过田园诗般的乡村生活	14	12
留在农村享受乡村风光而过城市人的生活	65	54
留在城市享受现代文明过城市生活	21	18
像父母一样在城乡间摇摆流动，两头不放弃	14	12
其他	6	5

客观讲，城市充满机会，它的节奏感和活力契合多数年轻人的心理需求。换句话说，城市生活方式与年轻人的性情相投。所以，多数年轻人本能地渴望做城里人过城市生活。但是工业化推动的城市化带来了较为普遍而严重的城市病，如交通拥挤堵塞、环境污染等问题。更为严重的是，由地方政府基于土地财政的利益驱动而推动的快速城镇化推高了房价。高成本城镇化导致的高房价是阻碍多数新生代农村大学生实现城市化的一堵难以跨越的高墙。如表 4-2 所示，惧怕城市高房价的比例高达 35% 以上。城市可以找到工作，但难以扎根安家，只有退而求其次，像父母一样做一个双重边缘人，在城乡之间流动。职业流动而区域钟摆式流动。生活工作在城市，但根却扎在农村。农村户口给自己留下一条抵御城市风险的后路。客观讲，中国快速城镇化的成本很大一部分是由农民工及其后代承担的。除了房价过高之外，还有一个重要原因就是城市就业场域的竞争越来越激烈。在城市找一份收入较高的稳定工作越来越困难。学校不同、专业不同、社会资本不同，就业机会就不一样。一般来说，名牌大学和热门专业的大学生户口迁移的意愿相对要强，因为他们在城市扎根的能力相对较强。而缺乏竞争力的多数农村大学生就不愿把户口迁入城市之中。

表 4-2　　　　　　　你对城市最主要的印象

选项内容	频数	百分比（%）
生活方便而丰富多彩，充满机会	20	16.7
城市生活压力大（比如房价太高）	42	35

续表

选项内容	频数	百分比（%）
"城市病"严重，不太喜欢	24	20
一般，没有太深印象	34	28.3

（二）农村没机会，但现实利益难以割舍，土地是最后的社会保障

农村是田园生活的家园，但也是贫穷落后的符号。农民为什么离开农村，根本原因是农村没有发展空间，缺少创业就业机会。农业靠天吃饭，比较收益低，而在市场经济条件下，没有足够的货币收入就不可能维持农民正常的生产生活需求，更不要说生活的改善提高。所以，打工经济成为中国农民的必然选择，也是新生代农村大学生的必然选择。在城市充满风险和不稳定的前提下，农村可以发挥稳定器和调节器的作用。拥有一个农业户口就意味着拥有一份耕地和农业补贴。这份稳定的收入既可以成为他们城市生活的补充金，最坏的情况下也可以成为他们的失业保险。农村一块地就是他们进退有据的保障。如表4-3所示，留条退路的大学生比例占到48.3%。这说明他们的主要目标是城市，如果在城市站稳了脚跟就把户口迁到城市，如果一时难以在城市立足就把户口留在农村，采取一种观望和等待的态度。显然，新生代农村大学生更加理性和谨慎，而不再随大流。父母的意见是影响新生代农村大学生是否迁移户口的一个重要因素，但父母的意见也是基于现实利益考量。作为第一代农民工，他们有城市打工的经验，知道在城市生存发展的艰辛和风险，如果迁移户口进城就没有退路，会失去农村的土地和集体经济身份，从而失去最后的保障。所以，他们倾向于让自己的孩子大学毕业后在城市打拼，站稳脚跟后再迁户口也不迟，不行就退回农村发展，有承包地至少还有口饭吃。

表4-3　　　　　　　　户口留在农村的主要原因

选项内容	频数	百分比（%）
父母的意见	24	20
想回到家乡创业	9	7.5
分土地得农补	6	5
征地拆迁得补贴	7	5.8

续表

选项内容	频数	百分比（%）
留条退路	58	48.3

户籍所在地的地理位置也是影响其迁移户口意愿的因素之一，但地理位置也是与经济利益相关联的。中国地方政府驱动的城市化浪潮，城市郊区化，向周边地区摊大饼式地扩展，城镇周边的村落存在被拆迁和获得巨额土地补偿金的可能。农业户口很值钱，一方面征地拆迁可获得一笔数额较大的补偿金，另一方面保留了一张乡村记忆的符号。正因为如此，不少郊区农村，很多出去了的人想尽办法把户口迁回原村庄，目的是想获得数量可观的拆迁征地补偿。从这个意义上讲，离城镇越近的村庄发财机会越大，所以城郊农村出来的大学生户口迁移的意愿就越不强；反之，那些丘陵山区出来的大学生，他们急于摆脱贫困落后的农村，户口迁移的意愿相对较强。

调查显示，新生代农村大学生放弃农业户口的最大的担忧还是怕失去祖籍之"根"，见表4-4，比例高达61.7%。表面上看是一种乡土文化情结，其实仍是利益使然。据张玉林调查，现在农村乃至全社会都弥漫着一种"贱农主义"。[1] 新生代农民工都逃离农村，没有理由相信新生代农村大学生会留恋农村，更不用说像他们的父母一样继续做一个农民。他们之所以考大学读大学，就是想通过读书这条上升通道，把自己变成城里人。而之所以一时不愿放弃农业户口，多数都是基于利益考量。如表4-5所示，有条件放弃农业户口的比例为48%。所谓有条件放弃农业户口，按他们的理解就是国家给足土地流转和退出补偿金，同时在城市享有与其他市民同等的公共服务和社会保障权利，解决他们基本的生计与发展问题。放弃农业户口在城市立足安家，他们最大的担忧是职业不稳定和房价过高。职业不稳定且工资不高使得他们在城市的生活压力巨大；房价过高使得他们无力购买而只能蜗居在城市周边的郊区村庄或城中村。放弃农业户口就意味着失去农村土地经营权，失去了最后的土地保障。这在一定程度上反映了在中国城乡发展转型过程中，传统的二元社会结构改革滞后，与

---

[1] 张玉林：《流动与瓦解：中国农村的演变及其动力》，中国社会科学出版社2012年版，第126页。

社会主义市场经济体制相适应的社会保障安全网没有真正地建立起来。在此情形下，新生代农村大学生的户口迁移行为是谨慎而理性的。

表4-4　　　　　　　　　　　放弃农业户口的最大担忧

选项内容	频数	百分比（%）
失去最后的土地保障	34	28.3
失去祖籍的"根"	74	61.7
失去农业补贴和征地补偿	12	10

表4-5　　　　　　　　　　你是否愿意彻底放弃农业户籍？

选项内容	频数	百分比（%）
愿意	19	12
不愿意	48	40
有条件接受	53	48

（三）乡土情结也是重要的影响因素之一

应该承认，除了利益考量之外，文化也是一个重要的影响因子。虽然留恋乡村文化生活的人总是少数，但还是有一部分这样具有怀旧情结的新生代农村大学生。他们在农村乡土文化氛围中长大，耳濡目染，"根"的观念根深蒂固。无论流落在哪里，农村籍知识分子多少会有一些乡愁。对故乡的记忆和怀念，是一个游子的心灵慰藉。就像一个风筝的拉线牢牢地握在母亲的手里一样，心里觉得温暖安宁而有归属感。其中当然不乏少数的自然主义者钟情于乡村的田园生活。一个受访学生说："我的户口在江西进贤县七里乡谷升村，我没有迁到南昌来是因为我从出生到12岁都在老家生活，故乡的一切都令我怀念，也许是故乡情怀吧，总是感觉出生地有一种莫名的归属感。我也喜欢待在故乡，即使那儿不太富裕，但是在外面总是想起故乡，回想自己在故乡生活，回想自己小的时候，即使长期在外面生活，我也不会迁出户口，故乡才是我扎根的地方。"

另一个大学生则讲述道："我来自陕西省汉中市南郑区，我现在还是农业户籍。之所以没有选择随档案迁移户口，是因为我觉得转为城市户口没有什么优势。随着城镇化的发展，污染越来越大。相对城市而言农村生活更为轻松，我作为一个农民的儿子，而且还有自己的田地，可以种自己想种的东西，农村生活更自由，而转为城市户籍就意味着失去了自己的田地，而只能住在只有百十平方米的'小盒子'里。这就意味基本失去了最基本的邻里关系，每天都是回家一关门，可能连自己的对门邻居都不认识。这也就是为什么有的父母，子女有出息接他们进城生活，他们不愿意的原因。他们根本就不习惯，回老家生活，没事与邻居聊聊天、打打牌，呼吸相对于城市而言清新的空气。这些就是我不愿转为城市户籍的原因。还有就是我从小在农村长大，从骨子里还是喜欢农村，所以如果有条件，将来我还会让自己的子女在农村长大，而不是在城市受各种诱惑而迷失生活本身的方向。"这种对故乡的留恋和深情，以及对传统生活方式的热爱，也是一些新生代农村大学生迟迟不肯迁出户口的深层原因。但持这种态度的人非常少。

（四）权利意识增强，再也不愿像父母那样生活

调查中，我们发现，绝大多数新生代农村大学生不愿像他们父母那样做一个农民工，在城乡间流动，过着漂泊不定的生活。如表4-6所示，愿意像父母一样做流动农民工的只有2人，无所谓的9人，而明确反对的有108人，占比为90%。他们对自己的身份和稳定的生活有更加明确的目标。这个转变很重要，标志着中国改革开放40多年来传统城镇化模式走到了尽头。低成本工业化是以农民工低工资低福利为代价的，而高成本的城镇化则阻碍了农民工市民化和分享城市化红利。农民工承担了中国快速城镇化和工业化的社会成本。而新一代农民工和新生代农村大学生不可能像他们的父母那样。他们受教育程度和文化水平较高，权利意识总体上都比他们的长辈强。按照托克维尔的观点，平等是社会进步的基本动力。如果能实现社会平等，将会激发巨大的社会能量。以人为核心的新型城镇化战略，其实质就是通过实现农民工市民化实现社会公平。

表4-6　　　　　愿意像你的父母一样在城乡间流动做农民工吗？

选项内容	频数	百分比（%）
愿意	2	1.7
不愿意	108	90
无所谓	9	7.5

概而言之，新生代农村大学生之所以不愿"农转非"是基于城乡二元体制的社会分割而难以实现完全的城市化，所以只能采取一种自我保护的折中的过渡形式的准城市化半城市化，带着拥有农地经营权的农民身份

在城市学习、生活和工作，导致人的户籍身份与职业身份背离。如上所述，影响农村大学生"农转非"意愿与行为的因素较多，但从以上分析也透视出几个问题：第一，新生代农村大学生，他们变得更加理性，权利意识与平等意识增强，对既有的城乡二元体制构成强大的冲击。第二，他们的需求多元化，城市或城市生活仍然是他们的主要目标，但农村也逐渐成为他们部分人的选项。如果政策引导得当，他们可能返乡成为乡村振兴的新生力军。第三，城市化是工业化和现代化发展的必然趋势，但鉴于中国的特殊国情，中国特色城镇化应该走一条适应国情的渐进式的多元化道路。

三　新生代农民流动趋势下的农村空心化治理

城镇化是现代化的必由之路。新型城镇化以人为本，推进以人为核心的城镇化，关键是实现新生代农民的城市梦，即解决农民工市民化问题。"社会要从传统走向现代，必然会伴随着这样一个典型的现象——大量的农业人口将放弃乡村的生活方式而走向城市，开启新的工业生活方式。"[①] 随着中国进入工业化中期的所谓后乡土"城乡社会"，孟德拉斯说，"20亿农民站在工业文明的入口处：这就是在20世纪下半叶，当今世界向社会科学提出的主要问题"[②]。对于中国来说，城镇化的核心就是农民的城镇化。如今，中国的特大城市与大城市，已经出现了较为严重的城市病。或者说，大城市或一线、二线城市的空间有限，只有极少数幸运的新生代农民有机会实现异地流动和家庭迁移，为农村土地整治和经营权流转提供必要前提。而绝大多数新生代农民，如上所述，只能在本地的市、县、镇，甚至中心村镇实现就地就近流动和城镇化，从而实现农民家庭生活的完整性，彻底地解决农村空心化问题。由此可见，只有多元化的新型城镇化道路才能化解农村空心化问题。

（一）实现农民工家庭迁移和生活的完整性，并为农村土地整治创造条件

英国统计学家拉文斯坦（Ravenstein）总结了西方人口迁移的六大规

---

① ［英］彼得·华莱士·普雷斯顿：《发展理论导论》，李小云、齐顾波、徐秀丽译，社会科学文献出版社2011年版，第15页。

② ［法］H.孟德拉斯：《农民的终结》，李培林译，社会科学文献出版社2010年版，第3页。

律，第四条是"长距离的迁移通常是迁往大城市"。我国的长距离流动呈现多样化，不仅流入沿海发达地区的大城市、中小城市，也流入省城。据笔者调查，中西部农村的农民还会流入到大城市的郊区农村种菜养花。也就是说，中国农民的流动多样化，呈现发散的网状。哪儿有就业机会和赚钱机会就往哪儿流动。这正是市场经济规律调节使然，有助于经济发展和农民积累财富。一小部分成功的农民也可能会在就业创业之地安家，即实现异地城镇化。从公平角度讲，赋予农民自由迁徙权、财产权、生命权等基本公民权是社会主义法治建设的基本要求，也是落实习近平总书记所说的"人民对美好生活的向往就是我们的奋斗目标"的具体行动。"如果农民真正权利平等的话，那么最尖锐的就不是农民的就业问题，而是其他阶层的就业问题了。可以说，在如今的劳务市场上，农民的竞争力并不低，不要说蓝领劳务市场，就是所谓白领，所谓'企业家市场'上，如果真正实行公平竞争，'乡下人'也未必会输给'城里人'。……因此，所谓的农民收入问题，本质上还是农民的公民权利问题。"[①] 所以，我们应该回到马克思主义的一个基本立足点上来，相信农民，依靠农民，服务于农民。

而从城市发展的需要来看，无论大城市还是小城市，人口是城市发展的基本动力。城市最大的优势是人口集聚，不同业种、不同层次、不同文化的人聚在一起碰撞激发活力与创造力；城市最本质的特征是开放包容。所以，人口流动是城市的一个基本特征，是城市充满活力、保持活力的根本保证。农民对于中国快速城镇化的贡献无可置疑。所以，城市政府和市民对农民的排斥与歧视是不道德的。没有农民流动和所付出的劳动，中国城市化就没有今天的成绩，也不会有未来发展。从一定的意义上讲，政府怎样经营城市，就会怎样对待农民。但总体说，城市对农民工应该开放包容，并逐渐给予市民待遇。

（二）以中小城市与县城建设为重心，实现农民就近城镇化和家庭生活完整性

随着中国社会总体上进入后乡土社会，农民对农业和土地的依赖度降低。传承数千年的散居型村落形态已经不能适应农村人居环境改善和农业

[①] 秦晖：《农民中国：历史反思与现实选择》，河南人民出版社2003年版，第10—11页。

生产力发展的需要。① 但中国是农民大国，人口不可能都涌入现有的大城市。中小城市、县城应该成为农民就近实现城镇化的主要目标。按照通行的标准：市区常住人口50万以下的为小城市，50万—100万的为中等城市，100万—300万的为大城市，300万—1000万的为特大城市，1000万以上的为巨大型城市。而据笔者在中部地区的调查情况，一般地级市的市区人口规模30万—50万，县级市与县城的城区人口10万—20万。从城市本身的成长性和理想规模效应看，这些城镇容纳人口的空间很大。而随着中国沿海地区产业升级和传统产业转移，中西部地区产业承接和产业创新也迎来了一个发展机遇。"经济密度高于人口密度，必然吸引更多的人口聚集"②，为农民近距离流动提供了机会。2005年中国实行新农村建设战略之后，农村的交通通信条件大为改善，电动车取代自行车成为农民的主要交通工具，而有的地方实现了村村通公交车，这为农民近距离自由流动奠定了交通技术基础。

农民近距离流动就近实现城镇化的好处在于：第一，农民可以在不放弃务农收入的同时获得非农收入，这种基于家庭代际分工而实现的兼业化发展，有助于充分使用新老两代农民工的人力资本，积累财富，学习和积累最终完全实现城市化的社会资本与文化资本。第二，可以保持家庭生活的完整性。无论是家庭迁移还是家庭成员的流动，近距离的城镇化，使家庭生活的完整性得以保持，亲子互动、情感慰藉、教育、养老等家庭功能正常发挥。避免因为远距离流动而导致的"留守儿童、留守妇女、留守老人"留守群体综合征问题。第三，可以避免农村衰败的空心化现象。农民远距离流动不仅带来留守问题，也导致农村因为流失主要劳动力而陷入发展困境。而农民近距离流动和就近城镇化可以做到务工务农两不误，既可以分享城市繁荣，又可以照顾农事发展农村。甚至出现部分农民工成为新型职业化农民的现象。③ 新型城镇化与乡村振兴并行不悖。美国著名经济学家盖尔·约翰逊曾就中国城乡二元体制结构制约提出过一个"替代性方案"，即工业向农村扩散并在小城镇集聚，使农民在城乡间流动，

---

① 刘彦随、龙花楼、陈玉福、王介勇等：《中国乡村发展研究报告——农村空心化及其整治策略》，科学出版社2011年版，第199页。
② 周其仁：《城乡中国》（上），中信出版社2013年版，第9页。
③ 戴伙峥：《农村耕地抛荒的多层治理》，《南昌大学学报》（人文社会科学版）2017年第4期。

居住在农村而工作在城镇。① 政府职能部门可以从城乡统筹发展角度，以中小城镇为中心，以辐射半径和工作半径为轴，规划出若干个经济社会发展区域，实现城乡融合发展。

（三）以中心村镇建设为抓手，实现农民就地城镇化，留住青年人

除了农民远距离流动异地城镇化和近距离流动就近城镇化之外，还要充分关照乡村本身存在的机遇，有一些聚居型的村镇，由于其自身的多重原因，在城市化浪潮中，不仅没有消亡，反而获得了复兴和新生。也就意味着，农民可以不流动就地实现城镇化。

从实地调查的情况看，农区和山地丘陵地区的农民主要以异地流动、异地城镇化为主，村庄缺乏成长性；而城郊和交通便捷的村镇的农民以本地流动、就近就地城镇化为主，包括乡镇所在地，行政村所在地，以及具有独特文化或自然风光的古村落，其具有成为新型居民点中心的潜力和基础。从人口集聚的情况看，散居型的村落缺乏成长性，会自然消亡；而聚居型村落，因为具有人气、悠久的传统与历史，其生命力强韧。而中心村镇处于农村地域之中，对上承接城市的辐射和扩散功能，对下链接汇聚村庄资源，在城乡之间扮演桥梁和纽带作用。所以，中心村镇之所以具有发展前景，不仅在于其特殊的地理位置、资源、历史文化，更在于它与城市的关联度较高，能够勾连城乡两个市场、两种资源。所以，以中心村镇建设为抓手实现农民就地城镇化，必须构建城乡一体化发展网络，功能齐全、结构合理、布局科学的"城—镇—村"网络体系，中心村镇作为一个网络节点充分发挥资源聚散和链接城乡的功能，促进人流、物流、资金流和信息流自由流动，促进城乡融合。党的十七届三中全会指出，发挥好大中城市对农村的辐射带动作用，依法赋予经济发展快、人口吸纳能力强的小城镇相应的行政管理权限，促进大中小城市和小城镇协调发展，形成城镇化和新农村建设互促共进机制。就业和创收是农民融入城镇的经济基础。中心村镇要立足于本地产业集聚和创新，通过农业产业链延伸和特色产业的发展吸收农民就地就业。

总而言之，新生代农民流动行动逻辑出现了新的特点和趋势，这对新

---

① ［美］D. 盖尔·约翰逊：《经济发展中的农业、农村、农民问题》，林毅夫、赵耀辉编译，商务印书馆2004年版，第143—144页。

型城镇化道路的选择和农村空心化治理有直接的决定性的影响，我们应顺应潮流和立足于满足农民的基本需要。城镇化是世界潮流和现代化发展的必然趋势，但是中国作为一个农民大国，实现城镇化的道路应该多样化，也必须多样化。就地城镇化与就近城镇化既能满足农民城镇化的愿望，又能将城市与乡村各自的优点有机地结合起来，实现城乡协调融合发展。"事实并不像通常所说的那样只有两种选择——城市生活和乡村生活，而有第三种选择（即城市—乡村）。可以把一切最生动活泼的城市生活的优点和美丽、愉快的乡村环境和谐地组合在一起。"[1] 在我国，以县域、中心村镇为主的就地和就近城镇化不失为一条城乡一体的新型城镇化之路。这既可以实现农民的家庭生活的完整性，解决留守群体和资源空心化困境，也可以实现新城镇化的战略目标，实现城乡协调、均衡发展。

第三节　不同类型村庄农村空心化治理方式不一样

党的十八大提出要积极推进新型城镇化，以城镇化建设引领经济发展。2013年年底中央城镇化工作会议指出："城镇化是现代化的必由之路。推进城镇化是解决农业、农村、农民问题的重要途径，是推动区域协调发展的有力支撑，是扩大内需和促进产业升级的重要抓手，对全面建成小康社会、加快推进社会主义现代化具有重大现实意义和深远历史意义。"[2] 随着各项政策的改革落实和经济发展，城镇化率每年以一个百分点的速度递增。据国家统计局公布的数据，2016年我国城镇化率达到57.35%。但城镇化除了农民的人口城市化之外，还有一个与农耕文明相伴生的村落的前途和出路问题，从城镇化角度看，是一个村落如何适应城镇化和实现城镇化的问题。

按照经典的解释，城镇化的实质是通过农业人口逐步转变为城市人口从而实现农村社会转变为城市社会，是一种涉及城乡关系的社会转型。所以，城镇化应该有两层意思，第一是农业人口转变为非农的工商业人口，第二是随着人口结构的变迁带来的社会结构变迁，即农村社会转变为城市

---

[1]　[英]埃比尼泽·霍华德：《明日的田园城市》，金经元译，商务印书馆2010年版，第6页。

[2]　《中央城镇化工作会议在北京举行》，《人民日报》2013年12月15日第1版。

社会。学界和政策部门关注的焦点更多的是第一个层面的问题，即人口城镇化的形式和过程。但缺乏一个重要的视角，即村庄或村落视角。费孝通说："无论出于什么原因，中国乡土社区的单位是村落，从三家村起可以到几千户的大村。"① 农业、农民与农村三位一体构成农耕社会的基础。村落是农耕社会的重要载体和基本单位。农民城市化，农业现代化，而快速城镇化背景下中国乡村村落的命运如何，这是我们观察和思考的一个重要命题。有的村落会自然消失，有的村落会通过各种形式获得复兴和再生。我们认为，从一定的意义上讲，这些都是城乡社会转型背景下村落实现新型城镇化的形式，即村落适应并融入城市化社会发展之需的形式。因此，考察快速城镇化背景下传统村落的变迁态势，探讨传统村落实现新型城镇化的进程、形式及其发展趋势，对于遵循城乡社会转型发展规律及制定合适的农村空心化治理政策具有重要的理论价值。

一 新型城镇化背景下村落演化的态势与类型

中国是一个具有几千年农耕文明的人口大国。中国农村城镇化和现代化的道路和过程都会相对漫长。为了生产和安全的缘故，基于血缘和地缘而建立的村落共同体，一般分为散居型和聚居型两种村落居住形态。各个村落的资源、环境、地理位置、传统和风俗等也不太一样。村落社会要实现现代化和城镇化也会更复杂、更多样化。② 基于自己长期的调查和文献研读，我们初步认为，村落城镇化的主要态势与类型存在以下几种：

（一）村落终结

村落终结是指社会意义上随着人口迁移和城镇化，村落生活共同体解体和地理意义上村落建筑物被空置废弃或被强拆。

第一种类型是地理空间意义上村落在城镇化的进程中自然消亡。这种村落在快速工业化和城镇化发展背景下，由于农业比较收益太低无法满足农民的日常生活支出的需要，农业、农民与农村逐渐分离，低收益的农业和落后的村落被抛弃在农村任其陷入整体性衰败。而作为核心要素的人口资源则流向了城镇，逐步实现身份和生活城镇化。这样，随着人口结构的解体原有的村落生活共同体就自然而然地解体了。中西部经济落后地区和

---

① 费孝通：《乡土中国 生育制度 乡土重建》，商务印书馆2011年版，第9页。
② 易文彬：《村落城镇化的类型及其发展趋势》，《江西社会科学》2017年第6期。

远郊农村由于村民远距离流动而导致的村落自然衰败消亡就属于这种情况。曾经有报纸写过一篇《一个人的守望》的报道，描述了一个500人的山村的消亡过程，村中只留下一个70岁的老人和一片残壁断垣。从历史的眼光看，"三农"问题是城乡社会转型过程中的阶段性问题，应该会像发达国家所经历过的那样，随着城镇化的进一步发展而得到化解，实现城乡融合。

第二种类型是村落被人为地消亡在城镇化之中。这种情况主要发生在城镇周边的近郊农村村落身上。在大力推动新型城镇化发展的背景下，城市摊大饼式发展导致城市向周边农村迅速扩张，各种新城和新经济技术开发区建设的高潮一波高过一波，随着土地被征用，城市周边的村落快速消失得无影无踪。比较典型的案例是重庆和成都的城乡统筹一体化发展，提出所谓的"三集中"，即人口向城镇集中、农业向规模集中、经济向园区集中。村落在集中过程中被消灭，不仅社会意义上的生活共同体解体，而且物质意义上的村容村貌也消失殆尽。村落随着村民嵌入城镇而从地理的物质意义上被埋葬在城镇躯体之下。

村落终结之所以也是村落新型城镇化的形式，原因有三：第一，其动力源于城镇化，是城镇化导致村落资源净流出而致使村落解体；第二，其实质是村落人口城镇化，随着人口流动而带来其他资源的流出致使其解体；第三，其形式表现为村落地理意义上的消亡，城镇化导致村落形式与内容的分离，形式消亡在村落城镇化过程中。

（二）村落复兴

村落复兴是指由于城镇化的进一步发展而导致城镇资源向乡村回流和城市文明向乡村辐射致使一些衰败的村落重新复苏起来。其基本特点是城镇要素回流恢复了村落生活共同体的活力。从一定意义上讲，城镇化是村落衰败的原因，也是其复兴的根本动力。村落复兴是村落实现新型城镇化的一种形式。

第一种类型是具有特殊优越的地理位置的村落复兴。生活方便、环境优美，容易聚拢人气，人口聚集促进经济聚集和兴旺，村落流失的人口出现回流，兼职现象增加，人们居住在村落而工作在附近的城镇，在工作场所与生活居住地之间往返；同样由于村落地理位置优越，也有部分居民退休后回家养老，整个村落成为人们休闲和安居的生活场域，他们的生活已经城镇化。正如孟德拉斯所说："村庄现代化了，人又多起来了。在某些季节,城市人大量涌入到乡下来,如果城市离得相当近的话,他们有时甚至会在乡下定居。退休的人又返回来了。一个拥有20户人家和若干第二住宅的村庄可能只有二三户是经营农业的。这样,乡村重新变成了一个生活的场所,就像它同样是一个农业生产的场所。"① 法国的所谓风情小镇,几千人甚至几百人,其实就像中国的大村庄,改个名就是了。所以判断城镇化的标准不应该仅仅是人口城市化,更重要的是生活城市化。不过应该清楚,这种村落复兴的一个重要假定前提是附近城镇的经济复苏及其带来的就业机会。

第二种类型是具有人文景观或自然景观的特殊价值的村落得到政府政策支持保护和有效开发利用而逐渐复兴起来。这就是我们常说的文化名村和自然风光优美的生态村。前者是农业文明的遗产和农耕历史的记忆符号,是我们学习和温故历史的重要载体;后者是城市社会喧嚣浮躁之余文人墨客和有闲阶级偶尔亲近自然、享受自然的最佳渠道和场所。由于具有文化生态和经济开发价值,旅游业的兴起带来这种类型村落的复兴。这是城市文化、价值观念和生活方式,以及经济资源渗入农村,推动村落旧貌换新颜。从一定意义上讲,它既是工业化中期之后生态文明观念兴起的结果,也是我国中产阶级崛起及其社会消费观念变迁的结果,显现一些后工业化和去城市化的未来迹象。

(三) 村落再生

与村落复兴相同的是,村落再生也保持了村落生活共同体的基本完整性。与村落复兴不同的是,村落再生是指村落在外力的介入下以适应城镇化发展要求而以新的组织形式重新存续。目前村落实现新型城镇化的主要形式有:

第一种类型是村改居。即把村委会改成居委会,从农村组织形式变成城市组织形式,村民变市民,但地理意义上的村落仍然存在,改了个名称和管理形式,其实质内容没有大的变化。随着城市的地域扩张,很多城市周边的村庄陷入了城市的包围之中,成为城中村,城中村的经济边界、文化边界、社会边界逐渐被城市击破,城市元素渗透并改造了村民的观念和生产生活方式。为了便于管理,村改居。这是城中村实现城镇化最常见的

---

① [法] H. 孟德拉斯:《农民的终结》,李培林译,社会科学文学出版社2010年版,第217页。

一种形式。很多所谓的"城中村的终结",终结的是一种组织形式,但是其生活共同体没有解体,村落人情关系网络和风俗文化没有变。只要城中村没有被整体拆迁,村民没有流散城市之中,就不叫村落终结,而是村落再生。村落的物质躯体和精神文化仍然存在,只是存在形式变化了而已。

第二种类型是大村庄制。这里主要指经济文化落后的村落被邻近的强村富村兼并,成为其一个组成部分,即落后的村落通过并入发达的村落而实现新型城镇化,获得再生形式。比较成功的村庄需要土地和劳动力扩大发展,通过兼并周边经济落后的村庄实现大村庄制,典型的案例是江苏江阴的华西村、河南的孙庄等。华西村的成功主要是发展村级企业,通过发展工业化实现农村城镇化。类似于一般的工业化城市化发展,土地是进一步发展的瓶颈和制约因素,所以通过兼并周边落后的农业村落,既可获得急需的土地资源,又可帮助落后的村落实现城镇化和现代化。对于兼并者与被兼并者而言是互利双赢格局。像这样的例子,还有南街村、大邱庄等。另外还有一种行政上的兼并,把几个相邻的行政村合并成大村庄,以节约行政资源。但这种大村庄制不是我们所讲的城镇化过程中的大村庄制,而仅仅是一种行政行为。

第三种类型是拆村并居或合村并居。为建设新型农村社区,对若干相邻的村落进行整治拆迁,在行政区划内以人口相对集中或地理位置相对优越的地址为中心,"政府统一规划、农民自拆自建",实现农村新型城镇化。"从社会发展的基本趋势来说,合村并居不应仅是居住形式的改变,而应是城市化发展的一种形式。"[①] 比较典型的例子是山东诸城和齐河。诸城模式着眼于城乡服务均等化,采用"多村一社区"做法,在中心村规划建设类似于城市社区的公共服务中心,行政村改成居委会,公共服务覆盖整个村社区,成为全国首个撤销全部建制村的城市。村庄还是那个村庄,只是改个名,增添个社区服务中心,但农民的生活便捷性得到了提高。齐河模式注重村庄聚集与产业聚集结合,实现人口、经济与居住集中,成为全国合村并居的典型。实际上就是照搬重庆成都模式,实现"三个集中",不同的是齐河的集中不在城镇,而在农村行政区划内的某个选址上。村落实现了形式上的新型城镇化,但老百姓的生产生活是否得

[①] 马光川、林聚任:《新型城镇化背景下合村并居的困境与未来》,《学习与探索》2013年第10期。

到较大的改善和改进有待进一步观察。因为自然城镇化与人为城镇化最大的不同就是，遵循客观规律的程度不一样，其结果也会大不同。从一定的意义上讲，诸城模式借鉴了城市管理服务的有益经验，而齐河模式则完全复制城市管理模式，与农业的生产实际和农民的生活需要存在距离。

第四种类型是迁村并居。与拆村并居不同的是，迁村并居是指村落拆掉之后整体性迁移在异地重建新型社区，实现新型城镇化。这种类型的城镇化也存在几种情形。一种是生态移民，出于保护生态区把当地的村民迁移出来建设新居民点；一种是民生移民，为改善农民的生计把当地的山民、牧民、渔民等迁移出来建设新社区；还有一种是工程移民，像三峡工程移民那样，国家大型建设需要把当地居民实行异地迁居，在异地他乡选址，统一规划，统一建设，按照新型社区模式建设移民的新家园，实现异地新型城镇化。如果迁村的村民没有实现整体性拆迁并居，没有保持村落生活共同体的完整性，也没有按照规划建设新型社区，而是零星散居在其他的村落之中，则不能算作村落再生，而是政府主导的人为的村落终结形式。

以上初步勾勒了当前中国快速城镇化背景下农村村落实现城镇化的基本形式。如果城乡关系是对立统一的辩证关系，那么城镇与村落作为一对矛盾，按照马克思主义的逻辑，它们的斗争是以三种形式结束的。第一种形式是矛盾的一方消灭了另一方，即村落终结；第二种形式是矛盾的一方战胜并兼并另一方，即村落再生，村落通过实现新型城镇化的形式获得再生；第三种形式是矛盾双方妥协并以新的形式呈现，村落复兴就是村落获得城镇某些要素的注入而得到复兴。城乡关系是社会转型时期最重要的双边关系，它们的变动发展影响国家经济社会全局。而在这对关系中，城镇是矛盾的主要方面，也是人们常用的研究视角。而农村或村落视角缺失却导致了农民利益和农村价值被忽视，甚至被伤害。因此，我们有必要进一步探讨村落城镇化的趋势及其过程中存在的问题。

二 村落多元化视野下的农村空心化治理

《世界城市》一书把城市化定义为：城市化是一个过程，包括两个阶段的变化。一是人口向城市流动，并在城市中从事非农业型生产与工作，在城市安居乐业。这是传统的城市化观点，也是城市化发展的第一个过程。二是农村的生活方式向城市生活方式转变，如价值观、行为方式和生活方式等。这是城市化发展的第二阶段，城市化过度发展导致逆城市化，城市的资源、观念和生活方式向农村扩散。缪尔达尔则进一步解释了这种不平衡发展的机制，第一阶段是"回波效应"，资本、人才、技术等生产要素在收入差异的吸引下由落后农村地区向发达城市地区流动；第二阶段是"扩散效应"，由于发达地区生产规模的不断扩大会引发生产要素的供应紧张，从而引发生产成本上升，赢利机会减少，资本必然会向其他地区寻找出路，出现资本技术向落后地区农村扩散。① 通过"回波效应"发展城市，然后通过"扩散效应"带动农村发展。与此相呼应的是，第一阶段的农村走向萧条，村落走向消亡；第二阶段农村走向复苏复兴，村落因为农民生活城镇化而就地自然城镇化。然而从历史来看，从第一个阶段过渡到第二个阶段是一个较为漫长的发展过程。中国整体上还处于城市化的第一个阶段，部分发达地区开始转向第二个阶段。

（一）从宏观上讲，大部分散居型村落会终结，但过程会很漫长

村落是适应传统农业生产需要而高度分散的居民点形态，而城市则是适应现代工业生产需要而高度集聚的居民点形式。随着中国工业化加速发展，农民流向城市是历史必然，村落终结也是历史的必然。如果我们一方面要加速工业化和城市化发展，实现农业社会向工业社会的现代化转型，另一方面又想保留，甚至固化农业社会的村落形态，这似乎是一个自相矛盾的做法。村落留住了，甚至翻新了，却是新空巢村，因为农民流走了。"对于工业社会的崛起，尽管有一些理论家深感不安，但这毕竟是少数。在社会科学领域，绝大多数人都认为社会变迁是'进步的'。"② 2013年12月中央城镇化工作会议指出，新型城镇化要以人为本，推进以人为核心的城镇化。核心是解决农民工市民化问题。大量的调查也证明，传承数千年的散居型村落形态已经不能适应农村人居环境改善和农业生产力发展的需要。③

村落会随着农民流失而逐渐消亡，但过程可能比较漫长，至少有两个

---

① 毕世杰主编、马春文副主编：《发展经济学》，高等教育出版社1999年版，第193页。
② ［英］彼得·华莱士·普雷斯顿：《发展理论导论》，李小云、齐顾波、徐秀丽译，社会科学文献出版社2001年版，第20页。
③ 刘彦随、龙花楼、陈玉福、王介勇等：《中国乡村发展研究报告——农村空心化及其整治策略》，科学出版社2011年版，第199页。

因素制约村落终结的过程使其消失得缓慢。一是第一代农民工返乡务农。第一代农民工的行为选择逻辑是生计理性。随着市场化和工业化的迅速发展，尤其是公共服务市场化，农民有限的农业收入不足以维持家庭日常支出。为了摆脱贫困和改善生活，年纪大了之后返乡务农。他们在农村长大，有耕作经验和技术，对农村有难以割舍的情感和联系，回归故里不是耻辱，而是一种光荣。村落是他们终老的地方，他们要在自己的故乡安度晚年，生产生活一段较长的时间。农民安在，村落自然不会消亡。二是中国城镇化发展速度和规模难以在短期内消化巨量的农民。据统计，中国城镇的农民工总量超2.97亿。[①] 如果按中央政策目标每年解决1300万农民工的城镇化问题，也需要近20年的时间，前提是中国经济发展速度保持不变。如果考虑经济的周期波动和部分新生代农民工返乡创业的影响，中国完全实现城镇化的时间可能至少需要30年，也就是说农村村落的存续时间至少也有这么长。认识到这一点很重要，村落终结的长期性决定了我们农村工作的长期性。而且，村落作为农民和农业的载体，它的终结过程往往比农民身份的转变和农业现代化来得漫长，往往是相对滞后。

（二）从长远看，大部分聚居型村落会有复兴之时，应守护好传统古村落

法国著名社会学家孟德拉斯的《农民的终结》一书为农业千年文明开了一张死亡证明书，但在该书的跋中又大谈乡村复兴的问题。其实就是指城市化的第二个阶段，即城市文明向乡村扩散，农村的生活方式向城市生活方式转变。城市一方面敞开胸怀接纳来自农村的转移人口使其安定下来；另一方面不断提升城市文明普及率，促进农村地区生活方式都市化。城市化过程的两个阶段的回波与扩散机制的功能同时发挥作用。那么，城市化第二阶段的城市文明普及推广，或者缪尔达尔所说的扩散效应作用的过程机制是什么呢？我们认为，一种机制是农民工返乡，把城市的观念、技术和生活方式带回农村；另一种是政府政策支持的资本下乡、文化下乡、科技下乡和送医下乡等组织机制。大多数散居型村落由于缺乏吸引力而在城镇化浪潮中消失，只有具有一定人气的聚居型村落才能顽强生存下来。这种聚居型村落及其留守群体，是接受城市文明扩散普及的载体。就目前来讲，村落复兴迎来了两个机遇：第一，中国已经进入工业化的中期

---

① 董蓓：《2023年全国农民工总量超2.97亿人》，《光明日报》2024年5月1日第3版。

阶段，即进入"以工促农、以城带乡"的新阶段。从乡村反哺城市转变为城市反哺乡村，城市资源回流农村，为乡村的复兴和发展提供了历史机遇。第二，与工业化中期阶段相适应的是中国进入中等收入国家，中产阶层的崛起及其消费倾向的变化为乡村的复兴也带来巨大的发展机遇。乡村风情和农耕文明成为中产阶层消费的新买点。实地调查发现，大部分聚居型村落由于具有地理、交通、历史和人文等优势，在城镇化的第二阶段抓住机会迅速复兴，就地实现新型城镇化。

　　这也符合经济规律。按照周其仁的解释，城市化是以人口密度定义的，它本来的含义就是人口聚集。人口聚集推动经济聚集，反过来再刺激人口聚集，这就是城市化的动态进程。① 聚居型村落一般都具有聚集人口的优势，所以在快速城镇化过程中能够存活下来，等到中心城市化发展成熟之后，利用城市资源向周边扩散之机，人口聚集像一个吸引器一样推动经济聚集，二者相互推动，聚居型村落就会重现生机与活力。这一点很像法国和德国的风情小城镇。一般的古村古落或文化名村也具有这个特点。历史上都是大宗族大家庭，人脉发达，虽有衰弱迹象，但仍具有很强的生命力。一旦逢迎春水，就会茁壮成长。特别是在当前国家推动供给侧结构性改革的大形势下，东南沿海发达地区的产业升级和劳动密集型产业向中西部转移，内地经济承接和城镇化加速发展，农民就地就近就业的机会越来越多，新生代农民工可以在城镇工作而在农村居住，实现工作与生活一小时圈的就地新型城镇化。在这种城镇经济圈内，不仅聚居型村落会复兴，就是一般的散居型村落也有机会再现生机。但前者的机会比后者多，生命力更强。

　　应该说，每一个村落本身都具有特殊性，作为一个生活共同体，有它自身的生命轨迹，它的城镇化过程也是逐步展开的。一个完整的村落共同体，具有社会边界、文化边界、行政边界、自然边界和经济边界五种边界。文化边界基于共同价值体系的心理和社会认同；社会边界是基于血缘、地缘关系的社会关系圈子；行政边界是基于权力自治或国家权力下乡的管理体系；自然边界是基于土地属权的地域范围；经济边界是基于经济活动和财产权利的网络和疆域。② 从村落与城镇互动关系的演变来看，农

---

① 周其仁：《城乡中国》（上），中信出版社2013年版，第8—10页。
② 李培林：《村落的终结——羊城村的故事》，商务印书馆2004年版，第38页。

民流动是实现城乡联系的重要社会机制。所以村落城镇化的过程，也是随着农民流入城市而展开，从经济、文化开始，直到社会和行政的城镇化。市场和政府也是连接城乡的重要机制。市场机制与农民流动机制的作用类似，促使村落逐步从经济、文化过渡到社会政治的城镇化。而政府作为一个作用于城乡关系的强制性机制，则有些不同，它首先选择有利于政绩的逻辑推进村落城镇化。打破村落自然边界推动土地城镇化；打破村落社会边界，建设新型社区，实现人口城镇化和社会城镇化；进而全面实现村落的经济和文化的新型城镇化。但村落城镇化自有其内在规律，过多的人为干预往往适得其反。既要发挥主观能动性，又要遵循客观规律。

第四节 不同区域农村空心化治理单元不一样

农村空心化治理的单元选择，即治理实践中选择多大的范围进行整体规划与整治，以达到治理的最优效果。一般有自然地理、经济和行政区划三个标准，相应的有自然单元、经济单元或行政单元三个层面的单元。自然单元选择是基于地理风貌和资源特征，打破行政区划的限制，对于某一片土地和村落进行统一的规划建设，比如国家出台的河长制；经济单元的选择是基于某一相对独立的经济区域进行统一的整治规划，打破城乡界限，达到区域整体经济效率最优化，比如长江三角洲经济带、港珠澳大湾区经济带等；而行政单元的选择则比较简单，基于现有的行政区划，从自然村—行政村—乡镇—县—市，根据各地的自然资源和经济社会具体情况进行统一的规划整治，达到最佳的整体经济效率。从理论上讲，选择自然单元和经济单元进行规划整治，空心村治理的效果最佳，但困难最大，因为涉及不同的行政管理区划和多层利益分配；选择行政单元，最方便、见效快，但综合效率和长期效率可能不算太好。基于当前中国的垂直行政管理体制，当前我国的农村空心化治理的单元选择都是采取行政标准，或以行政村为单位，或以乡镇为单位，或以县市为单位，等等。从前面讨论的实践来看，各有千秋，都有成功的例子。因此，农村空心化治理的单元选择，因地制宜是最重要的原则。

一 以村社为单位的农村空心化治理

梁银湘认为，由于中国农村存在着非均衡状态，推行社区建设的基本模式或是以自然村落为主导形成的"一村多社区"模式,或是以行政村为主导形成一村一社区模式。① 这种观点有其合理性,强调乡村的差异性,主张根据每个村社的具体村情与特点,包括村小组和行政村,因地制宜,因时制宜,建设各具特色的美丽乡村。但是它的不足也很明显,如前所述,随着我国工业化和城镇化的加速发展,中国整体上从乡土社会转向乡城社会,新时代农民实现乡城迁移,很多村落会在社会转型的过程中消失,如果我们不用发展的眼光看问题,很可能浪费资源,把有限的宝贵的稀缺资源通过"撒胡椒粉"的形式建设若干个新的空心村,而这些新村庄在城市化浪潮中必然会消失。所以,这种以村社为单位进行的农村空心化治理,一定要选择具有资源优势和有成长性的中心村庄为重点对象,以提高资源的使用效率。

二 以集镇为单位的农村空心化治理

还有学者,从历史实践的角度认为,民国时期的乡村建设实践,农业集体化时期人民公社,以及当代中国的"超级村庄"等,从地域范围来说,差不多都是以一个镇的土地面积形成相对完整的产业资本价值链。② 以历史事实为证,提出以镇为单位进行空心村整治。从村到镇,不仅地域面积扩大了,而且涵盖了农村基层市场,关照到乡村与城镇的有机联系和农民的日常经济和社会生活的实况。它满足了农民家庭所有正常的贸易需求:家庭自产不自用的物品通常在那里出售;家庭需要用不自产的物品通常在那里购买。……它是农产品和手工业品向上流动进入市场体系中较高范围的起点,也是供农民消费的输入品向下流动的终点。一个设有基层市场的居民点,称为基础集镇。③ 以集镇为单位进行农村空心化治理,具有一定的合理性和可行性。从一定的意义上讲,它是一个缩小版的城乡区域经济圈。

一般的乡镇人口在 2 万人左右,集镇会有些加工企业、服务业和商

---

① 梁银湘:《城乡一体化背景下农村"空心化"与社区建设研究》,《中共福建省委党校学报》2013 年第 1 期。
② 福建农林大学课题组、温铁军、张俊娜、邱建生编著:《居危思危:国家安全与乡村治理》,东方出版社 2016 年版,第 31 页。
③ [美] 施坚雅:《中国农村的市场和社会结构》,史建云、徐秀丽译,中国社会科学出版社 1998 年版,第 6 页。

业，能够聚集一些人口，形成一些经济服务中心，构成对周边农村的辐射和资源吸纳效应，从而形成城乡经济良性互动和协调发展。如果集镇能发展好自己的地方特色产业和服务业，就地就近解决农民的就业和城镇化的需求，则可以完全化解农村空心化问题。从这个意义上讲，我们也认为，基于中国特大城市和大城市的压力太大，选择集镇为中心的新型城镇化道路也许是一条好的出路，既可以实现城市化目标，又可以化解农村空心化问题。

三 以县域为单位的农村空心化治理

折晓叶、艾云认为，县域问题历来是中国社会发展的基本问题之一，在社会转型的大背景下，它更处于正确处理中央与地方、城市与乡村、工业与农业、市民与农民、富裕与贫困等问题的关键环节。……县域内统筹城乡具有其独特的优势。……城乡之间相遇在县，它们之间的关系在县域最直接最紧密、最有可能实现互补和一体化。[①] 而且，县级行政单位大多数面积1000—4000平方千米，交通距离不超过50千米。[②] 县城的中心公共服务可以覆盖全县区域。因此，县域成为农村空心化治理的最佳单元，可以把农村与城镇有机勾连起来，合理布局和科学分工，实现城乡统筹和区域整体效率的最优。

2023年12月19日至20日中央农村工作会议提出，统筹新型城镇化和乡村全面振兴，提升县城综合承载能力和治理能力，促进县域城乡融合发展。客观讲，选择县域为单位进行农村空心化治理，是一种比较科学的办法。在一个县域范围内，对县城—集镇—行政村—自然村进行整体规划，合理布局，统筹城乡，兼顾各居民点的经济与社会发展需要，实现县域的宏观经济效益最优化。从理论上讲，如果以集镇为单位属于微观或中观经济，以县域为单位则属于宏观经济。因为县主要还是以农业为主，所以选择以县为单位进行空心村治理，从长远来看，其整体的规划建设效益要更好，而且集镇建设的优势和特点也可包括其中。所以，我们认为，以县域为单位进行空心化治理是比较理想的做法，它是城乡一体化发展的初级实现形式。

---

① 折晓叶、艾云：《城乡关系演变的制度逻辑和实践过程》，中国社会科学出版社2014年版，第146—148页。

② 李强、陈振华、张莹：《就近城镇化与就地城镇化》，《广东社会科学》2015年第1期。

四 寻求以城乡一体为单位的农村空心化治理

从刘彦随等提供的成功案例和笔者实地调查的结果来看，以上各种观点都可以在现实中找到成功的案例做佐证。比如，以镇为单位进行空心化治理的，有河南新乡市古固镇"统一规划、自拆自建"；以小镇为单位的，有山东青州高木镇；以行政村为单位的，有河北省邯郸县郝秀村"村委带动、政府帮扶、村民自建"，浙江奉化腾头村和山东潍坊的南张楼村，土地整治与产业发展；以自然村为单位的，有山东潍坊安丘市刘家峪村，村内集约整治。[①] 我们在农村空心化治理实践中也提到三个层面的成功案例。

这些成功的治理案例是多样性与一致性的统一。一致性在于目标都是为全面建成小康社会而解决农村空心化的发展困境，解决农民，尤其是留守人口的生存发展问题；解决的思路也应该是一致的，从城乡统筹发展的角度解决农村空心化问题，不再局限于就"三农"谈"三农"，就农村谈农村的旧思路。而多样性则体现在地域特色，各个村庄、行政村、乡镇或集镇、县域，具有各自不同的历史文化、地理位置、自然资源、经济基础等综合因素，一村一品、一镇一业、一县一个模式。如前所述，农村空心化治理的单元选择，因地制宜是最基本的原则。如果一个自然村或行政村有足够的经济实力和资源优势则可以依靠自身力量治理农村空心化问题；如果力量不够或者与周边农村存在互补性，则可以选择以乡镇为单位进行统筹规划，整体布局发展经济以治理农村空心化问题；而如果县域经济有实力和优势，则可以依托城关经济做引擎，对整个县的经济结构和产业布局做统筹安排，振兴乡村经济文化，实现农村空心化治理目标。

农村空心化其实是 21 世纪以来"三农"问题演变而成的综合并发症。其产生的根本原因在于工业化和城镇化的加速发展，以及中国特有的城乡二元体制，导致农村资源单向流向城镇陷入资源枯竭的发展困境，所以，农村空心化治理也应该在城乡之间寻找答案。农村空心化治理，目标在农村，但出路在城镇。只有从城乡统筹发展的角度才能找到农村发展和农村空心化治理的正确道路。因此，我们也高度认同刘彦随等的观点，农

---

① 刘彦随、龙花楼、陈玉福、王介勇等：《中国乡村发展研究报告——农村空心化及其整治策略》，科学出版社 2011 年版，第 130—145 页。

村空心化整治的核心是按照城乡一体化发展要求，以"空心村土地整治—中心村建设—社区化管理"为目标，构建"城镇—集镇—中心村（社区）"的城乡空间体系，① 最终实现城乡统筹、融合发展和农村空心化的有效治理。

---

① 刘彦随、龙花楼、陈玉福、王介勇等：《中国乡村发展研究报告——农村空心化及其整治策略》，科学出版社2011年版，第178页。

第五章　新型城镇化背景下农村空心化治理机制与政策

《国家新型城镇化规划（2014—2020年）》明确提出："加快消除城乡二元结构的体制机制障碍，推进城乡要素平等交换和公共资源均衡配置，让广大农民平等参与现代化进程、共同分享现代化成果。"[①] 这是当前新型城镇化背景下我国推进农村空心化治理的首要任务。从历史与实践看，农村空心化的症结在于城乡发展失衡，城乡发展失衡的症结在于城乡二元体制障碍。因此，治理农村空心化问题关键在于破除这些制度因素制约，推进城乡一体化发展的体制机制建设，推行一系列相应的强农惠农富农政策，才能最终高质量治理农村空心化问题。

第一节　破除城乡二元体制，促进城乡一体化发展

毋庸置疑，以户籍制度为基础的城乡二元体制为中国的工业体系的建立作出了不可磨灭的历史贡献。但是它所造成的历史影响也是非常深远的。如前所述，城乡二元结构是发展中国家现代化过程中普遍存在的现象，农村空心化也是所有国家工业化和城市化过程中普遍遭遇的共同问题。农村空心化只不过是现代化的伴生物而已。只不过是新中国的重工业优先发展战略及其他经济社会和国际安全等内外因素综合作用逐渐形成了一个与计划经济相适应的城乡二元制度，使得中国的"三农"问题和农村空心化问题较为严重。"我国城乡分割的二元结构是其空心村产生和加剧发展的制度根源。"[②] 但不可把农村空心化归因于城乡二元结构，更不

[①]《国家新型城镇化规划（2014—2020年）》，人民出版社2014年版，第62页。
[②] 刘彦随、龙花楼、陈玉福、王介勇等：《中国乡村发展研究报告——农村空心化及其整治策略》，科学出版社2011年版，第17页。

能归因于中国的工业化和城镇化。

党的十八大提出:"城乡一体化是解决'三农'问题的根本途径。要加大统筹城乡发展力度,增强农村发展活力,逐步缩小城乡差距,促进城乡共同发展。"[1] 党的十九大又进一步提出"实现城乡融合发展"和"促进农村一二三产业融合发展"的新理念,为我国农村空心化治理指明了道路与方向。核心是破除城乡二元体制,实现城乡一体化发展。

一 破除城乡公共服务二元体制,实现城乡公共服务均等化

城乡二元公共服务福利政策是市民与农民身份差别的标识,也是导致城乡差距和城乡失衡的重要原因之一。由于资源稀缺和城市优先的政策,农村的公共服务基本上自我供给。市民的生老病死都由国家单位保障,而农民则是由自己负责。改革开放40多年来农村公共服务政策分为三个阶段:第一,明显缺位阶段(1978—2002年),农村的公共服务基本上是自我供给;第二,逐步覆盖阶段(2003—2013年),2003年党的十六大提出"让公共财政的阳光逐步照耀农村",正式把农村纳入公共财政服务范围之中;第三,走向城乡一体化阶段(2014年至今),2014年以城乡基本养老保险制度并轨为标志,城乡一体化和均等化公共服务政策开始构建。[2] 实际上,农村的公共服务品供给长期处于短缺和不足状态。

城乡之间的差距,不仅仅是显性的收入差距,更重要的是部分公共服务、公共品等隐性收入加重了城乡之间的差距。农村的公共服务和公共品稀缺,大大降低了农村人口的福利水平和生活质量。在当前中国农村人口空心化和所谓的教育资源整合优化的背景下,地方政府在发展主义经济效率逻辑主导下大规模地拆村并居和拆并中小学行为,致使农村留守儿童读书变得更加困难。教育资源整合,应该以农民的需求为价值导向。农村公共服务缺失是农业农村发展的最大短板。正是因为农村的社会保障低水平才促使农民工外出谋生,也正是因为农村社会公共服务水平低,才使得农村留守人口的生产生活处于非常艰苦的境地。

---

[1] 胡锦涛:《坚定不移沿着中国特色社会主义道路前进 为全面建成小康社会而努力奋斗——在中国共产党第十八次全国代表大会上的报告(2012年11月8日)》,人民出版社2012年版,第23页。

[2] 林万龙:《从城乡分割到城乡一体:中国农村基本公共服务政策变迁40年》,《中国农业大学学报》(社会科学版)2018年第6期。

改变城乡二元公共服务和福利体制,让农民分享改革成果。这里应该包括两个方面的内容:一是实现城乡之间的公共服务均等化,国家加大财政转移支付为农民提供与市民均等化的公共服务,补农村公共服务稀缺的短板;二是城市公共服务常住人口的全覆盖,把农业转移人口纳入城市公共服务体系之中,实现农民市民化,消除城市的二元社会结构。终极目标是实现城乡一体化的公共服务与公共福利政策,消除城乡差别。所以,中央反复强调要实现城乡公共服务均衡化,提升农村公共服务水平,改善农村生产生活的环境。解决"读书难、就业难、看病难和养老难"四大民生问题。习近平总书记又提出"两不愁三保障"。2018年中央一号文件《中共中央国务院关于实施乡村振兴战略的意见》提出:"坚持农业农村优先发展。……在干部配备上优先考虑,在要素配置上优先满足,在资金投入上优先保障,在公共服务上优先安排,加快补齐农业农村短板。"①"让农业成为有奔头的产业,让农民成为有吸引力的职业,让农村成为安居乐业的美丽家园。"② 所以,建立健全农村公共服务体系,解决当前农民面临的就业、就医、就学、养老等燃眉之急,是缓解和解决农村空心化问题,留住农民和发展农村的长久之计。

新型城镇化的核心是以人为本,实质是实现农业转移人口市民化,关键是把城市里的农业转移来的常住人口纳入城市社会保障体系之中,为其提供平等的就业、教育、医疗、社保、住房等公共服务,特别是农民工子女的受教育权、廉租房和经济适用房的申请居住和购买权,以及医疗和养老保险等公共服务,为有稳定职业和收入的农民工在城市安家提供保障。换句话说,就是为农民工的家庭迁移和家庭生活的完整性提供制度保障。这就能最大限度地减少农民工家庭地理上的分离所造成的留守儿童和留守妇女问题,即农村人口空心化问题,以及农民工在城市的"边缘化"问题。经济条件较好的家庭,父母也可以随子女进城养老,解决留守老人问题。

二 破除城乡规划建设二元体制,促进城乡空间一体化发展

过去我国城乡规划建设"两张皮",城市由城市建设局和规划局统一

---

① 《中共中央国务院关于实施乡村振兴战略的意见》,人民出版社2018年版,第6—7页。
② 《中共中央国务院关于实施乡村振兴战略的意见》,人民出版社2018年版,第4—5页。

管理，但农村没有专门负责的规划建设部门，而是由乡镇的土地管理所负责批地收费。所以，城市建设标准化，农村建设杂乱无章。要遏制农村宅基地建设无序扩张和土地资源浪费的现象，就必须将农村纳入国家的统一建设规划管理之中，各地的城建局改成了城乡建设局，推动城乡空间统一规划建设，合理布局，实现城乡空间优化、组织整合和产业融合。但实际上，由于点多面广，农村规划建设及其监督仍然是短板。这也是导致农民多占地、多建房和乱建房，造成空心房的一个重要原因。

城乡一体化发展是最终解决农村空心化问题的根本之道。从一定的意义上讲，城乡一体化的基础设施是城乡一体化发展的物质技术基础。构建城乡一体化的规划和基础设施建设，有两个着力点：

第一，在地理空间上城乡统筹规划、合理布局，做大做强县域经济和建设区域经济圈。将经济、社会和空间统一起来，"坚持遵循自然规律和城乡空间差异化发展原则，科学规划县域村镇体系。……按照发展中心村、保护特色村、整治空心村的要求，在尊重农民意愿的基础上，科学引导农村住宅和居民点建设，方便农民生产生活"[1]。以大城市为中心，以中小城市为纽带，以新型村镇为支点，辐射农村，建设"城—镇—村"一体化的城乡体系和区域经济圈，实现城乡融合发展，逐渐缩小城乡差距和解决农村发展空心化问题。这需要在宏观和中观层面统筹规划和科学布局，做强城市，做实县域，带动乡村发展。党的十七届三中全会提出要"发挥好大中城市对农村的辐射带动作用，依法赋予经济发展快、人口吸纳能力强的小城镇相应行政管理权限，促进大中小城市和小城镇协调发展，形成城镇化和新农村建设互促共进机制"。各级政府职能部门应该科学编制好本地区城乡经济社会发展规划，统筹城乡经济社会空间发展。

第二，构建城乡一体化的交通通信等基础设施网络体系。2016年中央一号文件《关于落实发展新理念加快农业现代化，实现全面小康目标的若干意见》明确提出："把国家财政支持的基础设施建设重点放在农村，建好、管好、护好、运营好农村基础设施，实现城乡差距显著缩小。健全农村基础设施投入长效机制，促进城乡基础设施互联互通、共建共享。"构建城乡发展一体化的基础设施网络，以新型村镇建设为抓手，打通城乡之间的脉络，市道县道，乡道村道，铁路公路，纵横交错，相互贯

---

[1] 《国家新型城镇化规划（2014—2020年）》，人民出版社2014年版，第67页。

通，为促进城乡之间的人流、物流、资金流和信息流的自由流动奠定物质基础。如今，城市之间的大动脉已经打通，基本上都建立了以高速公路、高铁火车轨道等为基础的便捷交通网络。现在的重点是城乡之间的基础设施建设没有实现互联互通。"要致富，先修路。"当前最紧迫的任务是推动农村道路硬化，实现"村村通公路"，有条件的地方实现行政村通班车，实现城乡客运一体化，为城乡之间的人员往来和农民工进城务工提供便利，把滞留在农村的人力资源盘活起来，也为农产品实现商品化和市场化提供便利，从而为农村经济社会发展创造有利条件，为农村空心化问题治理奠定物质技术基础。

有一种倾向值得警惕。国家出台"城乡建设用地增减挂钩"政策本意是想遏制城市建设用地与农村建设用地双向递增的背离现象。从理论上讲，农民工进城务工经商，城市建设用地会增加，但同时，农村建设用地也在增加。也就是说，农民赚钱在农村建房占用了建设用地指标，自己又不居住，造成了浪费。但是这个政策没有达到预期目标，不是为了农村发展和农民利益，而是为了获得城市建设指标。不仅对农民造成伤害，而且制造房地产泡沫和虚假繁荣。国家要加大监管，杜绝这种短视行为。

三 破除城乡市场二元结构，促进生产要素优化配置

我国经济体制改革的目标是建立社会主义市场经济体制，发挥市场在资源配置中的基础性和决定性作用。目前，我国的商品市场已经比较成熟，但生产要素市场还远没达到成熟。这不仅不利于国民经济的宏观效率和全要素生产率的提高，而且对于城乡两个要素市场的资源优化配置和城乡公平发展构成阻碍。要促使城乡协调发展，就必须构建城乡一体化的要素市场，促进城乡之间要素合理流动，同权同价。

首先，构建城乡统一的劳动力市场，实现劳动力自由流动，通过区域流动和职业流动，实现城乡融合发展。农民流动是实现城乡融合发展的核心机制。当前我国农村之所以出现空心化的现象，一个根本原因就在于以户籍制度为核心的二元社会结构限制了农民的自由流动和迁移，使农村人地关系失衡，资源紧缺。而进城务工的农民工只是实现了职业流动，没有实现社会流动，即没有实现身份转变，农民工自身身份与职业的分离，导致整个家庭结构的断裂和农村人口空心化和留守问题。所以，构建城乡一体化的劳动力市场，第一是要实行平等的聘用制度。打破城市就业壁垒和

体制内与体制外的二元就业结构。第二是要实现同工同酬。按劳取酬，多劳多得，少劳少得。现在农民工进城从事的工作，基本上都是临时工、合同工，稳定性差、劳动量大、风险系数高，但收入却不高。这致使农民工融入城市的信心和能力不足。第三是实行城乡一体化的医疗、失业、养老保障制度，为农民工提供公平公正合理的公共服务与公共福利。

其次，构建城乡一体化的土地市场。土地是最基本的生产要素。当前我国的土地市场是与计划经济体制相适宜的二元市场结构，严重滞后于经济发展的需要。城市的土地属于国家所有，城市政府进行统一规划和投资建设。所有权、使用权、经营权、收益权都属于政府，政府垄断城市土地市场的买卖，控制供求关系和盈利水平。而农村的土地属于集体所有制，而实际上是由行政村的村委会代理行使管理，拥有处置权和部分收益权。耕地转为建设用地，有严格的限制。国家规定，农村的土地不能自行更改用途和进行买卖。农民经过审批可以获得宅基地。国家或地方政府基于公益事业可以向农村征地。现在的问题是，有些地方政府在发展主义的逻辑支配下，不断突破国家的耕地保护底线，通过所谓的经营城市达到经济发展和实现政绩的目标。而有些农民的利益在快速城市化扩展过程中受到了侵害。为了保护农民的利益，实现土地资源的优化配置，国家应做好顶层设计，积极构建城乡统一、规范的土地市场，同地同权，同地同价，让农民分享城镇化的成果，促使城乡协调发展。

最后，构建城乡一体的融资投资制度。长期以来，我国实现城市偏向政策，重城市轻农村，从而导致中国严重的"三农"问题和城乡失衡。城市一直是国家和地方政府投资建设的重中之重。城市建设由国家或政府主导，财政与金融双向融资，投资保障有力，使得城市的基础设施和公共服务的整体水平与质量比较高。而农业比较收益较低，不仅难以吸引城市资金反哺农村，就连农村本身的资金也处于净流出状态。基础设施建设靠国家财政转移支付，融资渠道单一，建设资金缺乏，农村的融资投资制度保障不力，使得农村发展的资金瓶颈制约严重。

随着中国进入工业化中期发展阶段，以及全面建成小康社会的战略任务完成，国家有能力也有职责加大农村农业的投资力度，特别是加大中央财政的"三农"转移支付力度，通过"以工补农、以城带乡，多予少取"方针，取消农业税、普惠制补贴等优惠政策，积极引导政策性银行和商业银行协同作战，支持中国的农村建设与发展。对于工业化进入中期后城资本流向农村的可能性，马克思分析指出："在工业化早期，农业劳动力和资本源源不断地转移到城市和工业中，但商业发展到一定阶段，由于'平均利润和由它调节的生产价格在城市商业和工业的范围内形成'，城市工商业活动的利润逐步下降，而农业仍然拥有较高的利润，较高的农业利润和农产品价格把城市和工业资本吸引到农业领域和农村地区，形成城市和工业反哺农业的局面。……资本在利润率平均化规律调节下的自由流动最终促使农业利润与工业利润接近起来，农业工人工资与工业工人工资接近起来。"① 这也是发展经济学家缪尔达尔所说的，资源从流向城市的"回波效应"转向流向乡村的"扩散效应"。党的十八大以来，农村基础设施建设成为国家建设重点领域，政府加大投入和民间投资合力，农村基础设施会迎来发展新春天。

因此，努力构建城乡一体的融资投资机制，把城市的基础设施和公共服务延伸到农村地区，激活农村经济潜力，强农惠农富农，实现乡村振兴和城乡和谐，全面破解农村空心化困境。

四 破除城乡地理二元结构，促进城乡产业融合发展

中国已经进入工业化的中后期发展新阶段，实现工农和城乡协调发展势在必行，不能再局限于传统的农村办农业，城市办工业的思路。要破除城乡地理上的二元结构，促进城乡产业融合和农村一、二、三产业融合发展，最终实现城乡均衡发展。

破除城乡地理二元结构，就是要促进城乡之间产业分工合作，构建城乡一体化的产业体系，实现城乡之间的产业融合发展。不仅城市的产业结构要合理，去产能去库存，调整升级；农村一、二、三产业结构也要合理，发展农产品加工和生产生活服务业、旅游业等；而且城乡之间的产业结构也要合理，以工促农、以城带乡，工农互促、城乡融合，这样才能真正实现城乡之间经济社会的融合发展，形成整体性的优势与效率。2018年1月《中共中央国务院关于实施乡村振兴战略的意见》指出，要"大力开发农业多种功能，延长产业链、提升价值链、完善利益链，通过保底分红、股份合作、利润返还等多种形式，让农民合理分享全产业链增值收

---

① 何增科：《马克思、恩格斯关于农业和农民问题的基本观点述要》，载俞可平、李慎明、王伟光主编《马克思主义研究论丛》（第5辑），中央编译出版社2006年版，第16页。

益"。就是指农业产业链和价值链的扩展延伸，农村一、二、三产业融合发展。2019 年中央 1 号文件提出，"以'粮头食尾'、'农头工尾'为抓手，支持主产区依托县域形成农产品加工产业集群，尽可能把产业链留在县域，改变农村卖原料、城市搞加工的格局"。就是指工农互助、城乡互动、城乡一体化发展。

城市的产业结构面临较大的调整和优化，高污染高投入的产业将被淘汰，中低端制造业梯度转移。农村在保持发展高产优质高效农业之外，农村工业和服务业也逐渐发展起来。农产品加工业和多功能农业等引发农村产业结构调整优化。为防止城乡之间以及农村之间产业同质同构，陷入"争资金、争人才、争市场"的恶性竞争，必须构建城乡之间合理的产业结构，既努力实现集群规模效应，又摆脱二者之间因简单重复和同质竞争而导致的资源浪费和宏观的低效无效之窘境。地方政府一定要有战略思维，着眼于城乡之间合理分工布局，从宏观和长远发展的角度规划好当地的产业结构，发挥城市、乡村、城乡三方面的优势。

城市积极发展高新技术产业、高端服务业、深加工业、商务等，吸收部分优质农民工进城就业，也要发展服务于农村农业发展的技术设备产业。农村要实现一、二、三产业融合发展，做大做强农业，发展产业化规模化农业，发展农产品加工、运输、仓储、销售等，形成产业链条，增加农业附加值和农民收入。从世界城市化发展史看，一个国家的城市化率超过 70% 之后就会进入一个后工业化的逆城市化新阶段。过度的城市化使得城市病日益严重，农村的价值被重新发现和利用。农业的生态价值、休闲价值、观光价值，以及农耕文化、乡土风情、自然风光等都会成为新的稀缺资源，农村会重新成为城市市民向往之地。保护古村落，发展乡村旅游和居家休闲业、养老业，有助于重新凝聚人气，复苏农村经济，从根本上缓解和解决农村空心化问题。

20 世纪 60 年代日本开始兴起"民家客栈"，80 年代起，越来越多的城市居民为了休养休闲或是旅游观光，在假日里来到乡村地区，进行农业体验或住农家旅馆。[①] 从而在一定程度上复苏了农村，缓解了农村空心化问题。对此，2016 年中央一号文件《关于落实发展新理念加快农业现代

---

① ［日］鲶坡学：《日本的城市与地域变迁——以城乡关系为中心》，2014 年 10 月 31 日南京大学社会学院演讲稿。

化，实现全面小康目标的若干意见》作了专门的论述，指出要"依托农村绿水青山、田园风光、乡土文化等资源，大力发展休闲度假、旅游观光、养生养老、创意农业、农耕体验、乡村手艺等，使之成为繁荣农村、富裕农民的新兴支柱产业"。当前，要顺应时代发展趋势，保护古村落和文化生态村，发掘其文化、生态和经济价值，发展乡村旅游观光业来复苏乡村、振兴乡村。

五 土地制度与户籍制度联动改革，促进农村土地有效流转

全球化是一个流动的时代，社会主义市场经济也是一个流动的时代。流动的时代，社会在流动，生活在流动。顺应经济社会发展之大势，创新人口管理政策，这是新时代中国特色社会主义建设的新要求，也是治理农村人口流动而土地不流动所产生的人地关系失衡问题的关键。

（一）改革户籍制度，创新人口管理，促进劳动力自由流动

第一，改革户籍制度，人户分离，促进劳动力自由流动。尽管我国独特的城乡二元户籍制度对实施重工业优先的工业化战略作出过历史贡献，但从长期来看，这种城乡分割分治的户籍制度也是导致我国城乡差距扩大和城乡发展失衡的制度因素。

首先，户籍制度割裂了城乡之间有机的自然的联系，阻碍了乡村的发展。社会有机循环或重建城乡有机循环，是社会安康之道。"中国最大多数的人民是住在乡村里从事农业的，要使他们的收入增加，只有扩充和疏通乡市的往来，极力从发展都市入手去安定和扩大农产品的市场，乡村才有繁荣的希望。"[①] 农产品不能直接进入城市市场交换以获取工业品，仅靠农村自身的积累，其发展自然是缓慢的。没有工业的农业难以现代化。其次，与计划经济体制相配套的户籍制度隐含了一种差异性极大的公共福利。如前所述，在教育、医疗、养老、居住等公共服务方面，城市居民比农民所享受的公共福利多得多，以至于城市与农村成为两个不同的身份世界。这不仅是城乡差距的重要原因和表征，也是一种社会歧视性政策。最后，作为一种相对静态的户口管理政策与社会主义市场经济制度和实践已经不适应。要发挥市场在资源配置上的基础性和决定性的作用，就必须建立城乡一体化的劳动力市场，允许劳动力自由流动。

---

① 费孝通：《乡土中国》，上海人民出版社2006年版，第126页。

计划经济体制下，农业劳动力限制在农村地域范围之内，户与人口相对统一，户口一体，户口管理还有其存在的实际价值。但是改革开放和社会主义市场经济发展40多年之后，城乡之间的人口流动已经是不可逆之势。在城市务工的农民工数以亿计。这些农民工工作在城市，生活在城市，但身份在农村，养老在农村，甚至教育也在农村。这种人与户分离，身体、职业与身份分离的状况，不仅不利于中国新型城镇化的发展，也不利于农村的可持续发展，更不利于城乡协调发展和社会管理。所以，人口管理政策应该从以户为主体的相对静态的管理转向以人为主体的动态的管理，以适应开放和流动的社会发展之事实。概而言之，现行的户籍制度严重滞后于社会经济发展实际，既不利于农业农村的发展，也不利于城市的发展；既不利于经济发展，也不利于社会管理和建设。[1] 虽然大城市、特大城市的户籍管理改革还尚需时日，但从长远的趋势看，城乡二元户籍制度终结得越早越好。

第二，创新人口管理，实现居民身份证制度，促进劳动力流动。解决农民工市民化问题必须创新人口管理政策，赋予农民自由迁徙和选择居住地的权利。城镇化，从地域空间上看，就是远距离流动农民工的异地城镇化，近距离流动农民工的就近、就地城镇化。但无论哪种城镇化，其本质都是农业人口转变为城市人口，是职业与身份的双重转变。只有取消现有的户籍制度，拆除城乡之间的制度壁垒，建立城乡一体，甚至全国统一的劳动力市场，允许农民和市民一样自由流动和迁徙，根据职业和自身条件选择居住地，这样，城乡之间、区域之间甚至各领域之间的平衡都会在自发的规律调节下逐渐恢复。

建立全国统一的劳动力市场，允许劳动力自由流动，关键是建立全国统一的居民身份证制度，实现"一证走天下"。这方面，印度已经走在前面，基本上建立了全国联网的居民信息化数字化管理体制。以居民身份证作为流动的媒介是最便捷、最经济、最有效的办法，也是国际上通行的做法。[2] 在我国当下实现城乡公共服务均等化的背景下积极推动城乡一体化的福利制度，剥离依附于户口上的各种福利，身份证理应成为一个公民最具法律效力的证件。现在的中小城市基本实现了迁徙和居住自由，大城市

---

[1] 高强、田蕊：《我国户籍制度弊端及创新研究》，《开发研究》2006年第2期。
[2] 贺韶伶：《关于改革传统户籍管理制度的几点思考》，《湖湘论坛》2005年第1期。

和特大城市鉴于人口过于拥挤和公共品、公共服务供给不足而采取阶梯性人口管理政策，一时也能为大家所接受。但我们认为，大城市也应该和其他城市一样实现人口的自由流动和迁徙。人为地阻碍人口流动不利于一个城市发展，没有优秀人才作为新鲜血液持续流入，迟早会失去活力和创造力，也会失去竞争力。城市应该创造各种优惠条件吸引各方面的优秀人才来创造财富，实现人才、创新和财富的大融合。城市本身就应该是开放、包容和创新的复合体。

第三，剥离户口中隐含的各种福利，回归户口的社会管理性质。人口管理政策与社会福利政策脱钩，社会公共福利逐渐实现城乡全覆盖，而人口管理政策越来越数字化、规范化和便捷化。随着信息技术和互联网技术的发展，开发人口管理的专业软件，建立健全全国统一的人口登记、人口统计、人口查询和身份证号码编制的大数据库，既可以提高人口管理的效率，又可以应对人口基数大和人口流动、迁徙快的挑战。城市居民与农业转移人口，作为平等的公民都可以享受基本的公共服务，也有义务向人口管理部门或人口管理网站及时申报登记变更信息。城市与乡村只是一个地域空间的区别，没有明显的社会边界，因为人口的自由流动迁徙，城乡之间实际上已经构成一个连续体。农民与工人只是一种职业区别，而农民与市民则不再具有身份之别，通通称为公民。

（二）以户口制度改革推动土地制度改革，促进土地有效流转

户口制度改革的核心是人户分离，户口与福利分离，户口登记仅用于社会管理，以居民证制度推进劳动力自由流动，人口流动带来人地分离，要解决农业抛荒、治理农村土地空心化问题，就必须同时推动农村土地管理制度改革，实现土地有效流转和使用。

农民流动而土地不流动是造成农村人地关系失衡和农村产业空心化的重要原因。青壮年农民工进城务工经商，留下妇女、儿童和老人的"386199"部队种地，使得耕地抛荒和住宅空废。2014年中共中央办公厅、国务院办公厅印发了《关于引导农村土地经营权有序流转发展农业适度规模经营的意见》，其中一个目的就是想通过耕地经营权流转解决土地抛荒与规模经营之间的矛盾。一边是大量土地抛荒，一边是农业规模经营难以获得土地经营权而搁浅。党的十九大提出"巩固和完善农村基本经营制度，深化农村土地制度改革，完善承包地'三权'分置制度。保

持土地承包关系稳定并长久不变,第二轮土地承包期到期后再延长三十年"。既要稳定农村基本的土地经营制度,让农民吃定心丸,又要盘活农村空置资源,激活农村发展潜力。承包地"三权"分置的创新,在坚持土地集体所有权的基础上,稳定农村土地承包权,放活经营权,可以极大地提高土地生产率。进城务工的农民工可以选择承包权入股、经营权有偿转让等形式维护自己的承包权益,增加自己收入的同时可以通过经营权流转实现农业的规模化产业化经营,提升农业生产率。政府需要搭建农村土地产权流转与交易的规范市场平台,为供需双方提供各种中介服务和法律保护。这样可以有效遏制耕地抛荒和农业空心化问题。

针对农村住宅空心化问题,2018年1月2日《中共中央国务院关于实施乡村振兴战略的意见》提出,"扎实推进房地一体的农村集体建设用地和宅基地使用权确权登记颁证。完善农民闲置宅基地和闲置农房政策,探索宅基地所有权、资格权、使用权'三权分置',落实宅基地集体所有权,保障宅基地农户资格权和农民房屋财产权,适度放活宅基地和农民房屋使用权",但"不得违规违法买卖宅基地,严格控制土地用途管制,严格禁止下乡利用农村宅基地建设别墅大院和私人会馆"。这段话为盘活农村住房和宅基地指明了方向,清楚界定了可操作的空间及其政策限制,主要有三层意思:第一,改变过去房屋与宅基地分割管理的政策,实现房屋与宅基地相统一的管理。对这两种权属作了清楚的界定,让农民吃了定心丸。第二,保障农民的宅基地资格权和房屋财产权,适度放活使用权以增加农民的财产性收入。这就为外来资本下乡从事旅游开发、对农民空置住宅进行重新修缮利用提供了制度保障,也为村内的宅基地和住宅使用权流转提供了政策支撑。第三,严格控制农村土地的使用范围,不可以更改使用性质。这为资本下乡从事经营活动设置了限制。但宅基地和房屋的使用权流转和转让,既可以盘活闲置资源提高其利用效率,增加农民收入,又可以使空心房充实起来,恢复农村的生机与活力。

土地承包权和宅基地使用权是农民的基本权属,也是农村稳定的根基。"让进城失败的农民可以返回农村家乡,就不仅是农民的基本人权,而且可以让农村成为中国现代化的稳定器。给了农民选择机会,也就给了中国现代化的选择机会。"[①] 农村土地制度的改革创新并没有从根本上改

---

① 贺雪峰:《城市化的中国道路》,东方出版社2014年版,第106页。

变农民土地承包权、宅基地资格权和房屋财产权的基本权属,却放活了土地经营权和宅基地使用权,为治理农村土地空心化住宅空心化开辟了道路,提供了制度保障。

第二节　重塑农业经营主体,解决谁来种地的问题

目前,在农村空心化背景下解决老人农业和土地抛荒等无人种地问题主要存在两条思路:一是解决人的问题,以新型职业农民来替代留守老人种地,发展家庭农场扩大农业经营规模,从而解决无人种地的问题;二是组织创新,从家庭经营到股份合作经营等新型合作形式,以组织替代留守家庭种地,从而解决无人种地问题。当然,经营组织创新必然带来或要求土地经营权流转和集中等产权制度改革。除此之外,在一些丘陵地区还存在一种较好的办法,即开发农业种植轻便技术,让老年人和妇女也能轻松地完成农业生产任务。

2018年1月2日《中共中央国务院关于实施乡村振兴战略的意见》提出"大力培育新型职业农民"。2018年3月两会期间习近平总书记参加山东代表团审议时强调,"要坚持乡村全面振兴,抓重点、补短板、强弱项,实现乡村产业振兴、人才振兴、文化振兴、生态振兴、组织振兴","把人力资本开发放在首要位置"。中共中央、国务院编制的《乡村振兴战略规划(2018—2022年)》第三十二章"强化乡村振兴人才支撑"提出"全面建立职业农民制度,培养新一代爱农业、懂技术、善经营的新型职业农民,优化农业从业者结构"[①],重视打造一支农业主体队伍应对人口空心化背景下无人种地的问题。

一　加大农民教育培训力度,培育新型职业农民

传统农民是小土地经营者,种地养家糊口,市场化和职业化程度低,而新型职业农民是把务农作为终身职业,并具有从事农业所需的素质、知识、技能和经验等一系列条件,充分和市场对接,能进行规模化和产业化

---

① 《乡村振兴战略规划(2018—2022年)》,人民出版社2018年版,第90页。

经营的专业农民。① 简单地说，就是具有职业化农民身份、企业化管理理念、市场化经营方式的懂农业、爱农村的新型职业农民。他们的主要来源，一是"80后""90后"的新生代农民工，他们一般具有初、高中学历，在城乡之间往返流动，向往城市但无法立足，留在农村又抹不开面子，可塑性强，只要教育和引导得当就能成为新型职业农民；二是一些留守农村的种田大户，贺雪峰称之为"中坚农民"，他们一般年龄为40—50岁，年富力强、务农经验丰富，也有求学问道的愿望；三是退伍军人，他们在部队得到了严格训练，战斗力强，综合素质不错，退伍回到家乡，亟须得到系统的农业种植技术和经营管理知识培训，获得融入乡村和安身立命的技能；四是新生代农村大学生，尤其是农村出生又在农业院校读书的大学生，他们学农业专业，最有条件和机会成为新型职业农民，成为专家型的新型职业农民。

对于新型职业农民的培育，建议国家做好顶层设计，确保财政支持，实施"新型职业农民培育工程"。第一，设置好职业农民的行业标准和准入门槛，并与国家的农业和农村发展战略及各种优惠政策相配套，引导农民职业化发展。第二，请农业院校专家和职能部门专门人才合作编写规范适用的统一的职业培训教材，规范教学和考试、文凭与资格证等管理。第三，发挥大中专院校、各级专业培训组织机构，通过各种函授、夜校、田间课堂、网络课堂等形式，探索一套适合农业生产特点和规律的培训体系，对新型农民进行全方位的多层次的教育培训，为实现农业强和农村美提供人才保障。像北京农业职业技术学院就探索了一条成功的新型职业农民培训之路，利用农业院校的特色优势编写了一套农业技术和管理的书籍，利用自身的教学资源对北京周边农村的农民进行系统的农技轮训，全开放、零门槛培养大中专农业专业生，取得了很好的效果。多年来，培养了大量的新生代知识农民和职业农民。

二 推动农业经营创新，发展家庭农场等新型组织形式

农村人口空心化意味着家庭主要劳动力不在场，家庭经营面临挑战，

---

① 陈池波、韩占兵：《农村空心化、农民荒与职业农民培育》，《中国地质大学学报》（社会科学版）2013年第1期。

农地规模经营规模和方式必须适应性改变。[①] 农民家庭一般采用三种方式应对：第一，态度消极，能种多少种多少，大量的耕地任其荒芜。我们调查的一个赣中城郊村庄刘家坊，全村中青年人几乎都不务农，240亩左右的良田，荒了200亩。第二，比较积极的态度，自己种一部分口粮田，剩余的农田低价或无偿转让给邻居、亲戚或种田大户，不收租金，但种粮补贴仍归自己。第三，最积极的态度，利用轻便技术种植，留守老人与妇女也可以完成农业生产。但从生命历程看，老人总有行动不力之时，从农业比较收入看，与务工收入相比实在没有种植动力。因此，常在农村行走的人会发现，农村普遍存在比较严重的土地抛荒现象。

经济的逻辑是效率，相关方面开出的治理方案是土地制度改革，推动承包权与经营权分离，经营权流转集中到公司或企业手中进行规模化经营。也就是人们常说的，"农民进城，资本下乡"。但在具体的实施过程中，资本的逐利性对农民造成了许多利益侵害。[②] 而所谓的公司+农户形式，在实践过程中，由于自然和市场的双重风险，公司以营利为生存原则，农民的利益也得不到很好的保障。我们认为，基于乡村社会的乡土性，传统的人情关系网络的存在，以及适应市场化和社会化生产的需要，发展农民自己的现代农业经营形式比较符合现实与农民的利益。其中，家庭农场和各种形式的农业合作组织最具有可行性和现实性。

首先是家庭农场。依据中央文件解读，家庭农场是指以家庭成员为主要劳动力，从事农业规模化、集约化、商品化生产经营，并以农业收入为家庭主要收入来源的新型农业经营主体。[③] 中国是一个具有悠久农耕文明的国度，基于血缘形成的家庭是中国农村社会的基本群体和底色。[④] 中国农村深厚的家庭制度传统对农村发展具有独特的价值和影响。[⑤] "农民与社会、农民与国家、农民与市场的联系都是以农户为单位进行。中国农村

[①] 林善浪、纪晓鹏、姜冲：《农村人口空心化对农地规模经营的影响》，《新疆师范大学学报》（哲学社会科学版）2018年第4期。

[②] 周飞舟、王绍琛：《农民上楼与资本下乡：城镇化的社会学研究》，《中国社会科学》2015年第1期。

[③] 王大为、李琪：《新型城镇化与家庭农场发展的耦合关系研究》，《求是学刊》2019年第4期。

[④] 费孝通：《江村经济》，世纪出版集团、上海人民出版社2007年版，第33页。

[⑤] 徐勇：《中国家户制传统与农村发展道路——以俄国、印度的村社传统为参照》，《中国社会科学》2013年第8期。

经济社会及国家变动都可以从农户动机和行为中寻找内在逻辑。可以说，农户是认识中国农民和农村社会的一把钥匙。"① 家庭农场作为扩大版的家庭经营，是现代经营管理理念和生产技术等现代要素嵌入家庭经营之后的升级版，既保留了中国家庭本位的文化传统，又注入了适应市场竞争环境的新生要素，符合农民的文化传统和心理预期。从一定的意义上讲，"家"是一个认同单位和经营单位。从核心家庭、扩展的主干家庭，到大家庭，乃至家族或宗族，都是可以信任的自己人。所以，把土地经营权转让给本家或本村本地人，农民放心、顾虑少。农户已有的短期的临时的不稳定的土地经营权转让变得稳定可预期，通过规范的合同方式，在地方政府和中介的指导下，实现承包地经营权的有序、有效地就地就近转让给本村本地的种粮大户、种植能手等"中坚农民"。而对于以逐利为目的的"下乡资本"，缺乏有效的社会关联和可信度，农民一般都比较谨慎，宁愿荒地，也不愿意转让给缺乏信任的公司。与公司性农场相比，家庭农场具有比较优势。② 国家应鼓励扶持中坚农民发展家庭农场。③

其次是大力发展各种农民合作组织。农民合作在我国集体化时代具有较为坚实的历史和实践基础。当前，农民合作社是我国农村开展规模经营的重要组织载体，是构建新型农业经营体系的重要主体，更是实施乡村振兴战略的骨干力量。随着党中央对"三农"工作的重视和《农民专业合作社法》等法规的实施，农民专业合作社数量迅速增长，截至2019年5月底，全国依法登记的农民合作社达到221.5万家，辐射带动全国近一半的农户。④ 农民专业合作社已成为重要的新型农业经营主体和现代农业建设的中坚力量，但是面临规模小、带动能力不强，发展实力弱、市场竞争力不强等问题。联合与合作是农民合作社发展的重要方向之一。这不是重走集体化道路，而是走基于农民个体自愿的合作道路，在生产的各个环节

---

① 徐勇、邓大才：《社会化小农：解释当今农户的一种视角》，《学术月刊》2006年第7期。

② 吴存玉、梁栋：《农业现代化的经营主体之辨——基于公司性农场与家庭农场的比较》，《中南民族大学学报》（人文社会科学版）2019年第4期。

③ 夏柱智：《农业适度规模经营再认识——基于发展"中农—家庭农场"的思路》，《山西农业大学学报》（社会科学版）2019年第5期。

④ 农业农村部：《关于政协十三届全国委员会第二次会议第0863号（农业水利类81号）提案答复的函》，https://www.tuliu.com/read-113325.html，2023年12月19日。

实现不同程度的合作，以提高农民的市场抗风险能力和劳动生产率。这里关键是发挥致富能手和技术能手等能人的作用。通过合作组织或协会实现土地、劳动、技术等生产要素的联合，提升生产管理效率。其中，又以土地入股和劳动入股的合作社为农民接受的主要形式。我们在赣中一个城郊农村的大棚蔬菜（主要是芦笋）生产基地调查发现，这个基地之所以成规模、成气候，根本原因在于一个懂技术又乐于助人的种菜能手为周边农民提供种子、技术服务和销售信息，成立了组织灵活的合作协会，大家团结互助、信息共享，一个种植能手带动一片农民走上了致富道路。因此，采取什么样的合作形式应该由当地农民自主选择。江西省丰城市泉港镇"80后"北大高才生谢江波2015年从深圳打工返乡创业，通过生产合作社模式带动当地101户农民种植富硒水稻5000亩，"宝宝粥"富硒米在香港卖到96元钱一千克。2019年，丰城市的恒衍鹌鹑养殖专业合作社日产鹌鹑种苗20万羽，产品销往全国30个省，年产值3.83亿元，产品出口到美、日、韩及东南亚等地，年创外汇300余万美元，带动从业人员1.4万人，人均增收3.6万余元，成为全国农民专业合作社中的佼佼者，被中华全国供销总社评为"首批农民专业合作社示范社"。[1]

国家非常重视扶持发展农民合作社，出台了一系列优惠政策，除了规范管理和加大人才培训外，还有如下支持措施：其一，专项支持。2018年，中央财政继续通过农业生产发展资金，安排14亿元支持农民合作社发展。重点支持制度健全、管理规范、带动力强的国家农民合作社示范社及农民合作社联合社，发展绿色生态农业，开展标准化生产、专业化服务，突出农产品初加工、产品包装、仓储物流、市场营销等关键环节，积极发展生产、供销、信用"三位一体"综合业务合作。其二，建立健全全国农业信贷担保体系。解决农民合作社等农业适度规模经营主体"融资难""融资贵"问题。2016年以来，大力推进全国农业信贷担保体系建设，成立国家农业信贷担保联盟有限责任公司，聚焦农民合作社、家庭农场等农业适度规模经营主体，累计新增担保项目32万个，新增担保额1144.2亿元，其中，2018年累计新增担保19.19万个，新增担保额640.6

---

[1] 袁斯斌：《合作带给农民的快乐　丰城农民专业合作社助推产业振兴》，《江西农业》2019年第15期。

亿元；2018年年底在保项目21.27万个，在保余额684.7亿元。① 其三，推动财政支农项目与农民合作社有效对接。财政部会同有关部门印发了《关于支持农民合作组织发展促进农业生产经营体制创新的意见》和《关于支持多种形式适度规模经营促进转变农业发展方式的意见》，鼓励各地将符合条件的财政涉农项目交由农民合作组织承担，财政补助农民合作组织形成的资产和由农民合作组织承担实施项目形成的资产，由农民合作组织依法占有和使用，并平均量化到农民合作组织成员账户。鼓励符合条件的项目移交农民合作组织管护，建立健全支农项目资产运营和管护机制。其四，加大农民合作社税收优惠力度。增值税方面，一是对农民合作社销售本社成员生产的农业产品，视同农业生产者销售自产农业产品，免征增值税；二是增值税一般纳税人从农民合作社购进的免税农产品，可按一定扣除率计算抵扣增值税进项税额；三是对农民合作社向本社成员销售的农膜、种子、种苗、农药、农机，免征增值税；四是纳税人提供经营性服务年销售额不足500万元的，属于增值税小规模纳税人，可以适用简易计税方法按3%征收率缴纳增值税，农民合作社如果符合条件，可以按规定使用相关政策。企业所得税方面，企业从事农产品的种植、农作物新品种的选育、灌溉、农产品初加工、兽医、农技推广等农、林、牧、渔业项目的所得，免征企业所得税。2019年1月9日，国家出台小微企业普惠性减税措施，大幅放宽享受企业所得税优惠的小型微利企业标准，小型微利企业年应纳税所得额不超过100万元、100万元到300万元的部分，分别减按25%、50%计入应纳税所得额，使实际税负分别降至5%和10%。符合条件的农民合作社和相关企业均可按规定享受农业项目减免税和小型微利企业普惠性减免政策。印花税方面，2008年财政部会同税务总局印发《关于农民专业合作社有关税收政策的通知》，规定对农民合作社与本社成员签订的农业产品和农业生产资料购销合同，免征印花税，等等。②

总之，不论采取哪种形式，乡村振兴战略背景下，无论是应对"自上而下的资源输入"与"自外而来的资本侵入"，还是应对人口空心化背景下乡村衰败贫困和失序，通过组织化聚合力量是一个不二的选择。农民

---

① 农业农村部：《对十三届全国人大二次会议4180号的答复》，http://www.moa.gov.cn/gk/tzgg_1/gg/201909/t20190916_6327938.htm，2023年12月10日。
② 农业农村部：《关于政协十三届全国委员会第二次会议第0863号（农业水利类81号）提案答复的函》，https://www.tuliu.com/read-113325.html，2023年12月18日。

组织化是指以农户为主体,以合作制为基础,以利益机制为纽带,以市场为导向,以营利发展为目的的协作、合作和联合。"只有建立了村庄内村民之间基于利益分配的利益关联机制,村民才会真正介入到村庄事务中,农民也才可能组织起来。"① 所以,任何合作都必须尊重农民主体地位和主体利益,否则,几乎不可能取得成功。

第三节 鼓励农民工、大学生等返乡创业

就业问题,说到底是农民的生计问题。国家也一直关注和重视农村的产业发展和就业问题,并出台了一系列优惠政策鼓励农民工和大学生等到农村创业,增加农民就业机会。《国务院办公厅关于支持农民工等人员返乡创业的意见》提出:"支持农民工、大学生和退役士兵等人员返乡创业,通过大众创业、万众创新使广袤乡镇百业兴旺,可以促就业、增收入,打开新型工业化和农业现代化、城镇化和新农村建设协同发展新局面。"

一 留住人的根本在于产业兴旺

"三农"问题的核心是农民问题,农民问题的核心是农民收入问题,农民收入问题的核心是就业问题,就业问题的核心是产业发展问题。

从中国农村政策发展演变的角度看,乡村振兴战略是新农村建设战略的升级版,新农村建设是乡村振兴的题中之义。新农村建设总体要求的第一条是"生产发展",而乡村振兴战略总体要求的第一条是"产业兴旺",一脉相承,但内涵更丰富,导向性更明确,具有战略性、宏观性和整体性。进入新时代"构建现代农业产业体系、生产体系、经营体系,完善农业支持保护制度"②,不再局限于农业生产发展,而是着眼于农村广阔天地,农业供给侧结构性改革,结构调整和产业升级,不仅农业产业结构需调整优化,农村产业也需调整优化,通过产业振兴实现乡村振兴战略。

经济是基础。农村之所以被空心化,根本原因在于农业比较收益低,

---

① 贺雪峰:《农民组织化与再造村社集体》,《开放时代》2019年第3期。
② 习近平:《决胜全面建成小康社会 夺取新时代中国特色社会主义伟大胜利——在中国共产党第十九次全国代表大会上的报告(2017年10月18日)》,人民出版社2017年版,第32页。

而其他的非农产业没有发展起来，农民就业机会少，而仅靠农业收入不足以支撑一个家庭在市场化背景下的基本生计。除了农产品，一切日常生活用品、农业生产资料、家电等耐用品，以及教育、医疗等公共服务产品都需要用货币支付。所以，增加农民的货币收入是解决当前农民问题的关键所在。增加农民收入，除了国家的各种补贴以外，农业产业结构应优化升级，以满足人们日益增长的高质量生活要求的需要，实现农产品高产优质，品牌化，提高产品商品率，增加农民收入；延伸农业产业链，发展农产品精加工、运输、仓储、销售等，发展农村第二产业，创造农民就业和创收的机会；发展农业生产服务，挖掘村落文化价值发展旅游、观光、休闲产业，增加农民就业和收入。产业兴旺带来人丁兴旺，农村空心化问题就自然会得到治理。农业成为有希望的产业，农村成为大有作为的天地，农民才能成为令人羡慕的职业。法国著名的社会学家孟德拉斯曾指出，布列塔尼地区的乡村复兴是青年人的成果，他们拒绝离开自己的村庄，因为在本地或附近城市找到了工作作为谋生手段。[①]

二 为农民工、大学生等返乡创业创造优良环境

随着农村人口空心化，农村的精英流失导致农村产业弱化和经济萧条。要实现"产业兴旺"，就必须鼓励各种人才到农村去创业，促进农民就业增收，保留农村的人口和繁荣。

目前，首要任务是采取各种优惠政策鼓励在城市打工比较成功，积累了一定经验、技术和资金的农民工返乡创业。据调查，少数农民工和大学生返乡创业，成为"懂农业、爱农村、爱农民"发展家庭农场的新型农民，而多数仍然选择留在家乡的城镇从事服务业，或以在城市打工积累的资金技术开厂发展加工业和制造业。贵州实施"雁归兴贵"行动计划，贵州省遵义市汇川区推出的"出台一套好政策、搭建一组好平台、实施一批好项目、打造一方好环境、宣传一批好典型"的"五个一"工作举措，实现了从"农村劳务输出大县到农民工返乡创业示范县"的华丽转身，并成为中组部推出的典型案例。[②] 我们在调查过程中也碰到了一个回

[①] ［法］H. 孟德拉斯：《农民的终结》，李培林译，社会科学文献出版社2010年版，第229页。

[②] 《筑巢引回金凤凰，共圆创业致富梦——贵州遵义市汇川区农民工返乡创业探索实践》，https://www.12371.cn/2019/07/16/ARTI1563256575979764.shtml，2023年12月21日。

乡创业的青年，他曾在广东一个制伞厂当过主管，2008年全球金融危机之后回乡，用自己100多万元积蓄购买原厂家的机器设备，联合其在农村务农的几个兄弟一起投资在所在县城开了一家制扇厂。10多年经营，比较成功，既创造了50个左右的就业岗位，也为自己的家庭创造了财富。农民工返乡创业的优势在于他们了解农村，熟悉农村人文环境，一般也愿意将自己的未来寄托在自己家乡这片土地上。正如墨菲在江西万载的调查情况所显示的："尽管一些农民工意识到他们最终要回到地理意义上的家乡，但是他们并不想回到以前当农民的生活中，同时他们将家乡的非农业部门看作得以向上流动的空间。"① 只要政策优惠和引导得当，农民工返乡创业的人会越来越多。

还有一部分返乡创业的是"乡贤"，他们是从农村走出去，在外工作，比较成功。他们利用自己手中掌握的资源，请人或自己回乡投资，发展乡村旅游或特色种养产业。在城市消费市场与农村生产基地之间架起了一座桥梁和连接纽带，直接带动家乡农民生产和增收。

乡贤返乡创业也有三大优势：一是在家乡长大，有感情又熟知地方知识；二是在城市工作生活，了解城市消费者需求，也知道农村能提供什么来满足城市市民的多样化需求；三是具有一定的创新创业精神，愿意为城乡发展作出自己一份贡献，有一定的冒险牺牲精神。挖掘农村农耕文化和生态文明的多重价值，发展乡村休闲、观光的乡村旅游，也是不少乡贤能做也想做的事。党的十九大和乡村振兴战略提出的农村耕地所有权、承包权、经营权与宅基地所有权、资格权、使用权"三权分置"制度创新，为盘活农村闲置资源、开发利用农村空废住宅发展乡村旅游提供了政策支持。但要真正实现农民工、大学生等返乡创业高潮，还有一个过程，还需要税收、金融、培训等一系列配套的优惠政策措施和地方政府管理理念和服务意识的改变。② 一些地方政府急功近利，为了所谓的新农村建设和城市建设用地指标，对于历史悠久的古村落、文化名村名镇，盲目拆村并居，不仅把乡贤的记忆和念想打碎了，也不利于开发利用农耕文明发展休

---

① ［爱尔兰］瑞雪·墨菲：《农民工改变中国农村》，黄涛、王静译，浙江人民出版社2009年版，第184页。

② 张秀娥、郭宇红：《农民工返乡创业的现实困境及其化解之策》，《社会科学战线》2012年第11期；王佳宁、刘传江、梁季、夏锋等：《农民工等人员返乡创业的政策匹配 改革传媒发行人、编辑总监王佳宁深度对话三位专家学者》，《改革》2016年第8期。

闲业，对农民的财产也是一种破坏。

为促进农民工等返乡创业，2015 年《国务院办公厅关于支持农民工等人员返乡创业的意见》提出健全农村基础设施和创业服务体系，降低返乡创业门槛，定向减税和普遍性降费，加大财政支持，强化创业金融服务和完善返乡创业园政策等一系列的优惠政策，为农民工等返乡创业创造一个良好的硬件和软件环境。现在的问题是，落地落实这些政策。

至于鼓励大学生返乡创业，政策是不错的，但不宜乐观。正如我们对农村大学生的调查所显示的，农村孩子刻苦读书考大学就是为了走出大山、走出农村、走向城市。只有极少数新生代农村大学生还想着回乡创业、帮助家乡发展。所以，政府所能做的就是制定并落实各种惠农强农政策，为农村非农化发展创造良好的政策环境。农民工、农村大学生等返乡创业人员对于人口空心化农村具有重要的角色和职能"补位"作用。[1] 但农村大学生返乡创业，不能局限于农业，而应着眼于农产品加工、服务业、旅游业等二、三产业，发展空间非常广阔。

现代农业应朝规模化、优质化、品牌化、深加工和产业延伸方向发展。中国 18 亿亩耕地，10% 种植经济作物，90% 种植大宗农产品，这是一条铁律。[2] 所以，农业结构无论怎么调整优化也有一个限度。这也是我国经常出现农产品过剩的原因。农产品是必需品，需求刚性，无论价格怎样变化，在一定时期内是需求量相对稳定的。所以，创业应着眼于农业产业链和价值链的延伸，加工、储藏、物流、销售等环节的创新创业。

生产过剩，要么出口，要么深加工，否则就会导致市场反复的恶性循环。既打击农民的生产积极性，又破坏农产品市场的稳定。所以，发展以农产品加工为主的第二产业，实现第一、第二产业联动发展，提升农产品的附加值和产业链是农村经济发展和产业振兴的关键。与此相关联，要积极发展农业服务业，为农业的产前、产中和产后提供全方位的技术服务；为农民的日常生活、娱乐提供便利，更要为城市居民提供后花园式的休闲消遣服务，依托绿水青山、田园风光、乡土文化，大力发展休闲度假、观光旅游、养生养老、农耕体验、乡村手工艺等新兴产业，真正实现"农

---

[1] 林亦平、魏艾：《"城归"人口在乡村振兴战略中的"补位"探究》，《农业经济问题》2018 年第 8 期。

[2] 贺雪峰：《中国农业的发展道路与政策重点》，《南京农业大学学报》（社会科学版）2010 年第 4 期。

村一二三产业融合发展"和"城乡融合发展",繁荣经济,富裕农民,振兴乡村,治愈农村空心化之殇。

第四节　构建留守群体关爱服务体系,解决服务空心化问题

农村青壮年流向城市,精英流失。没有青年人参与,不仅导致农村各项事业的主体缺失、失去活力,而且导致留守儿童缺乏亲情和监护,留守老人自我养老,留守妇女负担过重等一系列严重的社会问题。老弱病残的留守群体的自我服务和自我管理能力弱,社会应该给予更多的帮扶和关爱,帮助他们渡过难关。针对农村留守群体之痛,党的十九大提出"健全农村留守儿童和妇女、老年人关爱服务体系"[1]。

一　关注留守儿童的健康成长与安全问题

"留守儿童是指父母双方外出务工或一方外出务工另一方无监护能力、不满十六周岁的未成年人。"[2] 由于父母或父母一方不在身边,重要家庭角色缺位,亲子教育残缺不全,留守儿童的情感需求得不到满足,缺少爱和关心,容易变得胆怯和不自信。而且,由于监护不力,人身安全也得不到基本保护。

案例5-1:留守儿童问题被社会学家称为"社会之痛"。由于父母在外务工,道德失范、亲情失落、生活失助、学业失教等问题突出……有条件的地方可以创设"代理家长"制度,生活上关心、思想上教育引导、情感上启发诱导,填补留守儿童的情感空白。(访谈编码:1053ZZM)

案例5-2:建立寄宿制度,解决其基本的吃饭与住宿问题,建立"爱心书店""爱心电话""爱心网站"等方便留守儿童的学习,以及与远在外地的父母沟通;通过"爱心早餐""营养午餐""聊天室""谈心时间""娱乐中心""心理咨询室"等解决留守儿童的身体和心理健康问题。(访

---

[1] 习近平:《决胜全面建成小康社会　夺取新时代中国特色社会主义伟大胜利——在中国共产党第十九次全国代表大会上的报告(2017年10月18日)》,人民出版社2017年版,第47页。

[2] 《国务院关于加强农村留守儿童关爱保护工作的意见》(国发〔2016〕13号),https://www.gov.cn/zhengce/zhengceku/2016-02/14/content_5041066.htm,2023年11月9日。

谈编码：15037CYP）

留守儿童问题的核心是教育与情感问题。政府加大农村基础教育投入，改善农村中小学校舍等办学条件，解决免费午餐，提供电脑等技术设备和整治学校周边安全环境等。学校建立留守儿童档案，通过爱心热线、视频聊天平台和临时代理监护等为留守儿童与打工父母之间的交流沟通提供便利，加强教师与留守儿童之间良性互动，扩大学习帮扶等关爱留守儿童的健康成长。社会志愿者通过定期的学习辅导、捐物捐钱、生活关心支持等行动帮扶留守儿童。政府、学校、家庭和社会各尽其职，齐心协力构建一个留守儿童的关爱帮扶体系，确保有效运转，帮助留守儿童度过孤独无助的留守岁月。《国务院关于加强农村留守儿童关爱保护工作的意见》（国发〔2016〕13号）提出，"家庭、政府、学校尽职尽责，社会力量积极参与的农村留守儿童关爱保护工作体系全面建立，强制报告、应急处置、评估帮扶、监护干预等农村留守儿童救助保护机制有效运行，侵害农村留守儿童权益的事件得到有效遏制。到2020年，未成年人保护法律法规和制度体系更加健全，全社会关爱保护儿童的意识普遍增强，儿童成长环境更为改善、安全更有保障，儿童留守现象明显减少"，侧重点在于保护留守儿童的安全。

但我们认为，所有这些都无法替代家庭或父母的关心和爱。年轻的父母外出打工赚钱养家，为了孩子有一个更好的未来，但忽视了孩子幼小心灵的情感需求。对于孩子来说，最大的财富不是父母寄回来的钱，而是可感受得到的父母的爱和关心。长期的亲情缺失使孩子变得孤僻、抑郁，甚至有被遗弃之感，失掉生活下去的勇气。如何面对留守儿童锥心之问？这是所有外出打工父母需要面对的问题。物质财富永远无法替代情感慰藉和支持的作用。我们认为用工单位应给予农民工探亲权，或者企业落实农民工的探亲假制度。

二 关注留守妇女的情感问题

对于留守妇女，妇联等组织通过积极加强技术技能培训、创业支持、家庭纠纷调解等，鼓励妇女建立互助组织、开展健康的娱乐活动，消解生活与劳动的压力。这些当然重要，但还远远不够。我们认为，不能回避客观存在的人性问题。据我们的调查，对中青年留守妇女来说，农业劳动的压力不大，越来越多的地方实现了机械化或半机械化、轻便化。对于留守儿童的教育，虽然存在困难，但可努力克服：一方面可以求助于老师，另一方面可以求助于另一半，形成合力教育好自己的孩子。客观讲，留守儿童生活在单亲身边，一般都还比较懂事听话。对于婆媳关系，一般也不存在太大的问题。好的情况是婆媳通力合作支撑整个家庭，以免在外打工的家人牵挂和担忧。而大多数情况是婆媳关系相安无事，老人住老屋，年轻人住新房子或砖瓦房，各起炉灶，各过各的日子。平时留守老人负责照看孩子，农忙时节过来搭把手。总体上看，两代人之间的交流不多，感情不是太融洽，但也不是行如路人。日子平平淡淡，生活平平安安。

对于留守妇女来说，真正的问题，或最大问题是情感问题。一方面担心在外打工的丈夫的人身安全，更担心丈夫背叛自己，精神焦虑不安；另一方面自己感到孤独寂寞时，无法排解自己生理和心理的双重困惑。与此相联系的是，少数留守妇女受到骚扰和人身侵害，日子过得惴惴不安。

因此，社会特别是用人单位应该出台合理的人性化的休假制度，允许在外打工的丈夫定期休假回家探亲，与家人团聚一段时间，或提供单位公租用房让留守妻子定期或不定期与丈夫团聚，解决精神与情感慰藉问题。对于地方政府来说，尽可能招商引资，通过工业园、创业园建设解决农民工就地就业问题，让农民实现家庭生活完整性，解决留守妇女的情感问题。对于农村存在的黑恶势力、地痞流氓，政府要加大打击力度，扫黑除恶，保障留守妇女的人身安全和财产安全。地方需要加强治安管理，再造乡村基层治理空间，[①] 通过"自治、法治和德治的统筹治理"，实现一方平安。对于留守家庭的夫妻双方来说，要加强情感交流与沟通，增进夫妻之间的感情与信任。要大力弘扬和传承中华优秀传统文化和家庭美德，捍卫家庭和婚姻，旗帜鲜明地反对个人享乐主义，坚持家庭本位的道德价值取向。[②]

三 关注留守老人的养老问题

对于留守老人的养老问题，由于农村老年人不存在退休，一般凭自己的劳动就能养活自己，所以经济支持的需求不大。关键是儿女不在身边，

[①] 吕德文：《乡村治理空间再造及其有效性——基于W镇乡村治理实践的分析》，《中国农村观察》2018年第5期。

[②] 谭同学：《从伦理本位迈向核心家庭本位——论当代中国乡村社会结构的文化特征》，《思想战线》2013年第1期。

一旦生病，日常的生活照料就成问题，即服务支持的需求比较大；更为严重的是精神空虚，家里一个说话和商量的人都没有，即情感支持的需求最为迫切。[①]

为解决留守老人的养老问题：一方面要加强农村家风家教建设，弘扬传统美德，百善孝为先，通过社会舆论和社会评价机制，使农村年轻人孝敬和关爱老人，并形成良好的社会风气。加强农村精神文明建设，特别是道德建设和法治建设极为重要和迫切。另一方面社会志愿者组织加强关爱老人行动，定期或不定期走访留守老人，帮助他们干些农活，与他们交流谈心，从精神上和物质上帮扶留守老人，使其走出困境。政府所要做的，首先是托底，兜底线，保障困难老人的最低生活保障和医疗保障。其次是加强社区养老，从组织和基础设施等方面创造条件让留守老人抱团取暖，安度晚年。组织老年人协会，开展老年人文体活动，帮助老年人互助和打发时间。最后，政府要为社会组织参与农村养老服务提供政策支持。[②] 通过农村社区养老、社会组织养老、家庭养老等多种形式，为留守老人安度晚年提供选择和依靠。

总之，针对不同的留守群体应该采取不同的帮扶政策。但留守儿童、留守妇女和留守老人又构成一个共同的留守问题。既然中国城镇化过程中农民家庭的"半工半耕"的代际分工的生计模式一时难以改变，那么留守问题也会在一个较长的时期内存在，所以需要成立一个过渡性的牵头部门统筹妇联、共青团、工会、残联等相关职能部门和社会组织，协调行动，形成合力，提高留守人口关爱帮扶的整体效率。与之相随，传统的城乡二元体制机制和农村土地制度也需随之进行改革创新，实现城乡公共服务均等化和基础设施一体化，推动土地经营权流转和规模化经营，改善人居环境，建设富裕、美丽新农村，最终解决农村留守问题。

第五节 发展壮大农村集体经济，增强社区自我服务能力

2017年党的十九大报告强调，乡村振兴要壮大集体经济。从实践来

---

① 杨静慧：《空心化背景下农村养老的困境与破解》，《社会科学辑刊》2019年第5期。
② 王浩林、程皎皎：《人口"空心化"与农村养老服务多元供给困境研究》，《河海大学学报》（哲学社会科学版）2018年第1期。

看,村集体经济是村公益事业的基础。"通过社区组织能力建设提升乡村社会与国家、与基层政权之间的关系协调能力,形成自上而下的国家治权与自下而上的乡村治权之间的协商共治,是破解当前乡村社会治理困境的重要路径。"① 经济基础决定上层建筑。乡村经济发展滞后是其社会结构失衡和功能失调的根本原因。要增强农村社区的自我服务能力,缓解并最终解决农村空心化问题,关键在于发展农村经济,特别是发展壮大农村集体经济。

一 农村集体经济是农村公益事业发展的基础

目前,我国各地农村社区的自我服务能力差距较大。一般来说,农村集体经济发展比较好、经济实力较强的村庄,基础设施建设和公共服务都做得比较好。农民工外出打工的比率也会相对低一些,农村空心化现象不明显。与中西部地区相对照,苏南因为具有较强的乡镇企业基础并未出现大规模的农村空心化现象。而我国大多数农业地区,因为集体经济底子薄、缺管理、少技术,经营不善,发展疲软,致使村级组织缺乏吸引力,靠国家拨款维持日常运行,更谈不上改善基础设施和发展公益事业,优化美化农村生产生活环境。实践证明,哪里的农村集体经济发展得好,哪里的社区服务工作就能做得好。而那些集体经济薄弱的村庄,除了国家给予的低保、医保外,几乎无力再给当地农民提供任何福利和服务。甚至村民和村干部双方都不知道村集体组织也具有为老百姓提供福利的服务功能。

巧妇难为无米之炊。发展农村集体经济是发展农村公益事业,增强社区自我服务能力之经济基础。2008年党的十七届三中全会指出,要构建"多元化、多层次、多形式经营服务体系,发展集体经济、增强集体组织服务功能"。党的十八大和十八届三中全会都强调"发展壮大农村集体经济"。这既是发展社会主义市场经济的题中之义,也是增强农村社区服务能力的经济基础。农民养老、医疗、居住、教育文化、娱乐等各种公共服务和公共产品供给,都需要资金投入。

二 采取各种措施,发展壮大农村集体经济

对于如何发展农村集体经济,理论与实践层面的探索一直没有间断

---

① 马良灿:《中国乡村社会治理的四次转型》,《学习与探索》2014年第9期。

过。有学者根据各地资源条件,提出工业化模式、后发优势模式和集腋成裘模式等,存在的主要问题是主体缺位、产权不清、责任不明、管理混乱。[①] 但也有学者认为,因为乡土关系的嵌入,产权不清晰并不影响乡镇企业的成功。[②] 根据经营内容,提出产业发展型、为农服务型、资产租赁型、资源开发型等经营模式,根据实现形式,分为村集体统一经营、土地股份合作制、成员股份合作制、联合社会资本的混合所有制等经营模式。[③]

根据我们的实地调查,现在农村集体经济发展疲软的村庄,主要存在以下几个问题:第一,基础差。集体化时代原有的榨油厂、机米厂、养猪场、水库养殖等,在改革过程中或变卖,或倒闭,或承包给个体户。说"厂"其实不是"厂",就是一台工作机器,叫"点"更合适。原来靠"三提五统"过日子,现在靠政府拨款。可以说是一穷二白,没有真正的所谓经营性的集体经济。第二,管理缺失。一个村庄的集体经济,包括现有的资金、未开发的自然资源和经营性资产,简称"三资",很多村庄从来就没有认真核查过自己的家底,一本糊涂账,更谈不上如何去经营这些资源与资产。甚至出现很多山地、林地、荒地、水面等集体资源长期被闲置或被少数人占有的情况。我们调查的一个村庄,该村所有的荒山都被一个大家族占有,用来建工厂,也不用给村里交一分租金。老百姓敢怒不敢言。一个水库承包了几十年都不交承包费,尽管只有两三百元。原因是人家不交,也没有人敢追问。由于经济落后,不少中西部农村地区资源性资产很多处于废置状态,或者被个别人长期霸占,无人问津。第三,责权不明。我们认为,农村集体经济产权主体是清晰的,那就是全体村民集体所有。理论上应该是由全体村民民主选举出来的村民委员会代表具体履行集体经济的管理经营职能。也就是说,作为村民自治组织的村委会,不仅具有自我管理、自我服务的社会职能,也具有发展集体经济的职能。而实际上,大多数村委会干部没有这种意识和能力。闲置的资源不会动脑筋去开发利用,现有的资产不会想办法保值增值。承包出去的林地、山地、水面

---

① 孔祥智、高强:《改革开放以来我国农村集体经济的变迁与当前亟需解决的问题》,《理论探索》2017年第1期。
② 周飞舟:《回归乡土与现实:乡镇企业研究路径的反思》,《社会》2013年第3期。
③ 苑鹏、刘同山:《发展农村新型集体经济的路径和政策建议——基于我国部分村庄的调查》,《毛泽东邓小平理论研究》2016年第10期。

收租金都不积极，自然会导致集体资源流失。第四，管理不规范。在农村调查中，我们发现很多集体资源承包没有合同文本，仅靠口头协议，对于如何履行协议、如何监督等，都没有一个明确说法。口头协议非常随意，到期承包者愿交多少是多少，村组干部自己有利益不会较真，老百姓没好处更不会多管闲事。针对农村集体经济发展中存在的问题，2016年中央一号文件《关于落实发展新理念加快农业现代化，实现全面小康目标的若干意见》提出"到2020年基本完成土地等农村集体资源性资产确权登记颁证、经营性资产折股量化到本集体经济组织成员，健全非经营性资产集体统一运营管理机制"，实质上就是对农村集体"三资"进行清查核算与确权。

发展农村集体经济，第一要加强政策宣传教育，强化村组干部发展经济的责任意识。要加强村级干部的思想政治教育，端正态度和作风，提高其基本的政治素养和执政能力，守初心，担使命，找差距，抓落实，为老百姓办实事办好事。第二按照中央精神及时准确对农村集体资金、资源和资产等"三资"做一个全面的摸底核查。县乡两级应加强培训和技术指导，帮助村组干部、村理财小组和村民代表对本村的"三资"做一个彻底的核查和登记造册。为进一步发展集体经济做一个基础性工作。第三，因地制宜，制定合适的经济发展规划。依据本地独具特色的资源优势，发展特色农业，一村一品，一乡一业；或利用优美的田野风光，或文化古村落，或特色传统工艺等，发展乡村旅游业和传统精加工业。有不少成功的例子可供借鉴。2016年中央一号文件提出："积极扶持农民发展休闲旅游业合作社。……依托农村绿水青山、田园风光、乡土文化等资源，大力发展休闲度假、旅游观光、养生养老、创意农业、农耕体验、乡村手工艺等，使之成为繁荣农村、富裕农民的新兴支柱产业。引导和支持社会资本开发农民参与度高、受益面广的休闲旅游项目。加强乡村生态环境和文化遗存保护，发展具有历史记忆、地域特点、民族风情的特色小镇，建设一村一品、一村一景、一村一韵的魅力村庄和宜游宜养的森林景区。依据各地具体条件，有规划地开发休闲农庄、乡村酒店、特色民宿、自驾露营、户外运动等乡村休闲度假产品"，详细描绘了乡村经济发展的路线图。第四，适应社会主义市场经济发展要求，走合作化之路，农地所有权、承包权和经营权合理分开，土地有效流转，发展各种形式的合作经济，将农民个体劳动与集体合作、个体利益与集体利益结合起来，发展壮大农村集体经济。只有夯实集体经济基础，农村公共事业才能发展起来。第五，建立农村集体经济组织的法人治理结构。按照现代企业制度的基本要求，实现所有权、经营权和监督权的分离，充分发挥理财小组和村民代表的监督作用，维护农民的集体利益。第六，各级政府应该重视农村集体经济的发展，提供各种优惠政策和技术管理指导。在集体层面重新集结力量和资源，发展合作经济。有了坚实的集体经济，农村公益事业和公共服务才能发展起来。

三 增强农村社区服务能力，构筑留守人口保障网

对于如何缓解农村留守人口所遭受的困惑与困难，前面有所涉及。除了国家层面的顶层制度设计、地方政府的公共服务品供给，以及村民自我服务之外，还有一个重要的方面，就是发挥农村社区的自我服务功能，包括行政村和村民组两个微观层面，也是解决留守人口日常生产生活困难的重要力量。国家与基层政权解决留守人口的最低生活保障、大病救助、最低医疗保障、义务教育、基本卫生保障，以及交通通信、用水用电等基础设施，而日常生产生活的互助、养老、情感交流等则需要社区组织提供。

目前农村社区建设的重点放在半熟人社会的行政村，社区通过自我管理、自我教育、自我服务、自我监督、自我发展等为村民提供公共服务，像著名的山东诸城市的农村社区建设模式，以"政府主导、多方参与、科学定位、贴近基层、服务农民"为宗旨，以行政中心为依托打造"一站式服务中心"。其实农民的日常活动场域主要在村组，而具有熟人社会性质的自然村或村民组的传统社区则没有引起足够的重视。因此，亟须补齐短板，形成行政村与村组分工协作的新型服务体系，为留守群体提供多层次多元化的服务。"从农村现实及实践来看，我们认为农村社区及共同体建设应走'服务之路'，即通过'服务'将分散的人重新联系起来，在'服务'的基础上重建社区认同。"[1] 农村社区建设的价值旨归是以民生托底为本，积极回应村民民生诉求，[2] 服务于村民的日常生产生活需要。解决不愁吃、不愁穿，义务教育、基本医疗、住房安全有保障的"两不愁

---

[1] 项继权：《中国农村社区及共同体的转型与重建》，《华中师范大学学报》（人文社会科学版）2009年第3期。

[2] 张美华：《民生托底的"发展型"农村社区建设探索》，《中南民族大学学报》（人文社会科学版）2018年第6期。

三保障"。

一个农村社区，无论是行政村还是村组，如果具有较好的经济实力和管理服务能力，至少可以为留守群体提供三个方面的服务：

第一，提供社区养老服务，为留守老人提供日常服务和照料。组建老年人协会，开展各种娱乐棋牌等健康活动，消解他们的孤单寂寞；办公共食堂，有条件的可以提供免费或低价餐饮等，让老年人老有所养。

第二，为留守儿童提供教育和照顾，办幼儿园和小学解决留守儿童日常教育与生活关照问题，开展各种学习和娱乐活动，增加他们的朋辈沟通和交流学习机会，邀请志愿者进村帮助他们解决学习与生活上的困难，尽可能创造健康成长环境。

第三，为留守妇女提供技术培训和就业指导，组建妇女互助会，开展各种有益的活动，增进友谊和合作精神，减缓她们的孤寂和增强她们的生活信心。

第六节 以农民增收为抓手，赋权赋能农民主体

农村空心化治理是一个系统性工程。如何切入，需要一个抓手。"三农"问题的核心是农民问题，但农民问题的实质是农民收入问题。2018年6月14日，习近平总书记在山东考察时强调："农业农村工作，说一千、道一万，增加农民收入是关键。"[①] 农村之所以空心化，一个重要原因就是农民在农村的农业收入增长缓慢，入不敷出，只有进城务工经商获取非农收入。党的十八大报告提出，"着力促进农民增收，保持农民收入持续快速增长"，党的十九大报告进一步明确指出，"促进农村一二三产业融合发展，支持和鼓励农民就业创业，拓展增收渠道"。如何解决农民增收问题，一直是我们党和政府的一项重要工作。因此，我们认为，"以农民增收为主要抓手"可以有效地推动乡村振兴和农村空心化治理。

农民收入问题，是指农民有限的收入不足以购买自己的必需品，包括教育、卫生医疗等公共品。即农村内部的农产品商品率太低，而农村外部的市场化太快，农民获得的货币收入不足以购买所需的商品。实物收入是农民收入的一部分，但是自给自足的部分，不构成市场购买力。因此，农

---

① 习近平：《论"三农"工作》，中央文献出版社2022年版，第46页。

民收入问题实质是农民收入的货币化和多元化问题。

对于农民收入问题研究主要有四种学术进路：第一种进路局限于"三农"范围，认为农民增收主要依赖于农业、多种经营和乡镇企业发展，[1] 即农民增产增收、农业结构调整增收和非农就业增收。第二种进路是从农村外部解决农民增收问题，认为"农民收入是一连串事件"，认为改革开放后中国国民经济的重心加速转移到了城市，由于城市化落后于工业化，农民没有及时转变为市民，解决农民增收问题的实质是减少农民，让农民进城实现农民的非农就业。[2] 然而，由于受国企改革、结构升级和技术进步等因素的影响，城市在相当长的时期内无法转移并有效解决农民的非农就业。[3] 因此，中国的城市化不是农民进城，而是农村就地实现中国特色的城镇化。[4] 第三种进路，考虑到城乡各自的局限性，提出在城乡一体化的框架下发挥城乡两个积极性解决农民的增收问题。粮油棉等大宗农产品没有涨价空间，但经济作物，特别是畜牧业与国际相比还有较大空间，所以，农民增收首先有赖于结构调整和优化，也有赖于乡镇企业的发展实现非农就业；而打破以户籍制度为核心的城乡二元体制制约，实现农民的国民待遇，让有条件的农民进城务工，参与工业化并实现城市化，这也是历史发展的必然趋势。[5] 第四种学术进路认为农民增收问题涉及收支两个相互关联的方面。从一定层面上讲，农民增收问题也是农民负担过重的问题。显然，该问题研究从经济学向政治学，从微观向宏观，从单一学科向跨学科逐渐转变和拓展。

沿着这条思路探讨农民增收问题的深层政治法律等非经济的制度因素，有人提出，农民收入问题的本质是农民的公民权利问题，只要给农民平等的权利，农民增收问题就不是问题。我们称为农民收入问题的权利

---

[1] 夏永祥、赵文娟、陈雄伟等：《农民收入、农民负担与结构调整》，中国农业出版社2002年版，第67—79页。

[2] 张车伟、王德文：《农民收入问题性质的根本转变——分地区对农民收入结构和增长变化的考察》，《中国农村观察》2004年第1期。

[3] 贺雪峰：《乡村的前途——新农村建设与中国道路》，山东人民出版社2007年版，第37页。

[4] 温铁军、董筱丹、石嫣：《中国农业发展方向的转变和政策导向：基于国际比较研究的视角》，《农业经济问题》2010年第10期。

[5] 徐勇等：《中国农村与农民问题前沿研究》，经济科学出版社2009年版，第131—153页。

论。也有人提出，农民收入问题本质是农民素质或能力问题。我们称为能力论。本节通过文献梳理，从历史考察和逻辑分析得出，只有在一个个体与制度良性互动的框架下，才能真正解决农民收入问题。

一 农民增收始终是"三农"问题的核心问题

"农民收入问题"是20世纪90年代明确提出来的。1997年亚洲金融危机之际，为了实现国民经济的持续快速发展，必须刺激国内市场需求，而广大农村八九亿农民就意味着巨大的潜在消费市场。但农民有效需求不强，农村市场激而不活，这引起了学界和政策部门的极大关注。1998年9月25日，江泽民同志视察安徽时指出："增加农民收入是一个带有全局性的问题，不仅直接关系到农村实现小康，还直接关系到开拓农村市场，扩大国内需求、带动工业和整个国民经济增长，从长远看还可能影响农产品供给。现在，农民收入增长缓慢的问题越来越突出，必须引起高度重视。"[1] 2016年4月25日，农村改革座谈会上习近平总书记指出："中国要强农业必须强，中国要美农村必须美，中国要富农民必须富。"[2] 实际上，"农民收入问题"早已存在，有一个长期演变的过程，大致可以分为四个阶段。

第一阶段，农民增产不增收。1978年农村改革实行家庭联产承包制极大地释放了农村劳动积极性和活力，农业生产率迅速提高，1984年粮食总产8146亿斤，第一次出现卖粮难。陆学艺指出："当1984年取得改革以来的第一个特大丰收以后，农村出现了卖粮难、卖棉难等问题，随后又出现了'打白条'、农民负担重、干群矛盾冲突增加、农村社会不安定和城乡差距扩大等等的问题。"[3] 这个时期，由于国家的粮食市场没有放开，还是计划经济的管理模式。农民增产，国家财力不足，收购变得困难。虽然总体上还没有解决粮食问题，但是买卖双方不能通过市场直接交易，而是通过国家之手间接实现。这样就出现两难困境：国家没有财力收购农民增产的粮食，而需要粮食的人又不能从农民手上直接购粮。有的地方政府没有现金收购农民的粮食，就"打白条"欠账收购。为打破这种尴尬局面，1985年取消统购，实行粮食合同订购。这实际是降低粮价，

---

[1]《江泽民文选》（第二卷），人民出版社2006年版，第216页。
[2] 习近平：《论"三农"工作》，中央文献出版社2022年版，第198页。
[3] 陆学艺：《中国"三农"问题的由来和发展》，《当代中国史研究》2004年第3期。

打击了农民的生产积极性。此后,粮食生产反复波动,直至政府实行敞开收购粮食政策之后,卖粮难的局面才得到解决。这个时期农民增产不增收,主要原因是市场没建立,买卖双方不能实行直接交易,尽管总量存在较大缺口,但卖方的粮食不能直接到达买方手中。造成一种粮食过剩的假象,其实是体制改革滞后的结果。

第二阶段,农民负担过重,收支失衡,农民收入问题凸显。1992年后中国进行分税制改革,中央和地方分灶吃饭,地方失去了很大一块税源。为了解决财政危机,有些地方实行财政逐级包干政策,各级政府自收自支,承担自己辖区的所有公共开支,包括公共服务支出和政府工作人员、聘用人员、中小学教师等工资支付。农民除了缴纳政策规定的"三提五统"之外,还要承担当地政府搭车收费,即所谓的"乱收费、乱集资、乱摊派"。农民一方面收入增长缓慢,另一方面又要承担过重的税负,收支失衡,农民生活一度困难,甚至有下滑迹象。干群关系紧张、党群关系冷漠,甚至出现了不少抗税的群体性事件。这个问题在21世纪取消农业税之后才得到完全解决。这个时期的农民收入问题是由于财税政策调整或制度改革而导致的阵痛,属于权力论者所说的结构性制度问题。

第三阶段,农民增产不增收,粮食总量过剩,卖粮难。1996年取得农业的第三个特大丰收,当年粮食总产突破1万亿斤。这是中国农业发展史上的一个里程碑,改变了中国农产品的供求格局,由长期短缺、供不应求转变为供求平衡、丰年有余的格局。从此,中国的主要农产品由卖方市场转变为买方市场,农产品由追求数量转变为数量与质量并重、主要追求质量的阶段。中国的农业和农村发展进入了一个新的阶段。农民出现增产不增收的原因:首先是农民没能解决好生产与消费的矛盾。随着我国从温饱型社会向小康社会的转变,从数量型消费向质量型消费转变,消费结构变化了,而农业生产结构不变,增产的粮食卖不出去,"增产不增收"。其次是农民没能解决小生产与大市场的矛盾。改革开放初期,小生产与小市场是相适宜的,所以能很好地发挥地方市场的作用推动农业的迅速发展。但随着市场经济的发展,市场规模扩大,特别是生产市场的形成,农民不仅面临消费市场的竞争压力,而且面临生产市场的压力,过去与小市场相适宜的小生产无法再适应大市场的竞争变化。最后,农民没能解决收入与支出的矛盾。传统财富主要是以土地、粮食等实物为表现形式,而在市场经济条件下,货币是一般等价物,是财富的主要形式。随着计划经济向市场经济转型，实物经济也转向了货币经济。农业收入不足以支付市场经济条件下农民的非农消费品。显然，这个阶段的农民收入问题主要是农民自身的问题。

第四阶段，农民相对收入下降，城乡收入差距急剧扩大，城乡失衡。虽然2005年中国取消了长达几千年的农业税，也彻底解决了农民负担过重的问题。而且农民获得迁徙和择业自由，非农收入已经成为大多数农民的主要收入来源。但2008年之后农民收入问题又重新凸显起来，根本原因在于我国以户籍制度为基础的城乡二元体制对农民收入的制约。农民工在城乡之间流动就业，有一种相对剥夺感：第一，不能像市民那样自由择业，进入一些收入较高的行业领域；第二，不能像市民那样拥有完全的财产权利，自家的住房、耕地等不能置换；第三，不能像市民那样分享政府提供的公共服务和社会保障。城市市民的基本公共服务由政府以隐形的福利方式支付，而农民则需要自己以现金的形式购买。随着市场化改革的逐步深入，公共服务品也随之逐步市场化，而且越来越贵，以至于一般的农民无力支付，造成上学难、看病难、就业难等诸多问题。整个国民经济高速增长，社会财富急剧膨胀，但城乡差距不是缩小，反而急剧扩大，农民收入问题再度引起社会各界的高度关注。

以上几个阶段的划分是相对的，之间存在重叠和交叉。而且，不同的角度，其划分的阶段也不同。当前，大多数农民实现了小康生活，农民收入问题，在某些人看来已经不存在了。但实际上，农民收入问题更为复杂，城乡收入差距急剧扩大，农民相对剥夺感越发严重。只有实现了城乡均等发展，才算最终解决了农民收入问题。农民收入，不再是一个纯经济问题，而变成了一个经济政治问题。

二　农民收入问题的制度分析：赋权论

权利问题的实质是国家与农民的关系问题，国家能否创造一个能够赋予全体国民公平、平等竞争机会的制度环境，对于每个国民来说都是至关重要的。"经济贫困是社会权利贫困的折射和表现。"[①] 权利是一种国家法律赋予并由国家强制力保障的行动能力。它为农民构造行动空间和范围，

---

① 肖瑞、李利明编著：《理性的激情——国际经济学殿堂的中国建筑师》，中信出版社2004年版，第122页。

也是农民选择的机会集合。所以，党国英提出"以确立农民平等权利为核心改造中国农村社会"。"第一项权利是农民的土地财产权。农民的土地财产权不确立，既谈不上农业竞争优势，也谈不上农民的社会保障。第二项权利是农民平等的公民身份权利。我们要的是一举废止身份歧视制度，给农民在就业、教育、迁徙和纳税等方面的平等权利。第三项权利是农民的经营自主权，以及为发展经济而自主组织的权利。第四项是民主选举权利。……我深信，这四项权利如果能得到确立和尊重，农民收入增长，农业发展以及农村稳定，都将容易实现。"① 从历史来看，"千百年来、特别是近代以来中国乡村社会治理经验留给我们最为宝贵的教训，便是缺失对广大农民群体主体性权利的保护与尊重"②。农民权利问题是实现乡村社会善治的前提与核心。

但同时也存在一个疑问，在同样的制度和资源环境下，有一部分农民在改革开放中富裕起来了。比如，各种各样的养殖户、种植大户、经商户等，他们凭借自己的勤劳和技能致富了。还有一部分农民工，成为城市白领，甚至企业家，实现了身份转换。这就是说，权利不是制约农民收入问题的唯一因素。农民自身的素质或能力也是影响农民收入的另一个关键因素。这就促使研究的视角从结构性制度关怀转向了微观的个体关怀。

三 农民收入问题的个体取向：能力论

所谓"农民收入问题"研究的个体取向是指从农民自身的素质和能力角度探求农民增收缓慢的原因和解决办法。这种研究实现了从宏观向微观的转向。持这种观点的人主要是基层工作者和教育界人士，提出"如欲富民先启民智"③，新农村建设的关键在于培养"新农民"。④ 他们认为，农民增收缓慢的原因在于农民的素质与能力比较差，从而造成失业或低就业低工资。

据国家国家统计局数据公布，2022年，在全部农民工中，未上过学的占0.7%，小学文化程度占13.4%，初中文化程度占55.2%，高中文化

---

① 党国英：《农村改革攻坚》，中国水利水电出版社2005年版，第112—113页。
② 马良灿：《中国乡村社会治理的四次转型》，《学习与探索》2014年第9期。
③ 刘从新：《如欲富民先启民智》，《经济论坛》2002年第15期。
④ 张力娜：《新农村建设的关键是"新农民"培养》，《宁波大学学报》（人文科学版）2006年第5期。

程度占17.0%，大专及以上占13.7%。大专及以上文化程度农民工所占比重比上年提高1.1个百分点。在外出农民工中，大专及以上文化程度的占18.7%，比上年提高1.6个百分点；在本地农民工中，大专及以上文化程度的占9.1%，比上年提高0.6个百分点。由于总体上文化素质低又不具备专业技能，使得农村转移劳动力的就业空间狭小，只能从事一些脏乱差的重体力劳动，劳动强度大而工资水平低。大部分农民工都是生产运输、商业和服务业职员，分产业看，99.5%的农民工从事二、三产业。其中，从事第三产业的农民工所占比重为51.7%，比上年提高0.8个百分点；从事第二产业的农民工所占比重为47.8%，比上年下降0.8个百分点。从农民工的六个主要就业行业看，从事制造业的农民工所占比重为27.4%，比上年提高0.3个百分点；从事建筑业的农民工所占比重为17.7%，比上年下降1.3个百分点；从事批发和零售业的农民工所占比重为12.5%，比上年提高0.4个百分点；从事交通运输、仓储和邮政业的农民工所占比重为6.8%，比上年下降0.1个百分点；从事住宿餐饮业的农民工所占比重为6.1%，比上年下降0.3个百分点；从事居民服务、修理和其他服务业的农民工所占比重为11.9%，比上年提高0.1个百分点。[①] 教育程度低，劳动技能低，文化素质低，收入增长缓慢。这也是人力资本理论所揭示的一个基本原理：贫困的实质是基本能力的剥夺，而不是收入低下；或者说，收入低下或贫困都是能力剥夺的结果。

从一定的意义上讲，中国现代化的主要问题是农民问题，农民问题的主要问题是就业问题，就业问题的主要问题是农民能力或素质问题，而能力和素质问题又是农民教育培训问题。随着世界产业结构升级和中国新型工业化道路深入发展，对农民的知识技术要求会更高。调查显示，受教育程度的差异对农民的就业和收入回报的影响较大。2008年全球金融危机之后中国沿海出现"民工荒"现象，其实不缺一般的劳动力而是缺少技术工人。因此，要通过增加人力资本投资，增加全民受教育机会并提高教育水平，使劳动者受到良好的教育或技能培训，缩小人们在人力资本方面的差距。只有培育"懂农业、爱农村、爱农民"的现代新型农民才能适应新时代农村高质量发展之需。

---

① 国家统计局：《2022年农民工监测调查报告》，https：//www.gov.cn/lianbo/2023-04/28/content_5753682.htm，2023年11月16日。

从人力资本理论角度讲，农民教育培训与能力建设是解决农民收入问题的关键。"一个国家如果不能发展人民的技能和知识，就不能发展任何别的东西。"① "经济发展主要取决于人的质量，而不是自然资源的丰瘠或资本存量的多寡。"② 因此，"改善穷人福利的决定性生产要素不是空间、能源和耕地，决定性要素是人口质量的改善和知识的增进……土地本身不是使人贫穷的主要因素，人的能力和素质则是决定贫富的关键，也就是说，旨在提高人口质量的投资能够促进经济繁荣和增加穷人的福利。"③ 所以，通过教育培训提升农民的知识技能是解决农民收入问题的根本出路。阿马蒂亚·森提出，追求发展的目标应该是能力而不是收入的提高，要以个人的"能力"标准作为衡量社会进步的指标，经济发展过程就是个人"能力"不断扩展的过程。④

权利或制度是农民收入问题的外在因素，能力或素质则是农民收入问题的内在因素。外因是条件，内因是根本。从长远看，内因是最关键的因素，外因是内因理性行动的结果；但是短期内，只要外因不好，内因也难以发挥作用。内因与外因、个体与制度，如果二者兼得而又良性互动则是民之福、国之利。

四 赋权赋能发挥农民在乡村振兴中的主体性作用

权利与能力是"农民收入"问题中相互联系又相互制约的两个核心问题。没有国家改革开放，赋予农民自主经营权利，就没有统分结合的农民家庭经营和农村生产力发展，也就没有农民收入的增加和温饱问题的解决，更谈不上全面建成小康社会和实现中华民族伟大复兴的中国梦。所以，权利问题是农民增收的首要问题，它本质上是国家与农民的关系问题，是国家赋予农民的一种"外在的行动能力"。而所谓的"能力问题"是指农民自身具有的适应社会发展变化需要的一种技术或素质，是一种体现在农民行为上的内在适应力和竞争力。权利是国家法律赋予农民施展能

---

① 聂希斌主编，胡希宁、王炳副主编：《现代西方经济学》，中共中央党校出版社1995年版，第138—139页。
② 毕世杰主编、马春文副主编：《发展经济学》，高等教育出版社1999年版，第64页。
③ 胡伯项、易文彬：《中国新型工业化道路研究》，江西人民出版社2008年版，第112页。
④ [印] 阿马蒂亚·森：《以自由看待发展》，任赜、于真译，中国人民大学出版社2002年版，第85—103页。

力的机会结构。没有权利，能力再强也无用武之地。但与此同时，没有能力和意愿，赋予再多的权利也没有实际意义。能力及其实现意愿是决定权利实际实现程度的关键。从一定意义上讲，能力就是权利，权利就是能力。国家起码要赋予农民一个公平参与和利益表达的国民权利，而有了这个基本权利，农民就拥有了实现自身能力的机会和可能，而只有有能力的人才能充分发挥公民权利的最大效能，实现个人的社会价值，同时增加自己的收入实现个人价值。从这个意义上讲，农村空心化的深层原因，是国家和农民双重缺位和错位的结果，农村空心化治理过程就是国家与农民各得其所、回归理性和发挥各自潜能的过程。

结语：落实乡村振兴战略，
建设美丽和谐乡村——
以胜利村为例

乡村振兴战略是新农村建设战略的升级版。新农村建设是在我国进入工业化中期和由穷变富的阶段，国家不再需要以农养政，反而具备了"以工促农和以城带乡"的条件下提出的，主要通过取消农业税和增加农村公共财政支出等形式支持"三农"发展，实现城乡协调发展。而乡村振兴战略则是我国进入"由富变强"和主要矛盾转化为"人民日益增长的美好生活需要和不平衡不充分的发展之间的矛盾"的新时代提出的重大战略布局和举措，贯彻落实习近平总书记提出的"以人民为中心的发展理念"，在维持原有的政策基调上通过改革创新促进城乡融合发展，最终实现决胜全面建成小康社会和实现"两个一百年"奋斗目标。

2018年1月，中共中央、国务院发布了《关于实施乡村振兴战略的意见》，指出"农村基础设施和民生领域欠账较多，农村环境和生态问题比较突出，乡村发展整体水平亟待提升"，要"按照产业兴旺、生态宜居、乡风文明、治理有效、生活富裕的总要求，建立健全城乡融合发展体制机制和政策体系，统筹推进农村经济建设、政治建设、文化建设、社会建设、生态文明建设和党的建设，加快推进乡村治理体系和治理能力现代化，加快推进农业农村现代化，走中国特色社会主义乡村振兴道路，让农业成为有奔头的产业，让农民成为有吸引力的职业，让农村成为安居乐业的美丽家园"。2018年7月习近平总书记对实施乡村振兴战略作出重要指示强调："要坚持乡村全面振兴，抓重点、补短板、强弱项，实现乡村产业振兴、人才振兴、文化振兴、生态振兴、组织振兴"，[1] 为解决农村空

---

[1] 中共中央党史和文献研究院编：《习近平关于"三农"工作论述摘编》，中央文献出版社2019年版，第19页。

心化问题提供了思想指引。农村空心化是"三农"问题的综合征。2019年中央一号文件提出"必须坚持把解决好'三农'问题作为全党工作重中之重不动摇"。农村空心化治理迎来了一个春天。

胜利村位于南昌市红谷滩新区生米镇南边,是由东堡、龙岗、湖头、常湖4个自然村组成的一个行政村。全村沿赣江南北分布,南外环高速穿境而过,境内有丘陵、山地、沙漠等多种地形,土壤以红壤为主,以种植业为主。截至2023年年底,共有农户438家、户籍人口1750人。胜利村以国家实施乡村振兴战略为契机,结合城郊村的地缘优势,在有效治理"空心化"、建设美丽和谐乡村方面探索出了一条值得借鉴的新路子。

一 产业兴旺

"空心化"治理,产业兴旺是重点。要想吸引流出农村的人口"回流"到农村,并且保证农村现有人口不再外流,甚至吸引有抱负、有作为、有能力的知识青年回乡创业,根本途径就是大力发展农村经济。思则变,变则通,通则达。胜利村必须主动适应经济发展新常态,大力推动农业供给侧结构性改革,发展现代农业、休闲农业、特色产业,培育新型职业农民。

(一)高质量发展信息农业

一方面实现"互联网+现代农业"。积极培育村民的互联网思维,将互联网技术运用于农业生产、农产品推广及销售等全过程之中。通过互联网及时掌握当前农业市场的需求以及农产品市场价格,以指导村民调整农业生产规模,并依托互联网大力推广本村藠头、花生、红薯、蔬菜等农产品,打造具有本村特色的农产品品牌,拓展发展空间,提升农产品市场竞争力。

另一方面实现农业生产信息化。紧跟时代步伐,充分运用当前物联网技术发展智慧农业、科技农业、信息农业,建立农业生产大数据平台,及时将农业生产过程中的相关数据推送给农户以指导科学管理,促使农业生产由粗放型向集约型转变,大大提升农产品的产量和质量。

(二)稳步发展特色产业

生米镇紧邻赣江,是典型的江南小镇、鱼米之乡,水稻、花生、藠头种植历史悠久,素有"中国藠头之乡"的称号。而胜利村作为生米镇中紧邻赣江的村庄,可谓是渔米之村,有着较好的农业发展基础,可以充分利用自身优势，稳步发展农产品特色种养和深加工服务。

一方面，加大农业结构调整力度，突出抓好水稻、花生、藠头、红薯、大豆、籽瓜等优势农产品发展。充分利用邻近城区、交通便利以及水足土沃等优势培育绿色大棚蔬菜，利用辖区鱼塘水库众多、水资源丰富等优势，发展水产品养殖业。同时，推动农产品品种改良和品质升级，创建现代农业示范区，实现产量、效益双增的目标。

另一方面，推动农村合作社发展，培育或引进一批农产品加工企业，做好本地水稻、花生、藠头、蔬菜等农产品精深加工，并引进其他优质农产品开发、精深加工项目，增加农产品附加值，提升农产品效益。主动作为，积极响应政策号召，探索农商联盟途径方法，邀请推动银行、保险、科研、邮政等机构与农村各类服务主体深度合作。通过举办一系列农产品丰收节活动和参加各类农产品交易会等方式，扩大宣传和推介，提升本村农产品知名度，提高农产品营销水平。建设农业型特色小镇、特色村庄。

（三）创新发展休闲农业

"休闲农业和乡村旅游能够大幅提升农产品附加值，增加农民收入，扩大就业容量，从而有效提升农村产业的劳动生产率、土地产出率、资源利用率，让农业'有干头、有赚头、有奔头、有念头'。"[①]

作为城郊村，胜利村可以充分利用其农田、耕地、水利等自然资源、南外环高速穿境而过的交通优势，以及位于南昌市 CBD——红谷滩新区的区位优势，创新发展休闲农业和乡村旅游。通过文化梳理与挖掘形成富有当地特色的农业观光旅游项目（水果采摘、花卉观赏等）、休闲农业项目（农趣手工艺品 DIY、农耕体验和农产品加工等）。同时，还可推动乡村旅游由观光经济到体验经济、访客经济的转型升级，推进田园综合体建设，大力发展乡村度假，重点打造休闲型、种养型、城郊型、专业型、商品型等乡村旅游样本，积极推广"5+2"旅游活动（5 天城市生活与 2 天田园生活）。由村委会牵头，将农村闲置房屋租赁给追求田园生活的城市退休人员，并配备耕地租赁，给追求田园生活的城里人提供一个享受田园生活的载体。既能增加村民收入，又能盘活村庄闲置的房屋和土地。

---

① 《发展休闲农业 助力乡村振兴——农业农村部乡村产业发展司有关负责人就促进休闲农业和乡村旅游发展答记者问》，http://www.moa.gov.cn/xw/zwdt/201902/t20190213_6171355.htm，2023 年 11 月 19 日。

(四) 培育新型职业农民

无论是发展现代农业，还是特色产业、休闲农业，都需要引导村民学习农业生产方面的知识、技能，增强村民的务农本领，使其能够熟练地使用互联网、物联网，科学合理地经营田地、管理农作物。目前，胜利村高中以下文化水平的劳动力占多数。因此，培育一批有知识、懂技术的新型职业农民势在必行。

一方面，可以通过开设农业技术专业培训班，对有志于从事农业生产的村民进行专业化培训；每季度聘请农业生产方面的专家深入田间地头教授村民农业生产技术和管理知识，并通过开设农业生产讲座、远程教育等方式，不断更新村民农业生产知识，拓展农业生产技能；与高校合作，组织农业方面的教授和农业专业学生到村指导生产；在村里建立线上线下现代农业生产学习平台，方便村民自主自助学习。

另一方面，大力鼓励村庄有梦想、有能力、有志于家乡发展的毕业大学生和外出务工村民返乡就业、创业，将其培育成为新型职业农民，充分利用毕业大学生的理论知识和外出务工人员宽广的视野、敏锐的市场观察力、现代化经营管理理念助力村庄现代农业发展。

二 生态宜居

良好的生态环境是农村的最大优势和宝贵财富。让生态美起来、环境靓起来，着力呈现山清水秀、天蓝地绿、村美人和的田园风光、美丽画卷，是新时代打造生态宜居的美丽乡村的总要求。"空心化"状态下的胜利村，虽然在当地政府的治理下，近几年人居环境有了较大改观，但仍不乐观：生活垃圾随意倾倒现象时有发生，水面漂浮的白色垃圾仍未清理，生活污水肆意排放，秸秆焚烧屡禁不止，旱厕仍未整改，基础设施薄弱，等等。2019年中央一号文件提出"抓好农村人居环境整治三年行动。深入学习推广浙江'千村示范、万村整治'工程经验，全面推开以农村垃圾污水治理、厕所革命和村容村貌提升为重点的农村人居环境整治"。

"空心化"治理，生态宜居是关键。胜利村要切实改善村庄生产生活环境，让良好生态成为"空心村"治理和乡村振兴的支撑点，才能使村庄走上持续化发展之路。

(一) 改善农村人居环境

胜利村按照精细规划、精致建设、精心管理、精美呈现的要求，大力实施美丽宜居乡村"四精"工程。

一方面，不断加大农村环境综合整治力度。重点解决农村环境"三脏六乱"（"三脏"：房前屋后脏，村道河道两侧脏，河塘沟渠水面脏；"六乱"：乱搭乱建、乱堆乱放、乱披乱挂、乱停乱放、乱倒乱排、乱涂乱贴）；严格落实"户集、村收、镇运、区处理"的垃圾处理模式，引导村民对生活垃圾进行分类，进一步提升村庄生活垃圾治理水平；健全村庄环境卫生保洁、道路清扫、河塘清理、垃圾清运和农业污染源防治等方面的长效管理制度，确保组织管理有力、硬件设施到位、保洁队伍齐全、考核机制有效。

另一方面，持续改善村庄生态环境。加强村庄水环境治理工作，深化畜禽养殖污染治理工作，对排放的生产生活污水进行无害化处理，严格落实"河长制"；加大秸秆禁烧防控工作力度，最大限度减少大气污染，为适宜居住的农村生活打好基础。

（二）完善村庄基础设施

农村基础设施包括农业生产性基础设施、农业生活性基础设施、生态环境建设设施、农村社会发展基础设施四大类。胜利村要立足固本强基，进一步夯实村庄基础设施建设。在农业生产性基础设施方面，加强农田水利工程建设，以东堡闸出口堤、燕湖圩、流湖导托等为重点，推进小型水利设施改造提升，完善农田生态灌排体系，进一步增强农业防汛抗旱能力，最大限度减轻旱涝造成的损失。在农业生活性基础设施方面，对村庄内道路进行全面摸排，消除各种路面隐患，对影响出行的道路进行硬化，并做好日常维护维修工作，有效解决村民出行便利和安全问题；针对村庄水井存在的不达标问题，引进自来水提高饮用水质量。在生态环境建设设施方面，对沙漠地带农田实行退耕还草。在农村社会发展基础设施方面，大力开展"厕所革命"，加快实现村庄无害化卫生厕所全覆盖；健全村庄垃圾处理设施，如垃圾桶、垃圾箱等；建设老年活动中心，配备健身设施供村民娱乐休闲；推进村庄小学体制改造，利用闲置校舍改建村级公办幼儿园，解决村庄儿童"入园难"问题；推进村医疗卫生室标准化建设，并定期免费为"空巢老人"提供健康检查。

三 乡风文明

"空心化"治理，乡风文明是保障。当前，胜利村仍不同程度地存在封建迷信、互相攀比、大操大办、赌博等不良风气。胜利村要坚持物质文明和精神文明两手抓，不断提升村民的精神风貌，培育文明乡风、良好家风、淳朴民风，建设有"温度"且有"风度"的乡村文明。

（一）传承中华优秀传统文化

一方水土养一方人，一方人成就一方文化。每一个地方都具有独特的自然景观和人文特色。其生命力强弱不仅取决于其自身的魅力，也取决于人们对它的态度。

胜利村一方面要深入挖掘和大力弘扬风俗习惯中的优良传统，例如：农耕文明的艰苦奋斗、勤俭节约，民居文化中的互帮互助、邻里和睦，家规祖训中的吃苦耐劳、尊老爱幼等观念、价值、规范等。积极创造条件建设"村史馆"，激活村民的乡土情结和传统记忆，增强村民对村庄的认同感，避免村庄传统文化走向衰亡之路。

另一方面要保持村庄原有的田园风光和人文风貌。与城市环境相比，农村环境最具魅力、最吸引人的就是它特有的田园风光以及独特的人文景观，这也是外乡游子对故乡魂牵梦绕的重要寄托和原因之一。胜利村要保留具有悠久历史记忆的古井、古树、古桥、古建筑等。在保护村庄原有"个性"的基础上，对村庄进行改造提升，让游子思乡之情得以慰藉，回村后就能感受到那份"熟悉的味道"。

（二）树立乡村文化新风尚

在市场化改革和城镇化发展的巨大冲击下，农村封闭社会被打破，流动的时代流动的社会，村民间人际关系日益淡漠，感情逐渐疏离。村庄生活共同体面临解体，在国家实施乡村文化振兴的背景下，可以通过开展文化活动丰富村民的精神生活，增强村民间的情感联系。

一是积极开展文化活动，在春节、端午、中秋以及三八妇女节、六一儿童节、九九重阳节等重要时间节点，通过举办形式多样、贴近生活、村民喜闻乐见的文化娱乐活动，活跃村庄氛围，丰富村民精神生活，增进村民联系，"焐热"村民间的人际关系。

二是大力开展"兴家风、淳民风、正社风"活动，通过推选一批"三风"榜样人物，积极传递向上向善的正能量，推动形成和谐文明新风尚；通过征集优秀家规家训活动，传承优良文化，激发村民的乡土文明认同感。

三是建立村规民约，移风易俗，革除封建迷信和传统陋习。以社会主义核心价值观为指导,结合村里实际,建立村规民约,规范村民日常行为。提升村民"品味",主动戒除打牌赌博的"爱好";引导村民建立红白理事会,强力扭转红白喜事盲目攀比、铺张浪费的风气,严禁大操大办;引导村民树立正确的世界观、人生观、价值观,主动同不良风气、不文明行为"作斗争"。

四 治理有效

农村空心化治理,治理有效是基础。坚持问题导向,践行为人民服务的宗旨,聚心凝力,充分发挥基层党组织战斗堡垒作用。

(一) 夯实基层治理之基

一是提升村干部治理能力。打破常规,不断拓宽选配村干部思路,鼓励大学生和有能力、善管理的外出务工人员加盟村干部队伍。加强村干部法律法规、村务管理等方面的知识培训,提高村干部的综合素质,增强为民服务意识,引导村干部创新农村工作方式方法,做好农村工作"服务员"。完善监督管理考核机制,强化对村干部日常工作的督促指导,引导其树立"百姓事,大于天"的理念,并通过民主评议制度,淘汰履职不力的干部,让他们信守对选民的承诺与初心。

二是提高村民基层治理参与度。一方面激发了群众参与基层社会治理的主动性、积极性,引导村民主动关心村务。另一方面要求村干部严格落实村民代表大会制度,坚持"四议两公开",乡镇挂点领导定期对其制度落实情况进行监督检查,倒逼自治过程、自治制度落到实处。

三是创新基层治理手段。利用互联网技术搭建村级治理的网络空间平台。通过QQ群、微信群等网络平台实现村务公开和村务监督,村务在网络上充分讨论,听取外出务工人员的意见,提高村民参与度和治理质量;村级"三务"(村务、财务、党务)公开,主动接受村民监督,使基层治理更加阳光、公开、透明。

(二) 增强基层党组织战斗力和凝聚力

火车跑得快,全靠车头带。村党支部在农村空心化治理中发挥着领导作用。目前,胜利村的村干部年龄普遍偏大,且受教育水平低,村干部"不在村",党组织软弱涣散等问题突出。坚持党对一切工作的领导,必须发挥农村基层党组织的战斗堡垒作用。为此,必须增强胜利村党支部的战斗力和凝聚力。

一是加强党员党性教育。重视主题教育，加强党员干部的党性教育，提高政治站位，不忘初心，牢记使命，找差距，抓落实。坚持用党章、党规党纪和习近平新时代中国特色社会主义思想武装党员干部，坚定党员的理想信念。

二是加强组织建设。严格落实"三会一课""党员活动日"等制度，提升村庄党员队伍的凝聚力，鼓励他们在村级产业发展、环境治理等村级事务中走在前列，干在前列，充分发挥先锋模范和引领作用。

三是加强作风建设。针对"怕、慢、假、庸、散"等顽疾，常态化开展自查整改工作。上级纪检部门要聚焦征地拆迁、社会保障、农村集体"三资"管理等领域中侵害群众利益的不正之风和腐败问题，加大监督检查。贯彻落实中央反腐败的政策精神，坚持全覆盖、零容忍，坚决杜绝村干部以权谋私的行为。

（三）扫黑除恶，创建农村平安社区

随着农村主要劳动力流出，后税改时代国家力量的退出，农村的黑恶势力、家族势力、宗族势力逐渐填补权力的真空，破坏社会正常秩序，在国家资源下乡的大背景下，这些传统的非正式的权力的介入村级项目资源治理过程之中，导致农村基层治理内卷化。[①] 从这个意义讲，村民自治一定要与国家力量结合才能形成威慑力，产生效果。

五 民生保障

农村基层治理，要坚决落实习近平总书记所提出的"两不愁三保障"，让农民在农村不愁吃、不愁穿，义务教育、基本医疗和住房有保障。逐渐消除城乡差别，实现城乡公共服务均等化。这样农村就留得住人、引得进人，可以逐渐消除空心化问题。

（一）改善农村公共服务

公共服务是衡量生活质量的重要指标。目前，村庄低水平的公共服务促使村民举家不断涌入城市。为此，要切实解决胜利村公共服务的现状。

一是均衡城乡公共服务。教育方面，推动城乡义务教育一体化发展，着力提升村小"软件硬件"设施，加强村庄儿童早期教育、学前教育，并针对村庄外出务工人员开展劳动技能和劳动法知识培训。医疗方面，加

---

① 李祖佩：《乡村治理领域中的"内卷化"问题省思》，《中国农村观察》2017年第6期。

快标准化村卫生室建设，建立健全统一的城乡居民基本医疗保险制度，同步整合城乡居民大病保险。文化事业方面，要加快推进胜利村综合性文化服务中心建设，完善留守儿童、空巢老人关爱服务体系。环境卫生方面，引入城市环境卫生服务外包模式，提高村庄环境治理水平。二是建立城乡统筹的基本公共服务经费投入机制，完善农村基本公共服务标准。加大经费投入及监督机制建设，确保资金用到实处。三是创新农村公共服务。针对"留守儿童""空巢老人"独居问题，通过政府、村集体、村民三方集资的方式，建设集用餐与娱乐为一体的村级公共食堂，保障老人、儿童日常生活。

（二）完善农村社会保障

对标对表城市社会保障服务标准，进一步提升农村社会保障水平，解决村民的后顾之忧。

一是落实最低生活保障。针对部分困难留守人员，统筹实施最低生活保障、特困人员供养、困难群众临时救助等制度，积极回应村民"碎片化、多样化"的民生需求。针对村内部分无房户，加大基本住房保障，严格落实住房补贴。对个别五保户，通过养老院解决其养老问题。二是强化劳动保障。针对有想法、有能力的村民，鼓励他们自主创业，并根据周边万达文化旅游城、杉杉奥特莱斯等大型企业用工情况，做好就业创业培训、小额担保贷款、就业困难人员帮扶等工作，全面提升劳动保障工作水平。三是增强医疗保障。针对"看病难、看病贵"问题，进一步提高农村医保报销比例，简化报销程序，便捷化报销服务，避免村民"因病致贫"；对于部分因病致贫家庭，引入社会救助、社会慈善方式，解决村民实际问题。

习近平总书记指出："中国要强，农业必须强；中国要美，农村必须美；中国要富，农民必须富。"[①] 全面落实乡村振兴战略，才能实现农村美、农民富和农业强，最终解决农村空心化和城乡均衡发展问题。

---

① 习近平：《论"三农"工作》，中央文献出版社2022年版，第198页。

参考文献

一 中译著作

［英］埃比尼泽·霍华德：《明日的田园城市》，金经元译，商务印书馆2010年版。

［美］安东尼·奥罗姆：《政治社会学导论》（第4版），张华青、何俊志、孙嘉明等译，上海人民出版社2006年版。

［美］白苏珊：《乡村中国的权力与财富：制度变迁的政治经济学》，朗友兴、方小平译，浙江人民出版社2009年版。

［波］彼得·什托姆普卡：《社会变迁的社会学》，林聚任等译，北京大学出版社2011年版。

［英］彼得·华莱士·普雷斯顿：《发展理论导论》，李小云、齐秀波、徐秀丽译，社会科学文献出版社2011年版。

［美］C. 赖特·米尔斯：《社会学的想象力》，陈强、张永强译，生活·读书·新知三联书店2012年版。

［美］D. 盖尔·约翰逊：《经济发展中的农业、农村、农民问题》，林毅夫、赵耀辉编译，商务印书馆2004年版。

［美］丹尼尔·贝尔：《后工业社会的来临——对社会预测的一项探索》，高铦、王宏周、魏章玲译，新华出版社1997年版。

［加］道格·桑德斯：《落脚城市：最后的人类大迁移与我们的未来》，陈信宏译，上海译文出版社2012年版。

［美］范芝芬：《流动中国：迁移、国家和家庭》，邱幼云、黄河译，社会科学文献出版社2013年版。

［法］H. 孟德拉斯：《农民的终结》，李培林译，社会科学文献出版社2010年版。

［美］黄宗智：《明清以来的乡村社会经济变迁：历史、理论与现实》

（全3卷），法律出版社2014年版。

［英］卡尔·波兰尼：《巨变——当代政治与经济的起源》，黄树民译，社会科学文献出版社2017年版。

［美］兰德尔·柯林斯、［美］迈克尔·马可夫斯基：《发现社会——西方社会学思想述评》，李霞译，中华书局2006年版。

［法］雷蒙·阿隆：《社会学主要思潮》，葛智强、胡秉诚、王沪宁译，上海译文出版社2013年版。

［英］雷蒙·威廉斯：《乡村与城市》，韩子满、刘戈、徐珊珊译，商务印书馆2013年版。

［瑞典］理查德·斯威德伯格：《经济社会学原理》，周长城等译，中国人民大学出版社2005年版。

［美］刘易斯·芒福德：《城市发展史——起源、演变和前景》，宋俊岭、倪文彦译，中国建筑工业出版社2005年版。

［丹］玛丽亚·海默、［丹］曹诗弟主编：《在中国做田野调查》，于忠江、赵晗译，重庆大学出版社2012年版。

［英］齐格蒙特·鲍曼：《流动的生活》，徐朝友译，江苏人民出版社2012年版。

［英］齐格蒙特·鲍曼：《流动的时代：生活于充满不确定性的年代》，谷蕾、武嫚嫚译，江苏人民出版社2012年版。

［英］齐格蒙特·鲍曼、［英］蒂姆·梅：《社会学之思》（第二版），李康译，社会科学文献出版社2010年版。

［美］乔尔·查农：《社会学与十个大问题》（第6版），汪丽华译，北京大学出版社2009年版。

［爱尔兰］瑞雪·墨菲：《农民工改变中国农村》，黄涛、王静译，浙江人民出版社2009年版。

［美］施坚雅：《中国农村的市场和社会结构》，史建云、徐秀丽译，中国社会科学出版社1998年版。

［美］威廉·富特·怀特：《街角社会：一个意大利贫民区的社会结构》，黄育馥译，商务印书馆1994年版。

［美］西奥多·W. 舒尔茨：《改造传统农业》，梁小民译，商务印书馆1987年版。

［美］詹姆斯·C. 斯科特：《国家的视角——那些试图改善人类状况

的项目是如何失败的》，王晓毅译，社会科学文献出版社2019年版。

［美］詹姆斯·汉斯林：《社会学入门——一种现实分析方法》（第7版），林聚任等译，北京大学出版社2007年版。

二 中文著作

《习近平谈治国理政》（第一卷），外文出版社2018年版。
《习近平谈治国理政》（第二卷），外文出版社2017年版。
《习近平谈治国理政》（第三卷），外文出版社2020年版。
《习近平谈治国理政》（第四卷），外文出版社2022年版。

蔡昉、王德文、都阳：《中国农村改革与变迁：30年历程与经验分析》，格致出版社、上海人民出版社2008年版。

陈锡文、赵阳、陈剑波、罗丹：《中国农村制度变迁60年》，人民出版社2009年版。

费孝通：《江村经济》，戴可景译，北京大学出版社2012年版。

费孝通：《乡土中国 生育制度 乡土重建》，商务印书馆2011年版。

费孝通主编：《城乡发展研究——城乡关系·小城镇·边区开发》，湖南人民出版社1989年版。

辜胜阻：《非农化及城镇化理论与实践》，武汉大学出版社1993年版。

李培林：《村落的终结——羊城村的故事》，商务印书馆2004年版。

李强：《社会分层十讲》，社会科学文献出版社2008年版。

厉以宁主编、程志强副主编：《中国道路与新城镇化》，商务印书馆2012年版。

梁漱溟：《乡村建设理论》，上海人民出版社2011年版。

陆学艺：《"三农"新论——当前中国农业、农村、农民问题研究》，社会科学文献出版社2005年版。

孙立平：《转型与断裂——改革以来中国社会结构的变迁》，清华大学出版社2004年版。

折晓叶、艾云：《城乡关系演变的制度逻辑和实践过程》，中国社会科学出版社2014年版。

郑杭生主编：《当代中国农村社会转型的实证研究》，中国人民大学出版社 1996 年版。

周雪光：《组织社会学十讲》，社会科学文献出版社 2003 年版。

三　中文期刊论文

蔡禾、王进：《"农民工"永久迁移意愿研究》，《社会学研究》2007 年第 6 期。

陈池波、韩占兵：《农村空心化、农民荒与职业农民培育》，《中国地质大学学报》（社会科学版）2013 年第 1 期。

陈家喜、刘王裔：《我国农村空心化的生成形态与治理路径》，《中州学刊》2012 年第 5 期。

陈玉福、孙虎、刘彦随：《中国典型农区空心村综合整治模式》，《地理学报》2010 年第 6 期。

程必定：《中国的两类"三农"问题及新农村建设的一种思路》，《中国农村经济》2011 年第 8 期。

崔卫国、李裕瑞、刘彦随：《中国重点农区农村空心化的特征、机制与调控——以河南省郸城县为例》，《资源科学》2011 年第 11 期。

邓大才：《新型农村城镇化的发展类型与发展趋势》，《中州学刊》2013 年第 2 期。

范毅、通振远：《合村并居助推乡村振兴亟需规范和创新》，《人民论坛》2020 年第 22 期。

冯文勇、郑庆荣、李秀英、刘丽芳：《农村聚落空心化研究现状综述及趋势》，《信阳师范学院学报》（哲学社会科学版）2007 年第 1 期。

龚春明、朱启臻：《村落的终结、纠结与未来：经验反思及价值追寻》，《学术界》2012 年第 6 期。

顾秀林：《现代世界体系与中国"三农"困境》，《中国农村经济》2010 年第 11 期。

韩俊：《中国城乡关系演变 60 年：回顾与展望》，《改革》2009 年第 11 期。

韩占兵：《美、法、日三国应对农村人口空心化的国际经验借鉴》，《经济社会体制比较》2023 年第 1 期。

何芳、周璐：《基于推拉模型的村庄空心化形成机理》，《经济论坛》2010 年第 8 期。

贺雪峰、董磊明：《农民外出务工的逻辑与中国的城市化道路》，《中国农村观察》2009 年第 2 期。

简新华、曾一昕：《社会主义新农村的内涵和建设途径》，《福建论坛》（人文社会科学版）2006 年第 11 期。

焦长权、周飞舟：《"资本下乡"与村庄的再造》，《中国社会科学》2016 年第 1 期。

李梅、杨汇泉：《农村留守女童反社会行为生成的现象考察——邓军"买处"个案的生命历程理论分析》，《中国农村观察》2010 年第 1 期。

李明月、黄明进：《空心村改造农民意愿及其影响因素分析——基于广州市白云区 235 户农户调查数据》，《城市发展研究》2012 年第 9 期。

李培林：《村落终结的社会逻辑——羊城村的故事》，《江苏社会科学》2004 年第 1 期。

李培林：《巨变：村落的终结——都市里的村庄研究》，《中国社会科学》2002 年第 1 期。

李培林：《透视"城中村"——我研究"村落终结"的方法》，《思想战线》2004 年第 1 期。

李培林、李炜：《农民工在中国转型中的经济地位和社会态度》，《社会学研究》2007 年第 3 期。

李培林、田丰：《中国新生代农民工：社会态度和行为选择》，《社会》2011 年第 3 期。

李强：《主动城镇化与被动城镇化》，《西北师大学报》（社会科学版）2013 年第 6 期。

李强、陈宇琳、刘精明：《中国城镇化推进模式研究》，《中国社会科学》2012 年第 7 期。

李强、陈振华、张莹：《就近城镇化与就地城镇化》，《广东社会科学》2015 年第 1 期。

李玉红、王皓：《中国人口空心村与实心村空间分布——来自第三次农业普查行政村抽样的证据》，《中国农村经济》2020 年第 4 期。

李玉雄、何惠虹：《民族地区农村"空心化"问题及治理路径研究——基于广西平果市壮族村落布尧村的个案调查与思考》，《广西民族研究》2021 年第 1 期。

梁银湘：《城乡一体化背景下农村"空心化"与社区建设研究》，《中共福建省委党校学报》2013年第1期。

林聚任：《村庄合并与农村社区化发展》，《人文杂志》2012年第1期。

林孟清：《推动乡村建设运动：治理农村空心化的正确选择》，《中国特色社会主义研究》2010年第5期。

刘爱梅：《农村空心化对乡村建设的制约与化解思路》，《东岳论丛》2021年第11期。

刘建生、陈鑫：《协同治理：中国空心村治理的一种理论模型——以江西省安福县广丘村为例》，《中国土地科学》2016年第1期。

刘杰：《乡村社会"空心化"：成因、特质及社会风险——以J省延边朝鲜族自治州为例》，《人口学刊》2014年第3期。

刘能：《村庄生计研究：历史脉络和当代情境》，《江苏行政学院学报》2016年第1期。

刘奇：《"灭村运动"是精英层的一厢情愿》，《中国发展观察》2011年第1期。

刘彦随、刘玉：《中国农村空心化问题研究的进展与展望》，《地理研究》2010年第1期。

刘远风：《农村空心化背景下的社会保障制度建设》，《江西社会科学》2016年第8期。

刘祖云、武小龙：《农村"空心化"问题研究：殊途而同归——基于研究文献的理论考察》，《行政论坛》2012年第4期。

龙花楼、李裕瑞、刘彦随：《中国空心化村庄演化特征及其动力机制》，《地理学报》2009年第10期。

卢福营：《近郊村落的城镇化：水平与类型———以浙江省9个近郊村落为例》，《华中农业大学学报》（社会科学版）2013年第6期。

卢晖临：《迈向叙述的社会学》，《开放时代》2004年第1期。

卢晖临、李雪：《如何走出个案———从个案研究到扩展个案研究》，《中国社会科学》2007年第1期。

陆学艺：《"三农"问题的核心是农民问题》，《社会科学研究》2006年第1期。

陆益龙：《多样性：真正理想的农村发展道路》，《人民论坛·学术前沿》2012年第10期。

陆益龙：《户口还起作用吗———户籍制度与社会分层和流动》，《中国社会科学》2008 年第 1 期。

陆益龙：《流动的村庄：乡土社会的双二元格局与不确定性——皖东 T 村的社会形态》，《中国农业大学学报》（社会科学版）2008 年第 1 期。

陆益龙：《转型社会的农村各阶层分析——新农村建设的经验研究》，《中国人民大学学报》2009 年第 2 期。

马光川、林聚任：《新型城镇化背景下合村并居的困境与未来》，《学习与探索》2013 年第 10 期。

马亚利、李贵才、刘青、龚华：《快速城市化背景下乡村聚落空间结构变迁研究评述》，《城市发展研究》2014 年第 3 期。

毛丹：《村落共同体的当代命运：四个观察维度》，《社会学研究》2010 年第 1 期。

倪鹏飞：《新型城镇化的基本模式、具体路径与推进对策》，《江海学刊》2013 年第 1 期。

钱雪飞：《农民城乡流动与农村社会结构变迁》，《江西社会科学》2005 年第 2 期。

仇保兴：《中国的新型城镇化之路》，《中国发展观察》2010 年第 4 期。

任远：《人的城镇化：新型城镇化的本质研究》，《复旦学报》（社会科学版）2014 年第 4 期。

宋洪远：《调整城乡关系：国际经验及其启示》，《经济社会体制比较》2004 年第 3 期。

唐任伍：《我国城镇化进程的演进轨迹与民生改善》，《改革》2013 年第 6 期。

田毅鹏：《"村落终结"与农民的再组织化》，《人文杂志》2012 年第 1 期。

田毅鹏、韩丹：《城市化与"村落终结"》，《吉林大学社会科学学报》2011 年第 2 期。

王春光：《农村流动人口的"半城市化"问题研究》，《社会学研究》2006 年第 5 期。

王介勇、刘彦随、陈玉福：《黄淮海平原农区农户空心村整治意愿及影响因素实证研究》，《地理科学》2012 年第 12 期。

王文龙：《反向留守、逆城市化与中国新型城镇化》，《中州学刊》2014年第1期。

王忠武：《当代中国城乡关系的三重建构机制》，《学术月刊》2012年第12期。

魏后凯：《党的十八大以来社会各界关于城镇化的主要观点》，《经济研究参考》2013年第14期。

温铁军、董筱丹：《村社理性：破解"三农"与"三治"困境的一个新视角》，《中共中央党校学报》2010年第4期。

温铁军、温厉：《中国的"城镇化"与发展中国家城市化的教训》，《中国软科学》2007年第7期。

吴惠芳：《流动的丈夫留守的妻》，《中国农业大学学报》（社会科学版）2009年第4期。

吴惠芳、饶静：《农村留守妇女的社会网络重构行动分析》，《中国农村观察》2010年第4期。

吴业苗：《城郊农民市民化的困境与应对：一个公共服务视角的研究》，《中国农村观察》2012年第3期。

武小龙、刘祖云：《城乡关系理论研究的脉络与走向》，《领导科学》2013年第11期。

项继权：《城镇化的"中国问题"及其解决之道》，《华中师范大学学报》（人文社会科学版）2011年第1期。

项继权、周长友：《"新三农"问题的演变与政策选择》，《中国农村经济》2017年第10期。

肖唐镖：《社会稳定格局变迁的影响因素分析——以近30年来农村稳定为例》，《学习与探索》2010年第2期。

肖唐镖：《什么人在当村干部？——对村干部社会政治资本的初步分析》，《管理世界》2006年第9期。

熊万胜：《"国家与社会"框架在乡村政治研究中的适用性——综述和评价》，《华东理工大学学报》（社会科学版）2003年第3期。

徐顽强、王文彬：《乡村振兴战略背景下农村空心化治理与社区建设融合研究》，《农林经济管理学报》2019年第3期。

徐勇：《国家整合与社会主义新农村建设》，《社会主义研究》2006年第1期。

徐勇：《挣脱土地束缚之后的乡村困境及应对——农村人口流动与乡村治理的一项相关性分析》，《华中师范大学学报》（人文社会科学版）2000年第2期。

薛德升、郑莘：《中国乡村城市化研究：起源、概念、进展与展望》，《人文地理》2001年第5期。

薛力：《城市化背景下的"空心村"现象及其对策探讨——以江苏省为例》，《城市规划》2001年第6期。

杨春华、姚逸苇：《何谓"农村空心化"？——一个结构化的概念分析视角》，《农村经济》2021年第7期。

杨桓：《空间融合：城乡一体化的新视角》，《社会主义研究》2014年第1期。

杨静：《新型城镇化背景下"空心村"综合治理的思考》，《经济研究参考》2015年第63期。

杨静慧：《空心化背景下农村养老的困境与破解》，《社会科学辑刊》2019年第5期。

叶敬忠：《新农村建设中的多元性现实》，《中国农村观察》2007年第6期。

易文彬：《婚姻半径与家庭关系：异地婚姻的形成及其影响——基于一个农民家庭三代婚姻的历史考察》《中国青年研究》2021年第7期。

易文彬：《论农村空心化治理的多重逻辑》，《西南民族大学学报》（人文社会科学版）2018年第7期。

易文彬：《马克思主义城乡观及其对我国农村空心化治理的启示》，《河南大学学报》（社会科学版）2018年第1期。

易文彬：《农民流动视域下的新农村建设》，《理论与改革》2014年第4期。

易文彬、黄晓晔：《再留守：农村儿童留守城市及其社会隐喻》，《江西社会科学》2021年第10期。

张茜、张俊：《农村"空心化"现象的经济学解释》，《生产力研究》2008年第8期。

张文明：《新型城镇化：城乡关系发展中的"人本"回归》，《华东师范大学学报》（哲学社会科学版）2014年第5期。

张永丽、黄祖辉：《中国农村劳动力流动研究述评》，《中国农村观察》2008年第1期。

张玉林:《大清场:中国的圈地运动及其与英国的比较》,《中国农业大学学报》2015年第1期。

张玉林:《当今中国的城市信仰与乡村治理》,《社会科学》2013年第10期。

张园、陈玉萍、丁士军:《农村空心化对农业技术进步的影响——劳动节约型还是土地节约型》,《中国农业大学学报》2021年第10期。

张兆曙:《农民日常生活视野中的城乡关系及其出路》,《福建论坛》(人文社会科学版)2009年第12期。

张正河:《城乡人口流动下的村庄建设》,《人民论坛》2013年第11期。

张志胜:《土地流转视阈下的"空心村"治理》,《长白学刊》2009年第2期。

赵旭东:《乡村成为问题与成为问题的中国乡村研究——围绕"晏阳初模式"的知识社会学反思》,《中国社会科学》2008年第3期。

郑殿元、文琦、黄晓军:《农村贫困化与空心化耦合发展的空间分异及影响因素研究》,《人文地理》2020年第4期。

郑国、叶裕民:《中国城乡关系的阶段性与统筹发展模式研究》,《中国人民大学学报》2009年第6期。

钟涨宝、汪萍:《农地流转过程中的农户行为分析——湖北、浙江等地的农户问卷调查》,《中国农村观察》2003年第6期。

周飞舟、王绍琛:《农民上楼与资本下乡:城镇化的社会学研究》,《中国社会科学》2015年第1期。

周飞舟、吴柳财、左雯敏、李松涛:《从工业城镇化、土地城镇化到人口城镇化:中国特色城镇化道路的社会学考察》,《社会发展研究》2018年第1期。

周雪光、艾云:《多重逻辑下的制度变迁:一个分析框架》,《中国社会科学》2010年第4期。

周祝平:《中国农村人口空心化及其挑战》,《人口研究》2008年第2期。

四　中文学位论文

李瑾:《农牧交错带乡村人口空心化演进及乡村振兴途径研究——以

宁夏盐池为例》，硕士学位论文，宁夏大学，2022年。

刘巍：《农村人口空心化现状及影响因素分析——以江苏省江都市为例》，硕士学位论文，南京师范大学，2011年。

倪军：《乡村振兴战略下农村人口空心化问题治理研究——以安徽省来安县大英镇为例》，硕士学位论文，南京林业大学，2022年。

王子阳：《家庭策略视角下的农村空心化研究——基于豫东余村的调查》，硕士学位论文，华中科技大学，2020年。

邢光河：《城市化进程中的农村空心化现象及治理战略研究——以南京为例》，硕士学位论文，东南大学，2021年。

许小帆：《海南省临高县农村空心化的影响因素及对策研究》，硕士学位论文，云南师范大学，2023年。

杨婧：《乡村振兴战略下农村人口空心化治理研究》，硕士学位论文，河南大学，2020年。

杨怡：《村庄空心化：集体资产与人口流出关系的实证研究——以北京市为例》，硕士学位论文，首都经济贸易大学，2019年。

岳文海：《中国新型城镇化发展研究》，博士学位论文，武汉大学，2013年。

张逸风：《河南省"空心村"治理研究——以项城市孙店镇南街村为例》，硕士学位论文，华中师范大学，2008年。

赵佳运：《吉林省边境空心村问题研究》，硕士学位论文，吉林大学，2022年。

五　中文报刊文章

卞民德：《空心村，落寞中的守望》，《人民日报》2013年6月2日。

迟福林：《新型城镇化核心是人口城镇化》，《中国经济导报》2013年5月4日。

范东君：《农村空心化挑战及其化解之道》，《光明日报》2015年6月3日。

郭毅：《"空心村"治理应维护农民利益》，《人民日报》2013年2月3日。

郭政、薛希惠：《"空心村"：消失、求变与重生》，《福建日报》2013年5月10日。

何红卫、乐明凯：《乡村振兴要破解农村空心化难题——访全国人大代表、湖北省荆门市市长孙兵》，《农民日报》2018年3月9日。

侯仰军：《传统村落要留下原住民》，《光明日报》2015年1月21日。

李小建：《"人地关系"视角下的新型城镇化》，《光明日报》2013年8月11日。

李远方：《6100万留守儿童成全国两会关注焦点》，《中国商报》2014年3月11日。

林峰：《"空心村"是挑战也是机遇》，《中华工商时报》2011年9月26日。

刘彦随：《"回得去的故乡"需要新思路》，《人民日报》2014年3月11日。

刘彦随：《新型城镇化应治"乡村病"》，《人民日报》2013年9月10日。

罗德胤、徐鹏飞：《破解"空心化"是关键》，《人民日报》2016年3月22日。

闵云霄：《城镇化硬币背面："空心村"不断蔓延》，《中国企业报》2014年4月1日。

堂吉伟德：《空心村的明天应与城镇化实现对接》，《企业家日报》2013年3月18日。

王东宾：《"空心村"中的"幸福互助院"》，《21世纪经济报道》2014年3月25日。

王文彬：《有效应对农村人力资本空心化》，《中国社会科学报》2016年6月1日。

吴齐强：《"拆旧"是基础"留人"是关键——江西省新干县"空心村"治理调查》，《人民日报》2013年2月3日。

项仙君、李金花、魏路：《"以前百多人的村庄只剩20几个人了"》，《南方日报》2013年10月23日。

徐锦庚：《"合村并居"带来什么》，《人民日报》2010年7月4日。

许云泽：《辞官回乡背后的农村空心化问题亟须解决》，《光明日报》2015年6月29日。

叶敬忠：《解决留守儿童问题期待一个城乡协同的发展模式》，《中国社会报》2016年5月30日。

张文凌:《云南财经大学:"三下乡"助力突破农村空心化困境》,《中国青年报》2023年5月25日。

章轲:《农村"空心化"河南样本:留守儿童不到十岁已担忧自己成长问题》,《第一财经日报》2016年7月12日。

赵文肖、张理锋:《"空心村"之殇》,《太行日报》2014年7月2日。

六　外文论文

Potter, S. & Jack, *China's Peasants*: *The Anthropology of a Revolution*, Cambridge University Press, 1989.

L. Tsai, "Solidary Groups, Informal Accountability, and Local Public Goods Provision in Rural China", *American Political Science Review*, Vol. 101, No. 2, 2007.

Graeme Smith, "The Hollow State: Rural Governance in China", *The China Quarterly*, 2010.

后　　记

　　本书是我多年从事"三农"研究的一个小结。我生在农村、在农村长大，参加工作之后作为支农挂点的驻村干部又在农村待了3年，后来因缘巧合还担任过2年的村党支部副书记，对农村的感性认识比较丰富；后来读硕博期间，虽然所学专业与"三农"无关，但根在农村，人在城市与乡村之间穿梭，对城乡关系有切身理解与体悟。所思所见，"三农"问题始终萦绕在心头，也时不时写一些相关论文，直到再次参加工作之后，花了将近5年左右的时间逐渐转型为一个半路出家的"三农"问题研究者，并以此为志业。作为一个农家子弟，始终关心关注农民的生态与心态，希冀他们过上更加美好的生活。常行走在农村，农民的喜悦成了我的喜悦，而农民的焦虑则成了我的焦虑。其中，农村空心化问题是我最为关注的焦点问题。

　　对于"三农"问题，我始终认为不是"三农"自身的问题，而是整个社会变迁和历史际遇相互作用的结果。中国是一个农耕文明发达的国家，作为一个人口巨型国家，人地关系视角是研究中国"三农"问题的一个重要的学术传统。在一个封闭的经济体系里，中国拥有世界上最为发达的精耕细作的农业技术，以及以家庭经营为主的"过密化"经营模式。但从近代以来中国卷入以工业化为核心的世界现代化进程，农业社会逐渐向工业社会转型，城乡逐渐分离，财富涌入城市，城乡差距扩大，农村逐渐凋敝。农村空心化只是工业化、城市化和市场化的必然表征，即现代化的必然结果，根源在于城乡关系失调。因此，"三农"问题，症状在农村，症结在城市，出路在于重塑新型城乡关系。2013年中央城镇化工作会议提出以人为核心的新型城镇化战略，旨在重塑平等互利、良性发展的新型城乡关系，实现城乡协调、融合发展。沿着这个思路，在长期实地调研的基础上，以新型城镇化为切入点，从城乡关系视角，我对农村空心化问题的生成逻辑、现实表征、治理路径等问题做了一个较为系统，但未必成熟的研究阐释，希冀能为实现"农村美、农民富、农业强"提供一点个人洞见。

最后，我要真诚感谢梁剑琴编辑为本书的出版所付出的辛勤劳动和细心指导；感谢那些接受我们访谈的农民朋友、农村干部，他们热情而朴实；感谢南昌大学马克思主义学院、大学生思想政治教育研究中心、中国特色社会主义理论体系研究中心对本书出版的支持；感谢家人和朋友一路以来的理解与默默支持。